集英社文庫

ちびまる子ちゃん⑦

さくらももこ

もくじ

登場人物紹介　6
永沢君ち 新築パーティーの巻　11
なかよしの集いの巻　27
まる子 おすし屋さんに行くの巻　43
まる子 ローラースルーゴーゴーがどうしてもほしいっ!!の巻　59
隣の町のあばれン坊の巻　75
まる子〝フェスタしずおか〟へ行くの巻　91
わたしの好きな歌　107

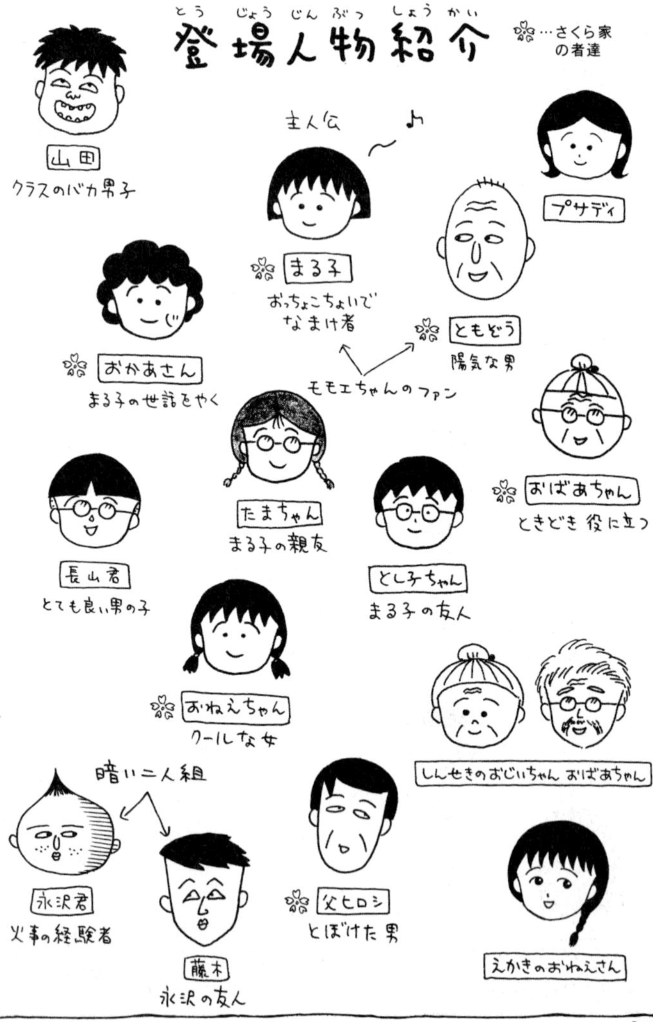
登場人物紹介(とうじょうじんぶつしょうかい)
…さくら家の者達
山田
クラスのバカ男子
主人公
♪
まる子
おっちょこちょいでなまけ者
プサディ
おかあさん
まる子の世話をやく
ともぞう
陽気な男
モモエちゃんのファン
たまちゃん
まる子の親友
おばあちゃん
ときどき役に立つ
長山君
とても良い男の子
とし子ちゃん
まる子の友人
おねえちゃん
クールな女
しんせきのおじいちゃん おばあちゃん
暗い二人組
永沢君
火事の経験者
藤木
永沢の友人
父ヒロシ
とぼけた男
えかきのおねえさん

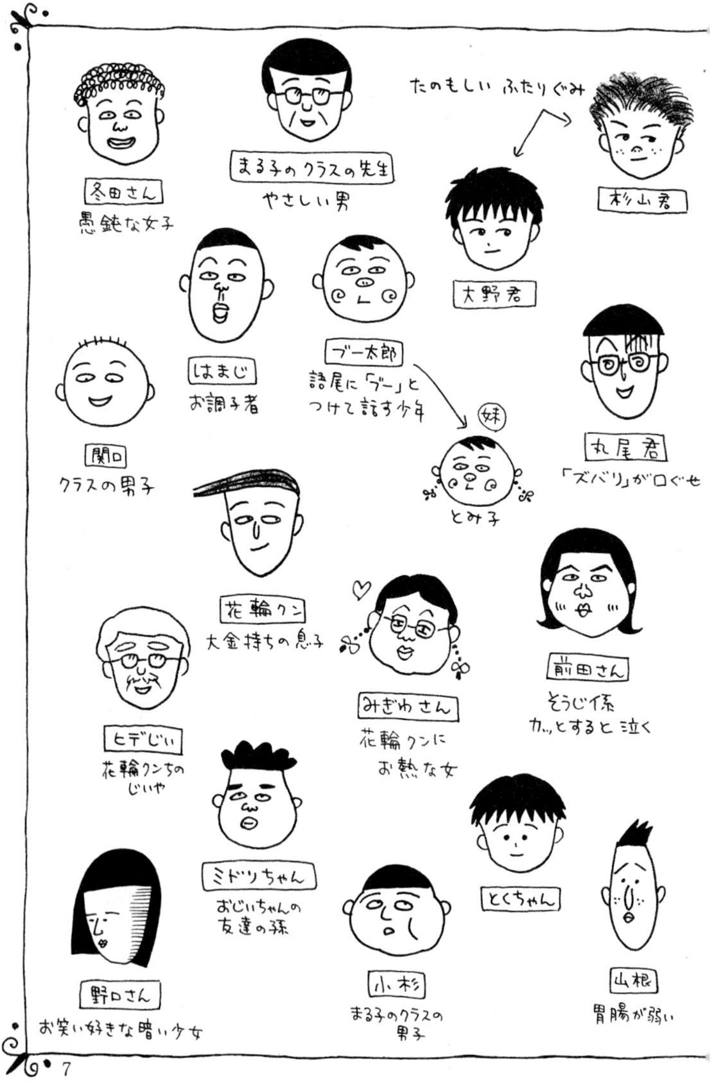
冬田さん
愚鈍な女子
まる子のクラスの先生
やさしい男
たのもしい ふたりぐみ
杉山君
大野君
はまじ
お調子者
ブー太郎
語尾に「ブー」とつけて話す少年
妹
とみ子
関口
クラスの男子
丸尾君
「ズバリ」が口ぐせ
花輪クン
大金持ちの息子
前田さん
そうじ係
カッとすると泣く
みぎわさん
花輪クンにお熱な女
ヒデじい
花輪クンちのじいや
ミドリちゃん
おじいちゃんの友達の孫
とくちゃん
野口さん
お笑い好きな暗い少女
小杉
まる子のクラスの男子
山根
胃腸が弱い

ちびまる子ちゃん

⑦

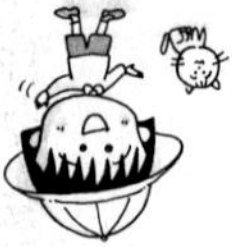

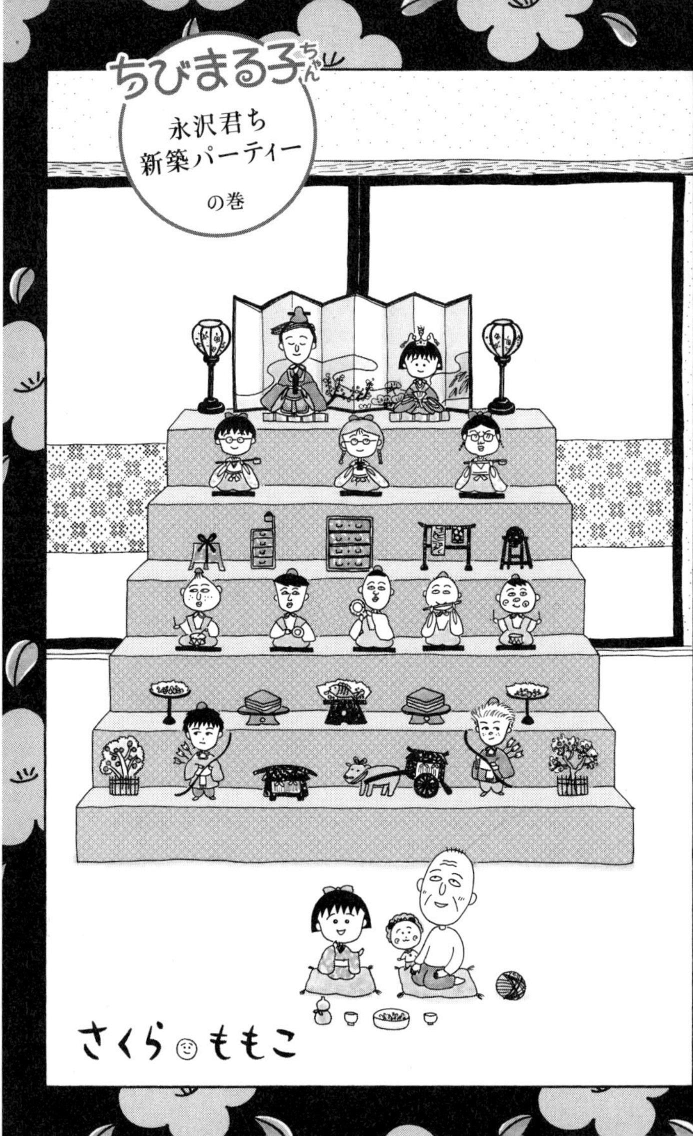
ちびまる子ちゃん
永沢君ち
新築パーティー
の巻
さくらももこ

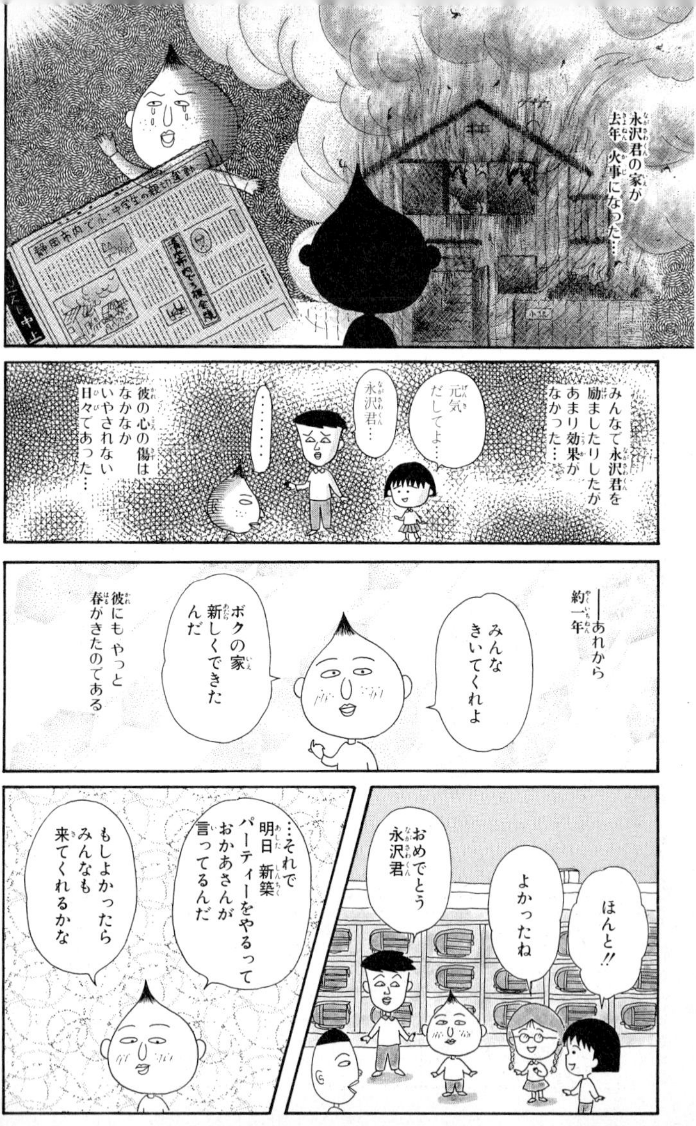
永沢君の家が
去年 火事になった…
みんなで永沢君を
励ましたりしたが
あまり効果が
なかった…
元気
だしてよ…
永沢君…
……
彼の心の傷は
なかなか
いやされない
日々であった…
――あれから
約一年
みんな
きいてくれよ
ボクの家
新しくできた
んだ
彼にもやっと
春がきたのである
ほんと!!
よかったね
おめでとう
永沢君
…それで
明日 新築
パーティーをやるって
おかあさんが
言ってるんだ
もしよかったら
みんなも
来てくれるかな

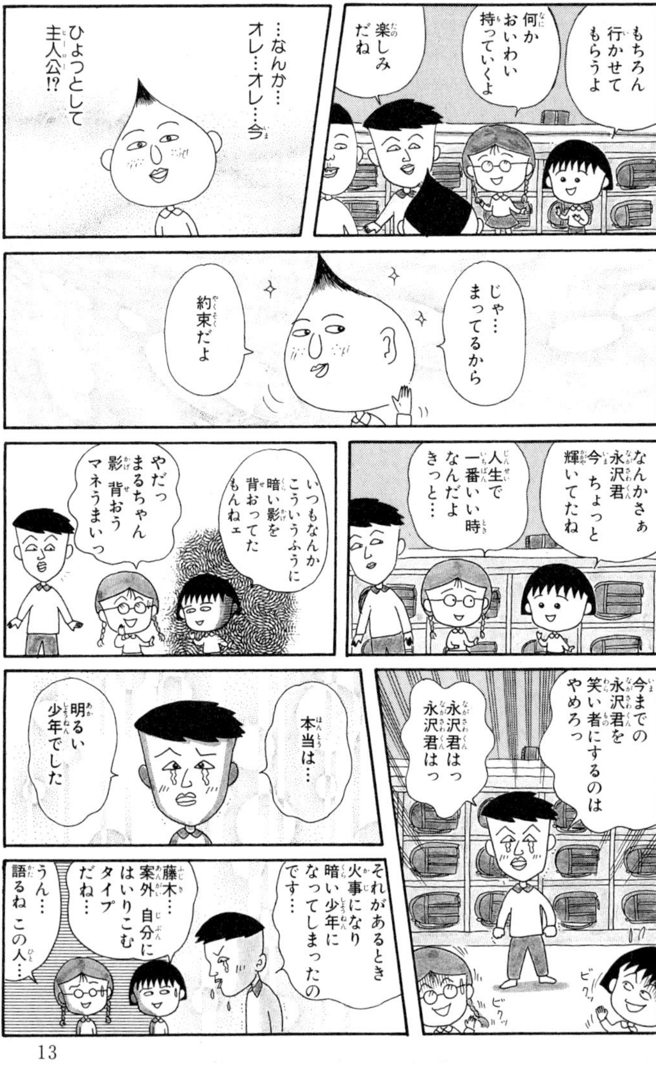
もちろん行かせてもらうよ
何かおいわい持っていくよ
楽しみだね
…なんか…オレ…オレ…今
ひょっとして主人公!?
じゃ…まってるから
約束だよ
なんかさぁ永沢君今ちょっと輝いてたね
人生で一番いい時なんだよきっと…
いつもなんかこういうふうに暗い影を背おってたもんねェ
やだっまるちゃん影背おうマネうまいっ
今までの永沢君を笑い者にするのはやめろっ
永沢君はっ永沢君はっ
ビクッ
ビクッ
本当は…
明るい少年でした
それがあるとき火事になり暗い少年になってしまったのです…
藤木…案外自分にはいりこむタイプだね…
うん…語るねこの人…

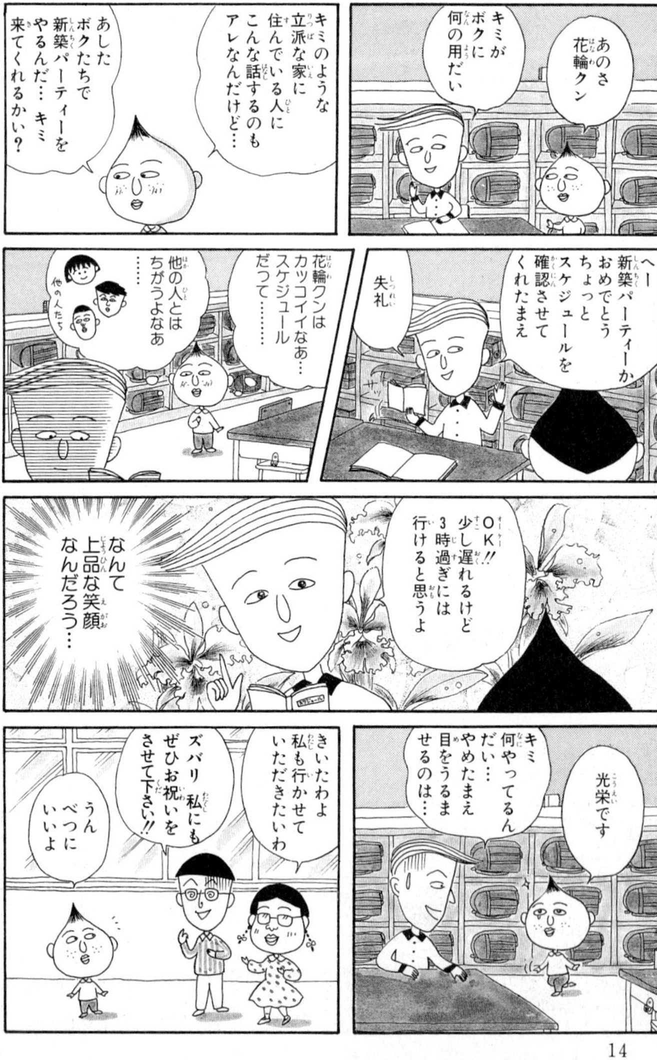
あのさ花輪クン
キミがボクに何の用だい
キミのような立派な家に住んでいる人にこんな話するのもアレなんだけど…
あしたボクたちで新築パーティーをやるんだ… キミ来てくれるかい？
へー新築パーティーかおめでとうちょっとスケジュールを確認させてくれたまえ
失礼
サッ
花輪クンはカッコイイなあ…スケジュールだって………
他の人とはちがうよなあ
……
他の人たち
OK!! 少し遅れるけど3時過ぎには行けると思うよ
なんて上品な笑顔なんだろう…
光栄です
キミ何やってるんだい… やめたまえ目をうるませるのは…
きいたわよ私も行かせていただきたいわ
ズバリ私にもぜひお祝いをさせて下さい!!
うんべつにいいよ

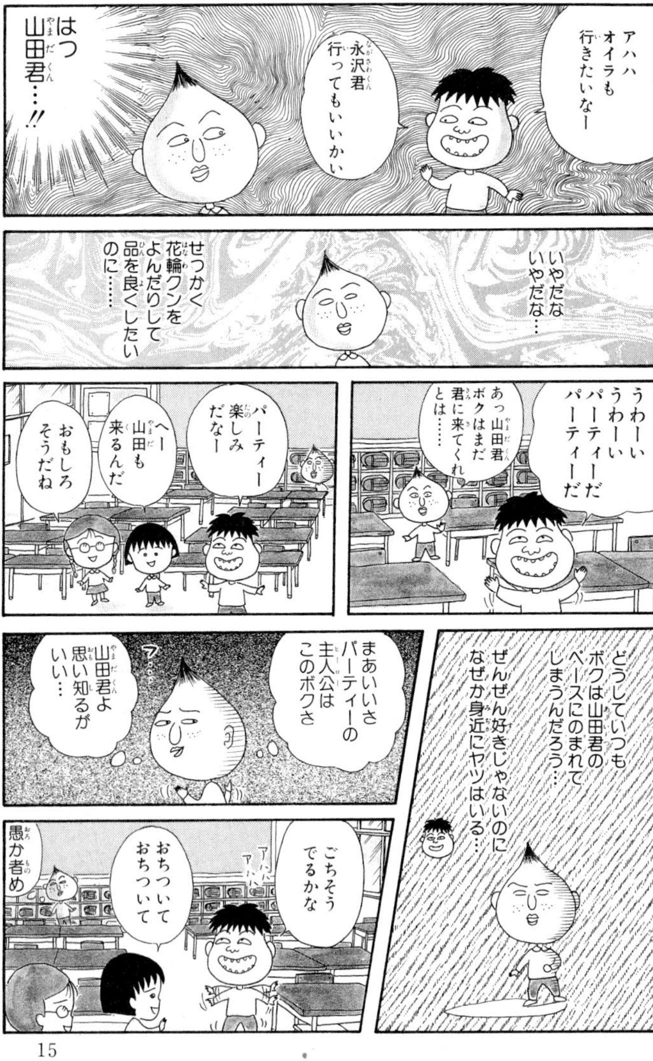
アハハ
オイラも
行きたいなー
永沢君
行ってもいいかい
はっ
山田君…!!
いやだな
いやだな…
せっかく
花輪クンを
よんだりして
品を良くしたい
のに……
うわーい
うわーい
パーティーだ
パーティーだ
あっ山田君
ボクはまだ
君に来てくれ
とは……
パーティー
楽しみ
だなー
へー
山田も
来るんだ
おもしろ
そうだね
どうしていつも
ボクは山田君の
ペースにのまれて
しまうんだろう…
ぜんぜん好きじゃないのに
なぜか身近にヤツはいる…
まあいいさ
パーティーの
主人公は
このボクさ
山田君よ
思い知るが
いい…
ごちそう
でるかな
アハハ
アハハ
おちついて
おちついて
愚か者め

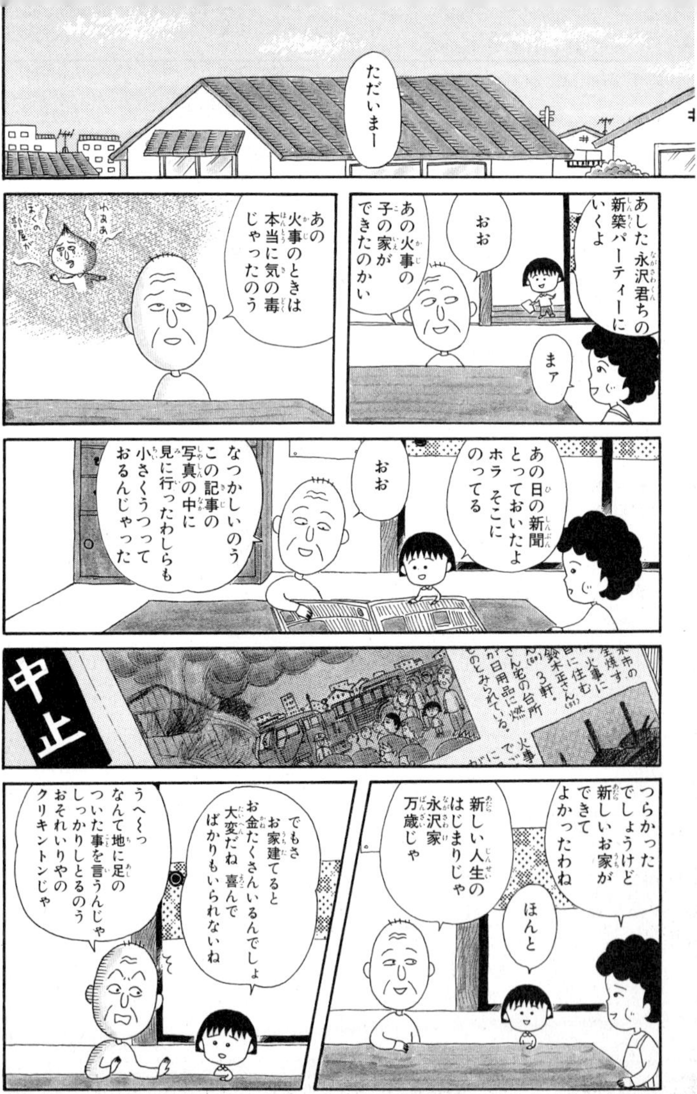
ただいまー
あした永沢君ちの新築パーティーにいくよ
まァ
おお
あの火事の子の家ができたのかい
あの火事のときは本当に気の毒じゃったのう
ゆああ
ぼくの部屋が
あの日の新聞とっておいたよホラ そこにのってる
おお
なつかしいのう この記事の写真の中に見に行ったわしらも小さくうつっておるんじゃった
中止
つらかったでしょうけど新しいお家ができてよかったわね
ほんと
新しい人生のはじまりじゃ 永沢家万歳じゃ
でもさ お家建てるとお金たくさんいるんでしょ 大変だね 喜んでばかりもいられないね
うへ〜っ なんて地に足のついた事を言うんじゃ しっかりしとるのう おそれいりやのクリキントンじゃ

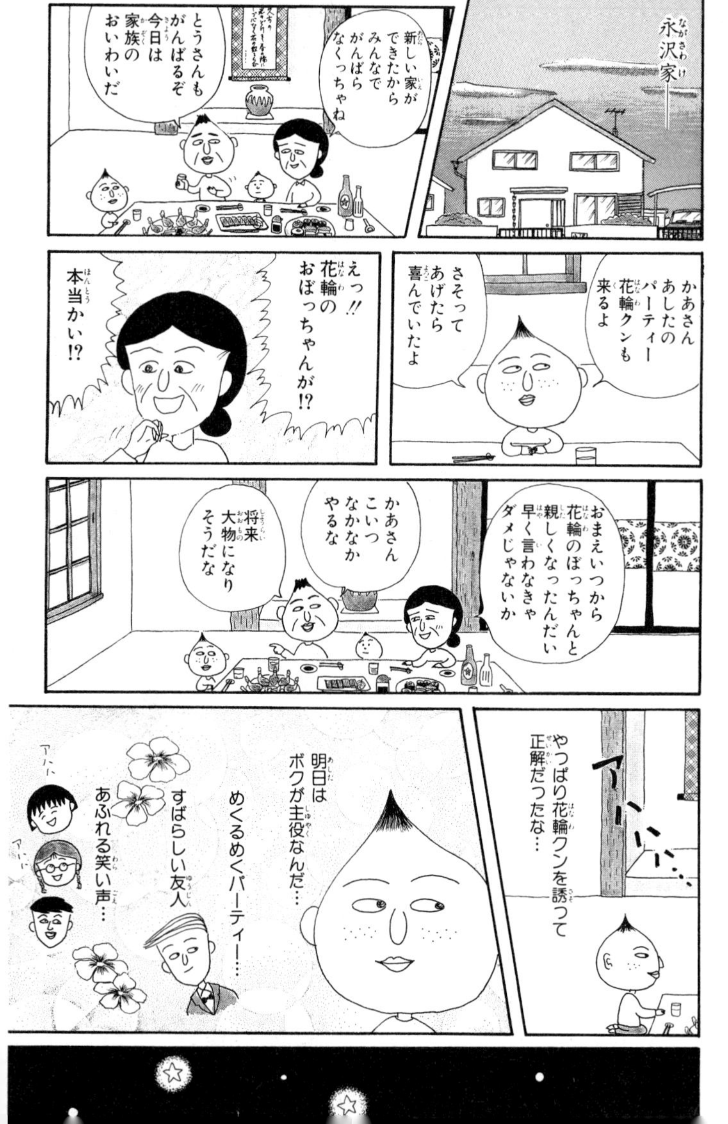
永沢家
とうさんもがんばるぞ今日は家族のおいわいだ
新しい家ができたからみんなでがんばらなくっちゃね
かあさんあしたのパーティー花輪クンも来るよ
さそってあげたら喜んでいたよ
えっ!!花輪のおぼっちゃんが!?
本当かい!?
おまえいつから花輪のぼっちゃんと親しくなったんだい早く言わなきゃダメじゃないか
かあさんこいつなかなかやるな
将来大物になりそうだな
アーハハハ…
やっぱり花輪クンを誘って正解だったな…
明日はボクが主役なんだ…
めくるめくパーティー…
すばらしい友人
あふれる笑い声…
アハハ
アハハ

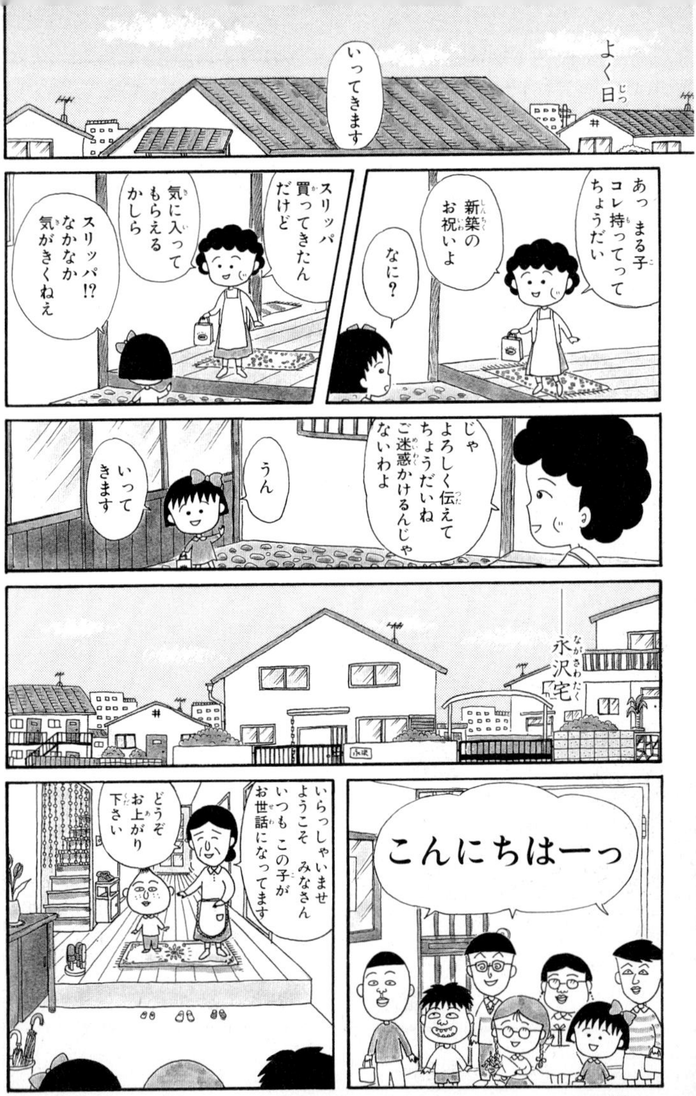
よく日
いってきます
あっ まる子 コレ持ってって ちょうだい
なに?
新築のお祝いよ
スリッパ買ってきたんだけど
気に入ってもらえるかしら
スリッパ!? なかなか気がきくねえ
じゃ よろしく伝えてちょうだいね ご迷惑かけるんじゃないわよ
うん
いってきます
永沢宅
こんにちはーっ
いらっしゃいませ ようこそ みなさん いつも この子がお世話になってます
どうぞお上がり下さい

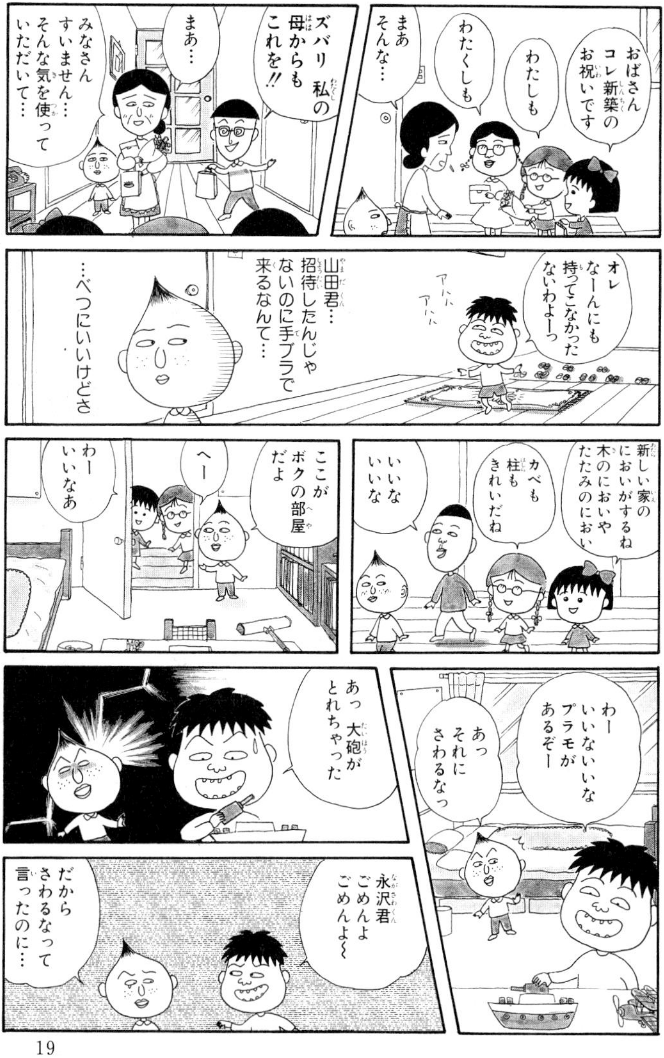
おばさん
コレ新築の
お祝いです
わたしも
わたくしも
まあ
そんな…
ズバリ 私の
母からも
これを!!
まあ…
みなさん
すいません…
そんな気を使って
いただいて…
オレ
なーんにも
持ってこなかった
ないわよーっ
アハハ
アハハ
山田君…
招待したんじゃ
ないのに手ブラで
来るなんて…
…べつにいいけどさ
新しい家の
においがするね
木のにおいや
たたみのにおい
カベも
柱も
きれいだね
いいな
いいな
ここが
ボクの部屋
だよ
へー
わー
いいなあ
わー
いいないいな
プラモが
あるぞー
あっ
それに
さわるなっ
あっ 大砲が
とれちゃった
永沢君
ごめんよ
ごめんよ〜
だから
さわるなって
言ったのに…

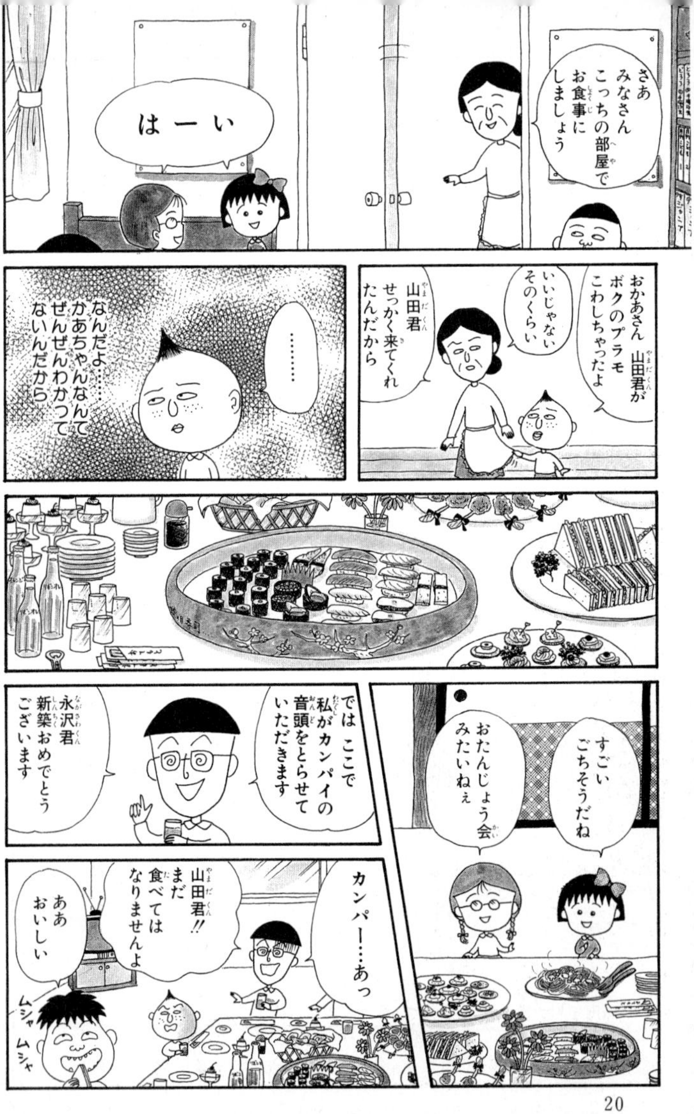
さあ みなさん こっちの部屋でお食事にしましょう
はーい
おかあさん 山田君がボクのプラモこわしちゃったよ
いいじゃない そのくらい
山田君 せっかく来てくれたんだから
……
なんだよ…… かあちゃんなんてぜんぜんわかってないんだから
すごい ごちそうだね
おたんじょう会みたいねぇ
では ここで私がカンパイの音頭をとらせていただきます
永沢君 新築おめでとうございます
カンパー…あっ
山田君!! まだ食べてはなりませんよ
ああ おいしい
ムシャ ムシャ

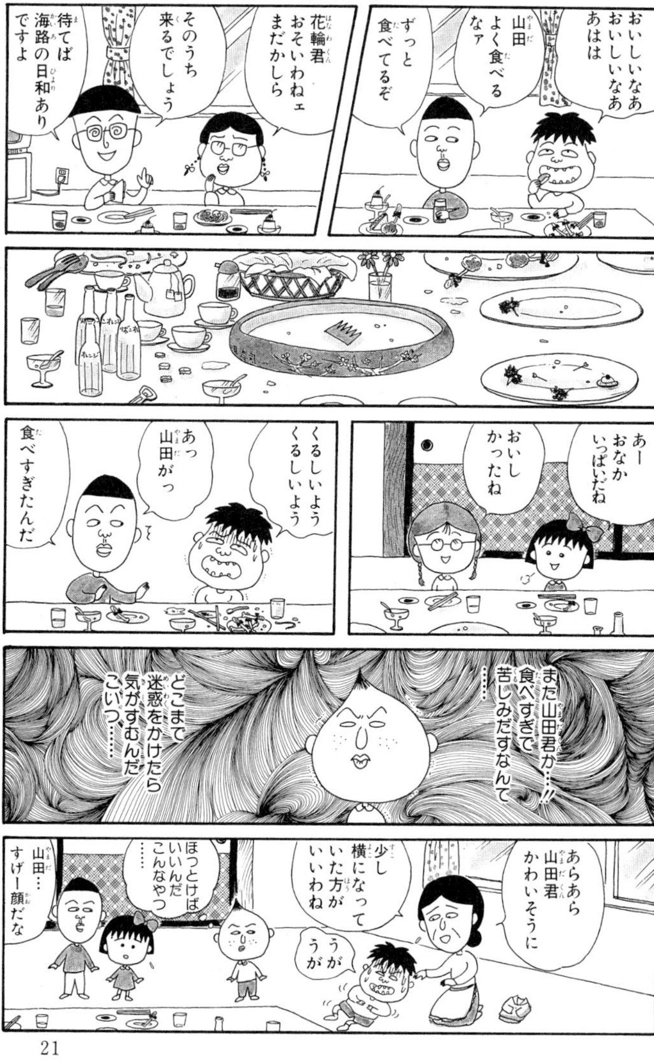
おいしいなあ
おいしいなあ
あはは
山田
よく食べる
なァ
ずっと
食べてるぞ
花輪君
おそいわねェ
まだかしら
そのうち
来るでしょう
待てば
海路の日和あり
ですよ
あー
おなか
いっぱいだね
おいし
かったね
くるしいよう
くるしいよう
あっ
山田がっ
食べすぎたんだ
また山田君か…!!
食べすぎで
苦しみだすなんて
……
どこまで
迷惑をかけたら
気がすむんだ
こいつ……
あらあら
山田君
かわいそうに
少し
横になって
いた方が
いいわね
うが
うが
ほっとけば
いいんだ
こんなやつ
……
山田…
すげー顔だな

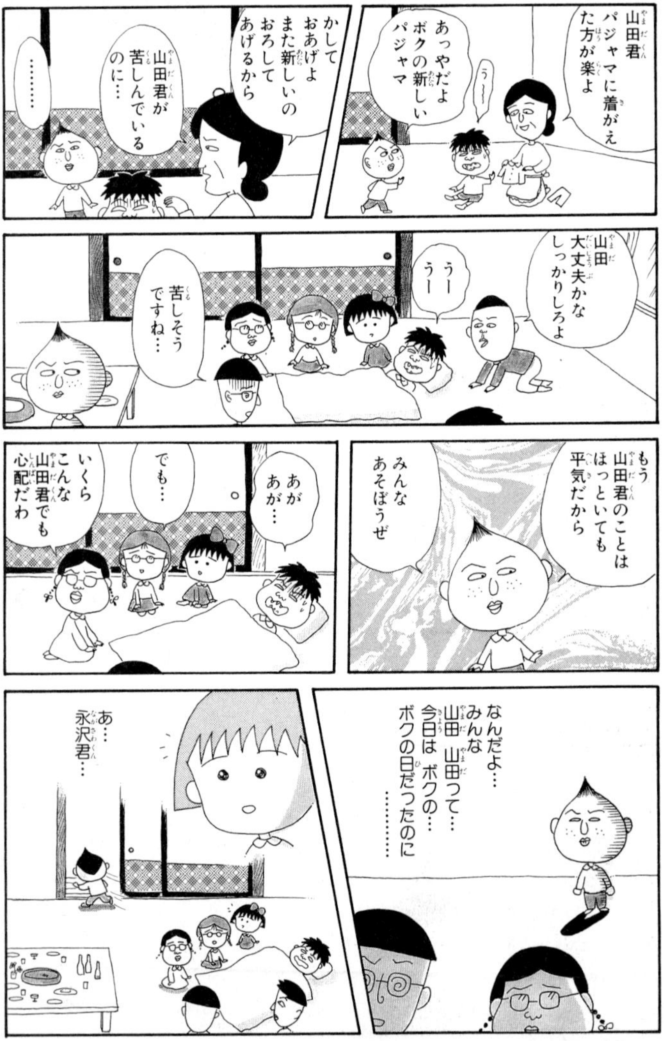
山田君
パジャマに着がえた方が楽よ
う〜〜
あっやだよ
ボクの新しいパジャマ
かして
おあげよ
また新しいの
おろして
あげるから
山田君が
苦しんでいる
のに…
………
山田
大丈夫かな
しっかりしろよ
うー
うー
苦しそう
ですね…
もう
山田君のことは
ほっといても
平気だから
みんな
あそぼうぜ
あが
あが…
でも…
いくら
こんな
山田君でも
心配だわ
なんだよ…
みんな
山田 山田って…
今日は ボクの…
ボクの日だったのに
…………
あ…
永沢君…

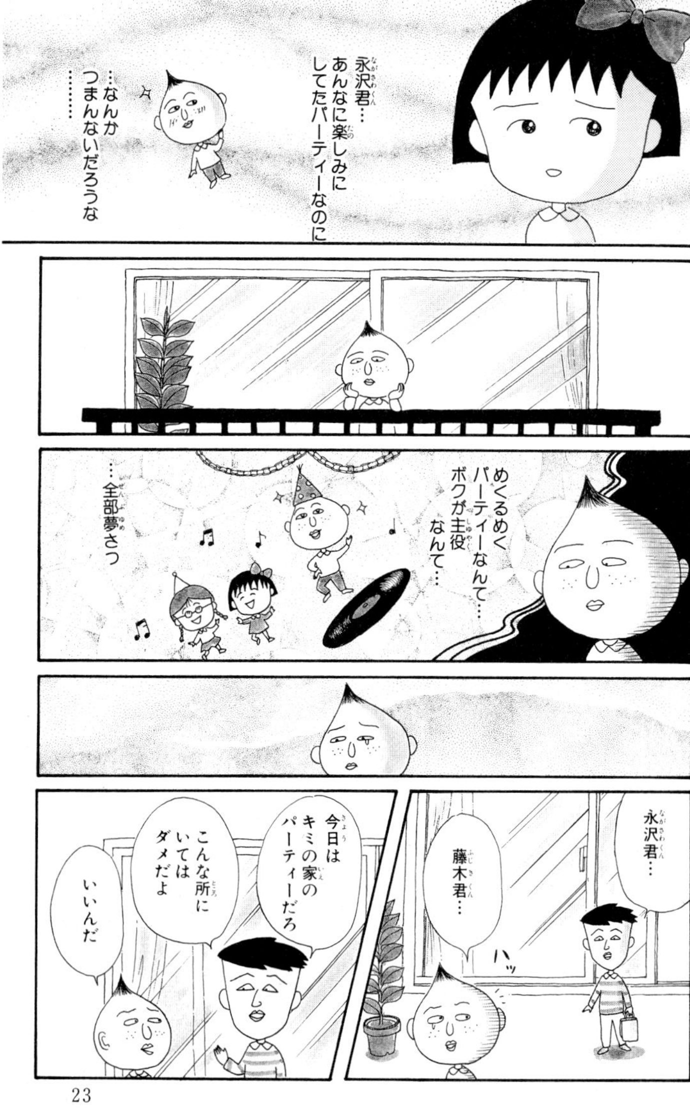
永沢君…
あんなに楽しみにしてたパーティーなのに
…なんかつまんないだろうな……
めくるめくパーティーなんて…ボクが主役なんて…
…全部夢さっ
永沢君…
藤木君…
ハッ
今日はキミの家のパーティーだろ
こんな所にいてはダメだよ
いいんだ

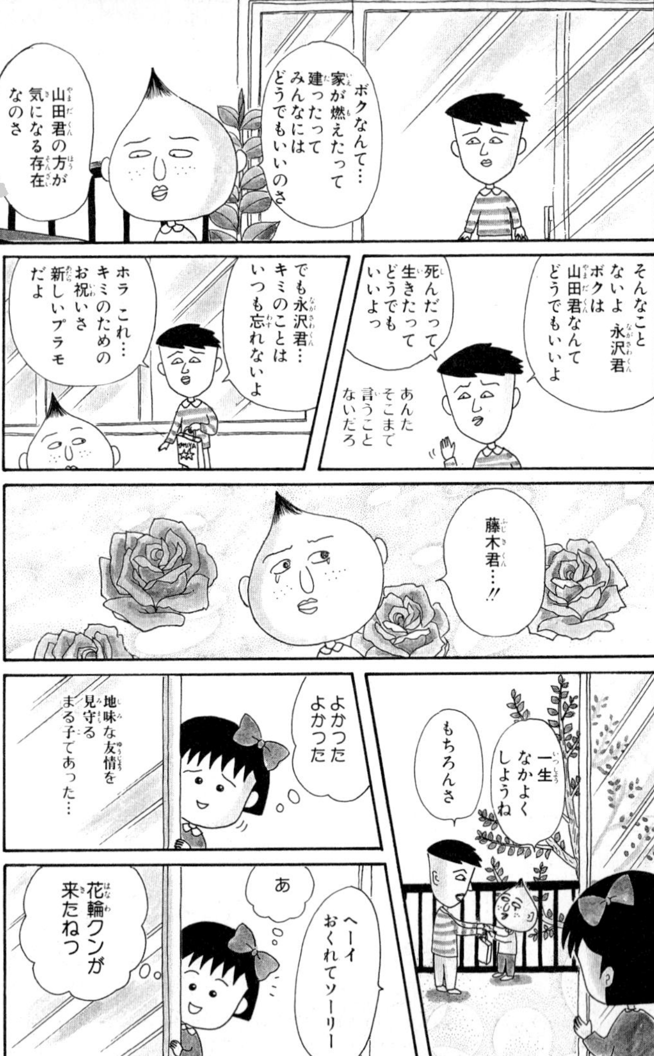
ボクなんて…家が燃えたって建ったってみんなにはどうでもいいのさ
山田君の方が気になる存在なのさ
そんなことないよ 永沢君 ボクは山田君なんてどうでもいいよ
死んだって生きたってどうでもいいよっ
あんたそこまで言うことないだろ
でも永沢君…キミのことはいつも忘れないよ
ホラ これ…キミのためのお祝いさ 新しいプラモだよ
藤木君…!!
一生なかよくしようね
もちろんさ
よかつたよかつた
地味な友情を見守るまる子であった…
ヘーイおくれてソーリー
あ
花輪クンが来たねっ

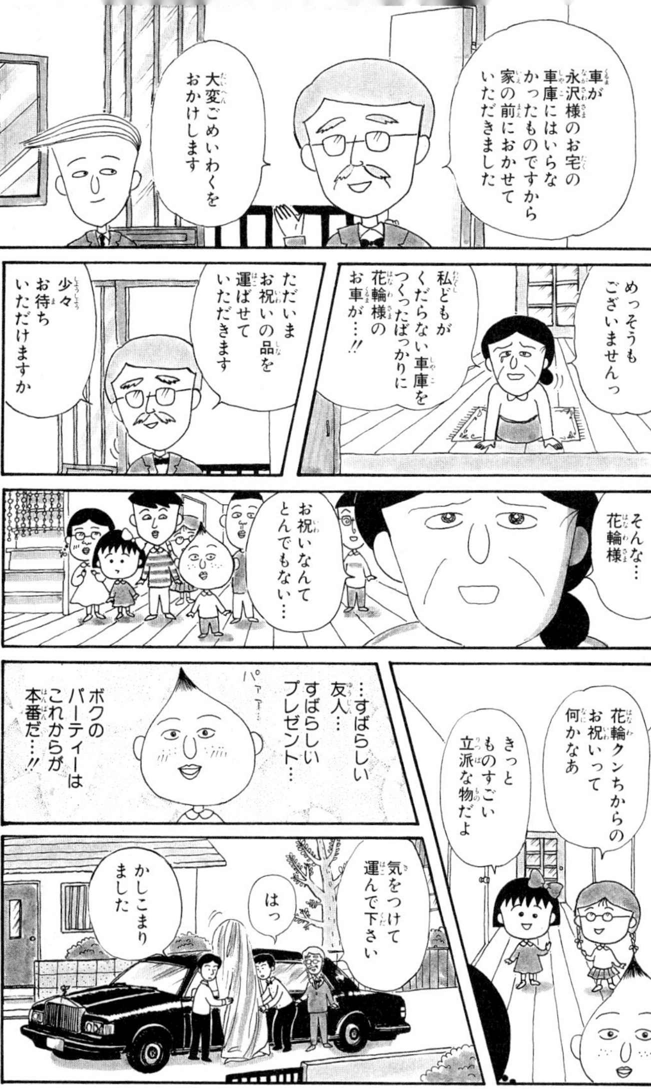
車が永沢様のお宅の車庫にはいらなかったものですから家の前におかせていただきました
大変ごめいわくをおかけします
めっそうもございませんっ
私どもがくだらない車庫をつくったばっかりに花輪様のお車が…!!
ただいまお祝いの品を運ばせていただきます
少々お待ちいただけますか
そんな…花輪様…
お祝いなんてとんでもない…
花輪クンちからのお祝いって何かなあ
きっとものすごい立派な物だよ
…すばらしい友人…すばらしいプレゼント…
パァァ…
ボクのパーティーはこれからが本番だ…!!
気をつけて運んで下さい
はっ
かしこまりました

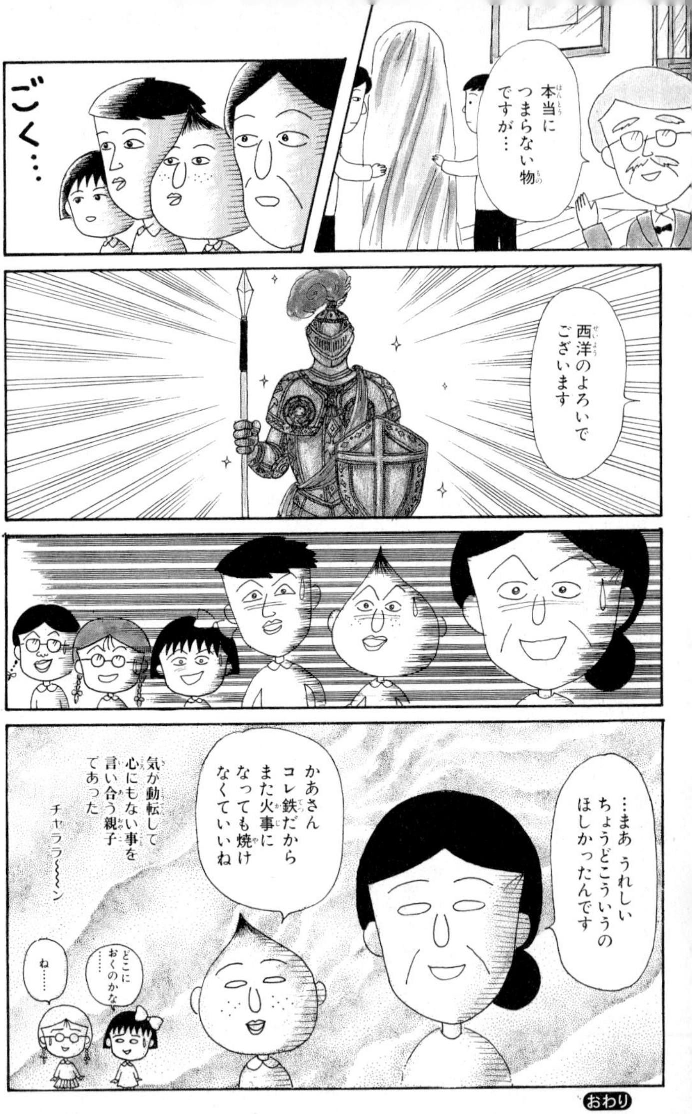
本当につまらない物ですが…
ごく…
西洋のよろいでございます
…まあ うれしい ちょうどこういうのほしかったんです
かあさん コレ鉄だから また火事になっても焼けなくていいね
気が動転して心にもない事を言い合う親子であった
チャララ~~~ン
どこにおくのかな……
ね……
おわり

ちびまる子ちゃん

なかよしの集い の巻

わたしの小学校は
『なかよしの集い』
というのがあった。

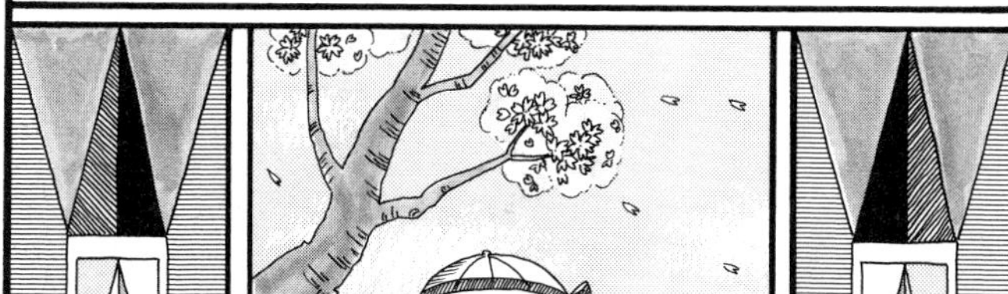

どういうものかといえば
1年生と6年生
2年生と5年生
3年生と4年生が
それぞれ ペアを組み
1年間 なかよく2人で
いろんな行事のたびに
協力するという
非常におせっかいな
集いなのである。

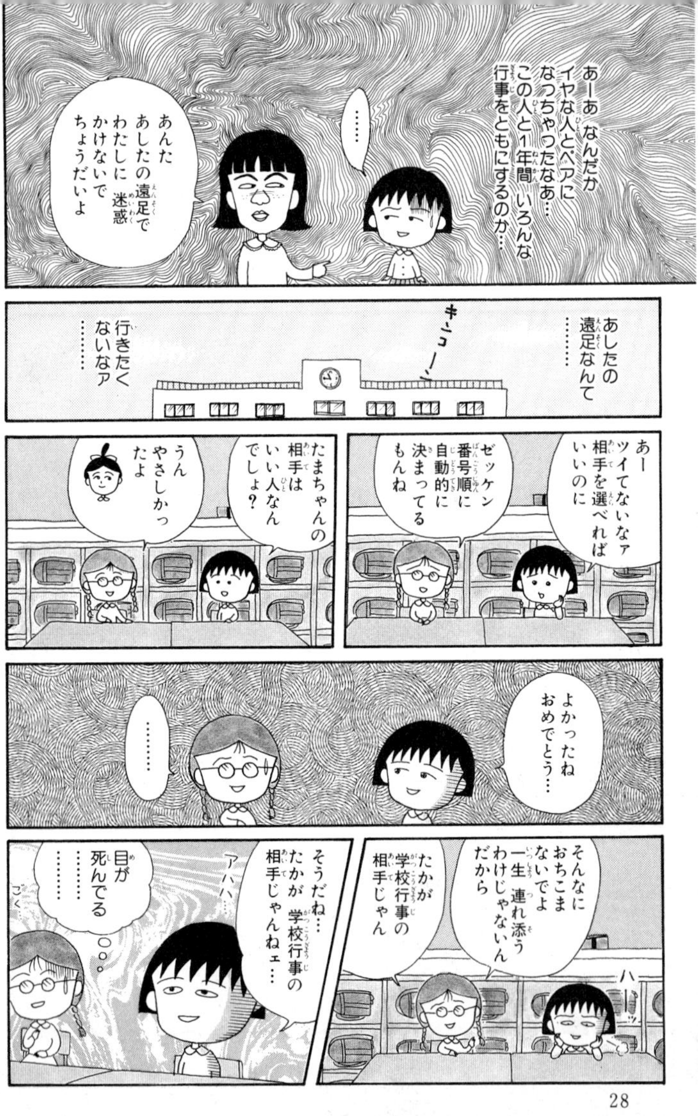
あーあ なんだか イヤな人とペアに なっちゃったなあ… この人と1年間 いろんな 行事をともにするのか…
……
あんた あしたの遠足で わたしに 迷惑 かけないで ちょうだいよ
あしたの 遠足なんて ……
キンコーン
行きたく ないなァ ……
あー ツイてないなァ 相手を選べれば いいのに
ゼッケン 番号順に 自動的に 決まってる もんね
たまちゃんの 相手は いい人なん でしょ?
うん やさしかっ たよ
よかったね おめでとう…
……
そんなに おちこま ないでよ 一生 連れ添う わけじゃないいん だから
たかが 学校行事の 相手じゃん
ハーッ
そうだね… たかが 学校行事の 相手じゃんねェ…
アハハ…
目が 死んでる ……
ごく…

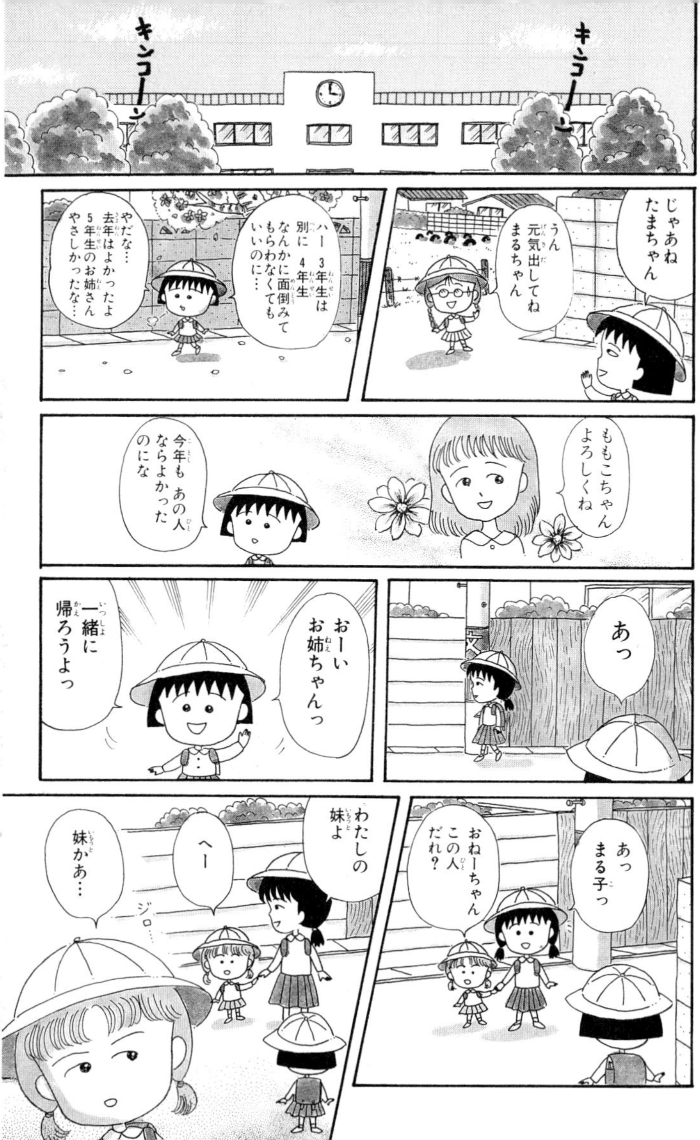
キンコーン
キンコーン
じゃあね たまちゃん
うん 元気出してね まるちゃん
ハー 3年生は別に 4年生なんかに面倒みてもらわなくてもいいのに…
やだな… 去年はよかったよ 5年生のお姉さんやさしかったな…
ももこちゃん よろしくね
今年も あの人ならよかったのにな
あっ
おーい お姉ちゃんっ
一緒に帰ろうよっ
あっ まる子っ
おねーちゃん この人だれ？
わたしの妹よ
へー
妹かあ…
ジロ…

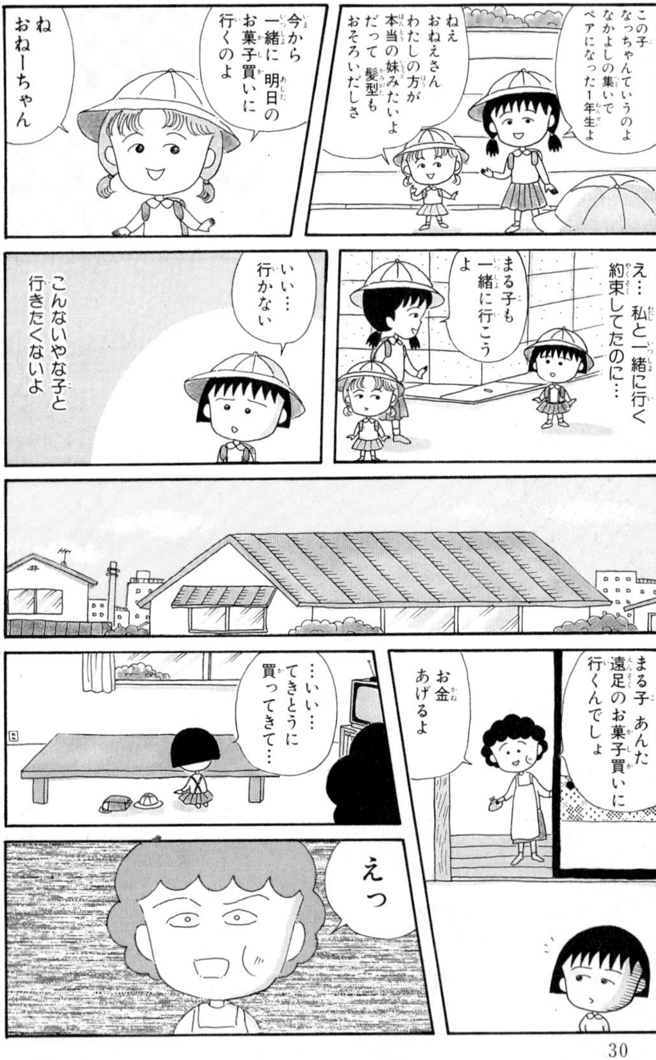
この子 なっちゃんていうのよ なかよしの集いでペアになった1年生よ
ねえ おねえさん わたしの方が本当の妹みたいよ だって髪型もおそろいだしさ
今から一緒に お菓子買いに 明日の行くのよ
ね おねーちゃん
え… 私と一緒に行く約束してたのに…
まる子も一緒に行こうよ
いい… 行かない
こんないやな子と行きたくないよ
まる子 あんた 遠足のお菓子買いに行くんでしょ
お金あげるよ
…いい… てきとうに買ってきて…
えっ

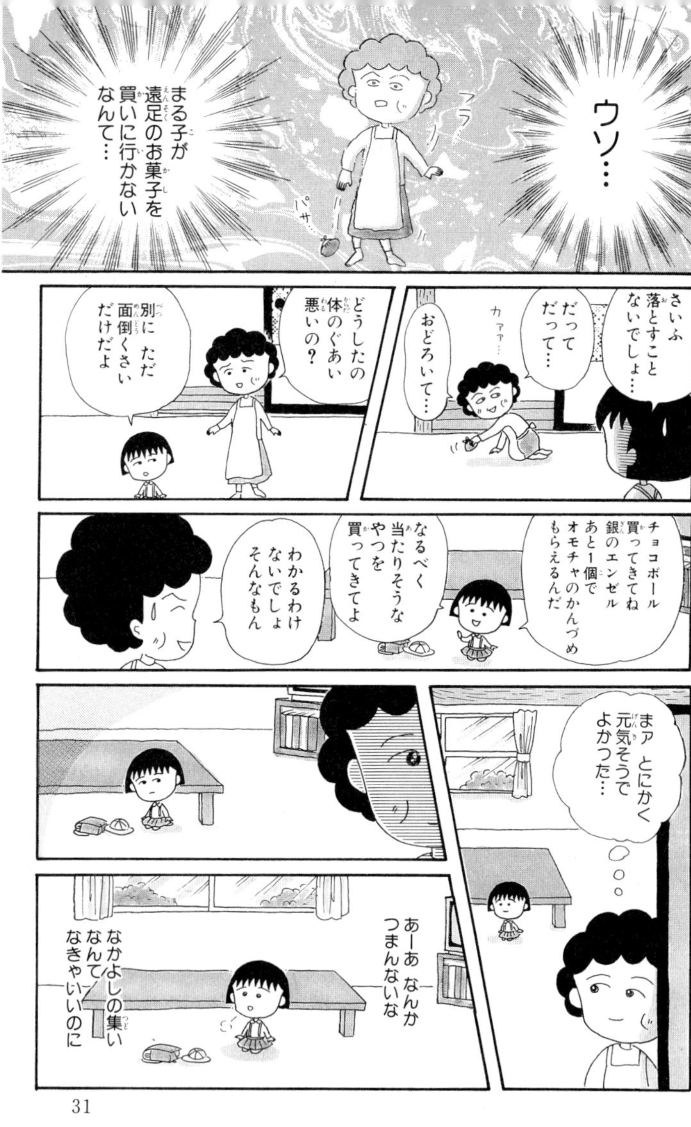
ウソ…
フラ…
パサ…
まる子が
遠足のお菓子を
買いに行かない
なんて…
さいふ
落とすこと
ないでしょ…
だって
だって…
カァァ…
おどろいて…
どうしたの
体のぐあい
悪いの？
別に ただ
面倒くさい
だけだよ
チョコボール
買ってきてね
銀のエンゼル
あと1個で
オモチャのかんづめ
もらえるんだ
なるべく
当たりそうな
やつを
買ってきてよ
わかるわけ
ないでしょ
そんなもん
まァ とにかく
元気そうで
よかった…
あーあ なんか
つまんないな
なかよしの集い
なんて
なきゃいいのに

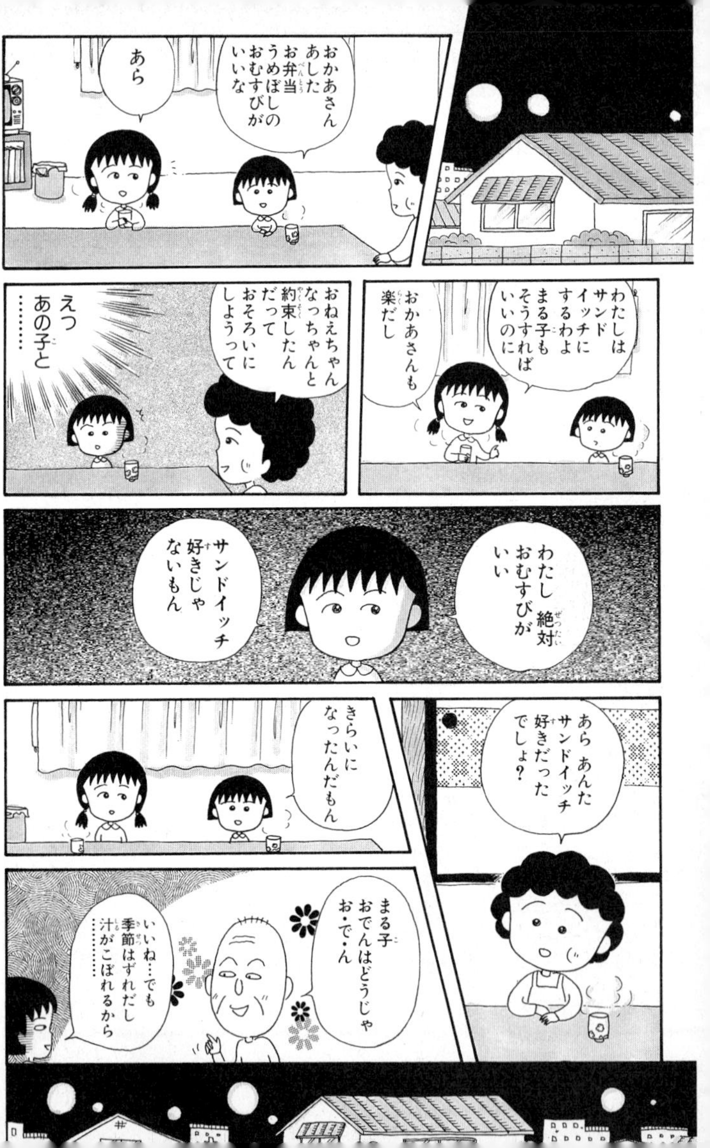
おかあさん あした お弁当 うめぼしの おむすびが いいな
あら
わたしは サンドイッチに するわよ まる子も そうすれば いいのに
おかあさんも 楽だし
おねえちゃん なっちゃんと 約束したんだって おそろいに しようって
えっ あの子と……
わたし 絶対 おむすびが いい
サンドイッチ 好きじゃないもん
あら あんた サンドイッチ 好きだったでしょ？
きらいに なったんだもん
まる子 おでんはどうじゃ お・で・ん
いいね…でも 季節はずれだし 汁がこぼれるから……

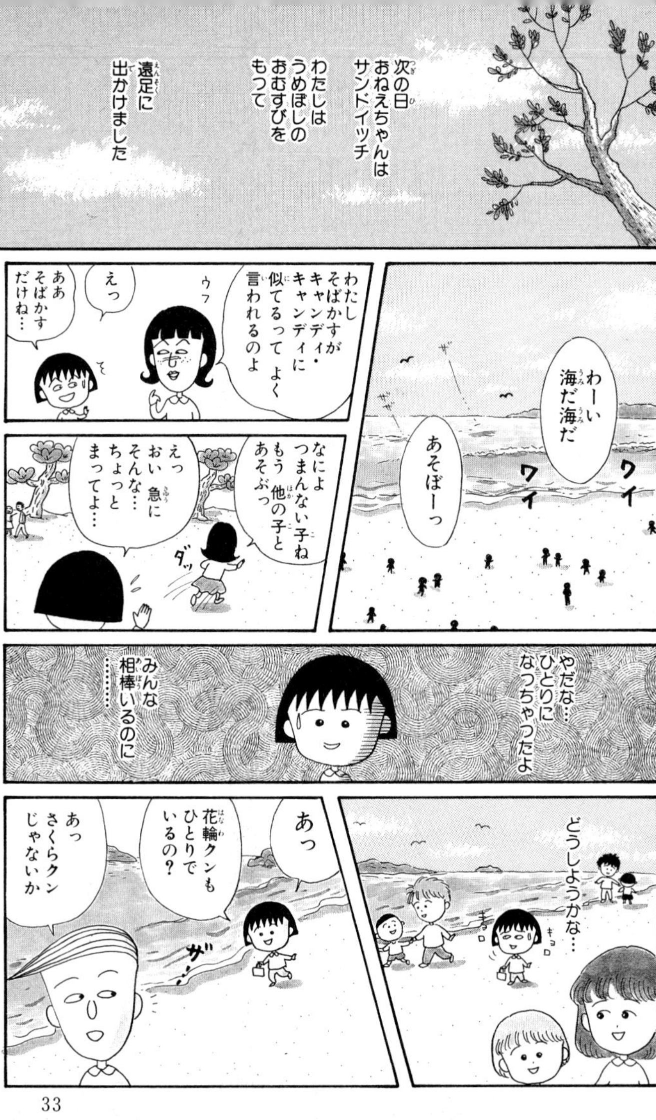
次の日
おねえちゃんはサンドイッチ
わたしはうめぼしのおむすびをもって
遠足に出かけました
わーい
海だ海だ
ワイ
ワイ
あそぼーっ
ウフ
わたし そばかすがキャンディ・キャンディに似てるって よく言われるのよ
えっ
ああ そばかすだけね…
なによ
つまんない子ね
もう 他の子と あそぶっ
ダッ
えっ おい 急に そんな… ちょっと まってよ…
やだな… ひとりになっちゃったよ
みんな相棒いるのに
……
どうしようかな…
キョ
キョ
あっ
花輪クンも ひとりでいるの？
ザッ
あっ さくらクン じゃないか

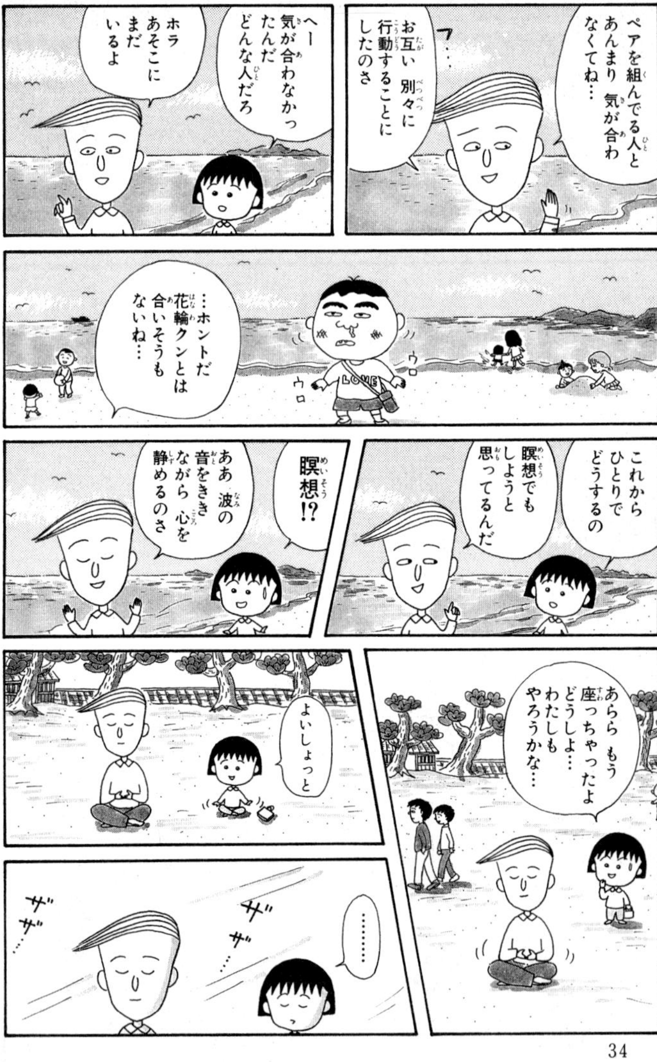
ペアを組んでる人と
あんまり 気が合わなくてね…
フ…
お互い 別々に
行動することに
したのさ
へー
気が合わなかったんだ
どんな人だろ
ホラ
あそこに
まだ
いるよ
…ホントだ
花輪クンとは
合いそうも
ないね…
ウロ
ウロ
これから
ひとりで
どうするの
瞑想でも
しようと
思ってるんだ
瞑想!?
ああ 波の
音をきき
ながら 心を
静めるのさ
あらら もう
座っちゃったよ
どうしよ…
わたしも
やろうかな…
よいしょっと
………
ザザ…
ザザ…

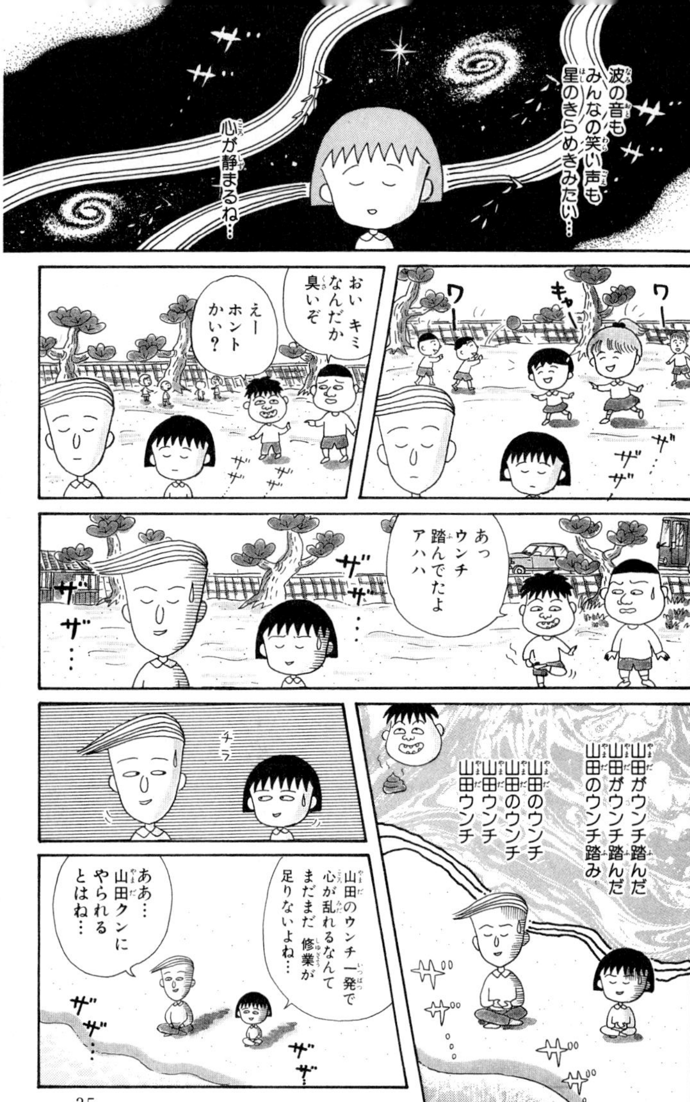
波の音も
みんなの笑い声も
星のきらめきみたい…
心が静まるね…
ワー
キャー
ワー
ザ…
ザザ…
おい キミ なんだか 臭いぞ
えー ホント かい？
ザザ…
ザザ…
あっ ウンチ 踏んでたよ アハハ
ザ…
ザザ…
ザ…
チラ
山田がウンチ踏んだ
山田がウンチ踏んだ
山田のウンチ踏み
山田のウンチ
山田のウンチ
山田ウンチ
山田ウンチ
ああ… 山田クンに やられる とはね…
山田のウンチ一発で 心が乱れるなんて まだまだ 修業が 足りないよね…
ザザ…
ザザ…

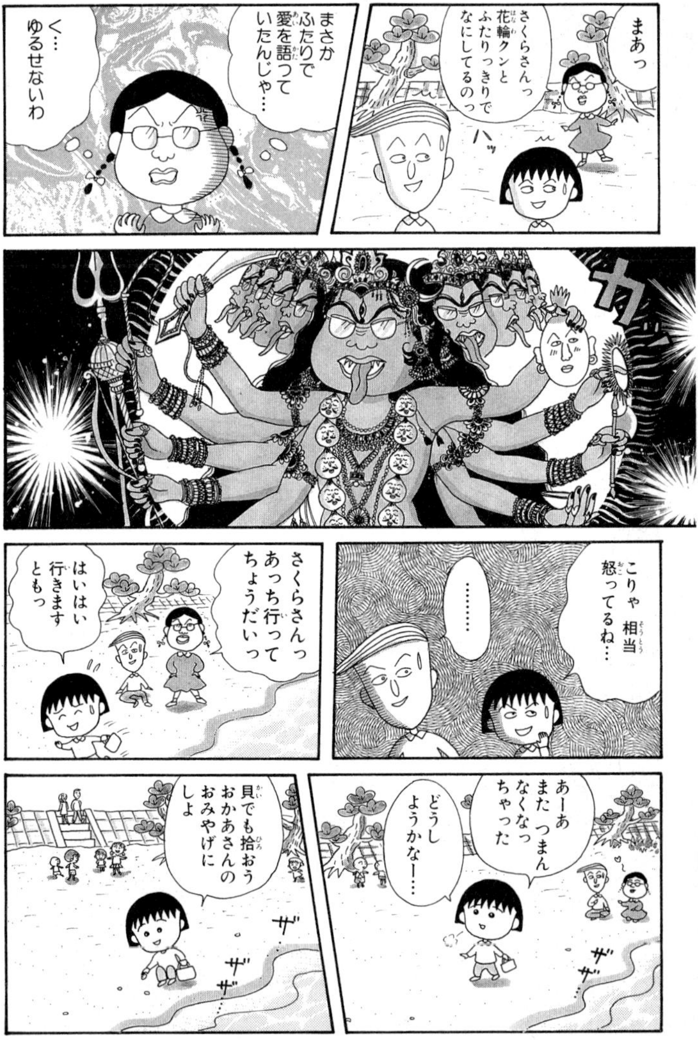
まあっ
さくらさんっ
花輪クンと
ふたりっきりで
なにしてるのっ
ハッ
まさか
ふたりで
愛を語ってい
たんじゃ…
く…
ゆるせないわ
カッ
こりゃ 相当
怒ってるね…
………
さくらさんっ
あっち行って
ちょうだいっ
はいはい
行きます
ともっ
あーあ
また つまん
なくなっ
ちゃった
どうし
ようかな…
ザ
ザ…
貝でも拾おう
おかあさんの
おみやげに
しよ
ザ…
ザ
ザ…

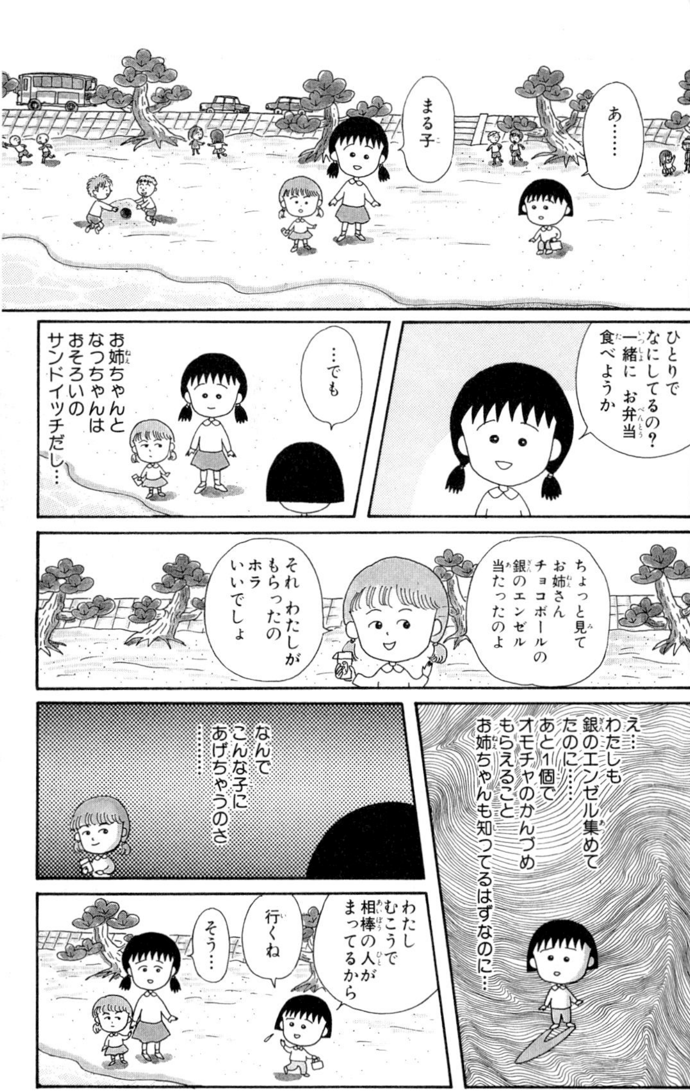
あ……
まる子
ひとりで なにしてるの？ 一緒に お弁当 食べようか
…でも
お姉ちゃんと なつちゃんは おそろいの サンドイッチだし…
ちょっと見て お姉さん チョコボールの 銀のエンゼル 当たったのよ
それ わたしが もらったの ホラ いいでしょ
え… わたしも 銀のエンゼル集めて たのに…… あと1個で オモチャのかんづめ もらえること お姉ちゃんも知ってるはずなのに…
なんで こんな子に あげちゃうのさ ……
わたし むこうで 相棒の人が まってるから
行くね
そう…

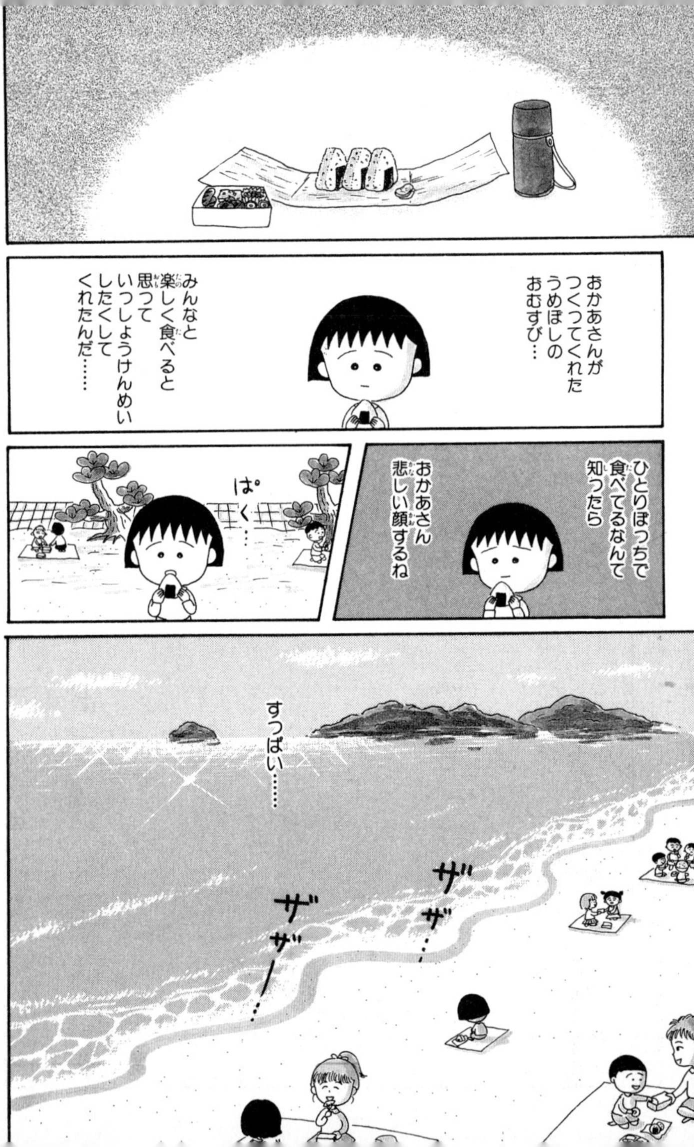
おかあさんが
つくってくれた
うめぼしの
おむすび…
みんなと
楽しく食べると
思って
いっしょうけんめい
したくして
くれたんだ……
ひとりぼっちで
食べてるなんて
知ったら
おかあさん
悲しい顔するね
ぱく…
すっぱい……
ザザ…
ザザー…

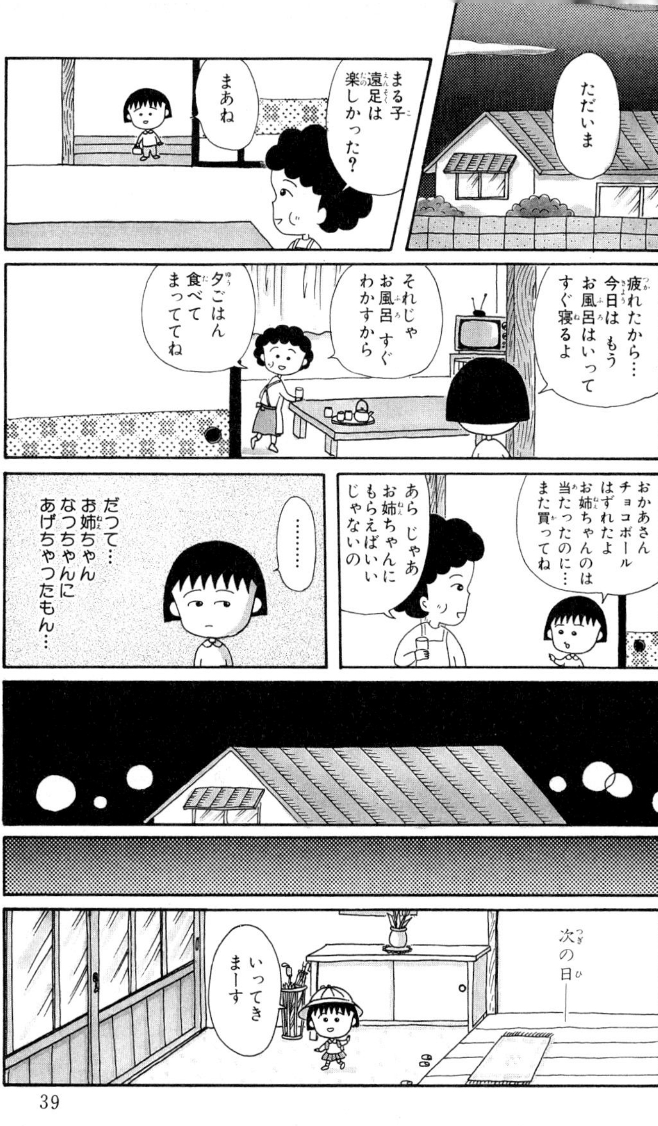
ただいま
まる子
遠足は
楽しかった?
まあね
疲れたから…
今日は もう
お風呂はいって
すぐ寝るよ
それじゃ
お風呂 すぐ
わかすから
夕ごはん
食べて
まっててね
おかあさん
チョコボール
はずれたよ
お姉ちゃんのは
当たったのに…
また買ってね
あら じゃあ
お姉ちゃんに
もらえばいい
じゃないの
……
だって…
お姉ちゃん
なつちゃんに
あげちゃったもん…
次の日――
いってき
まーす

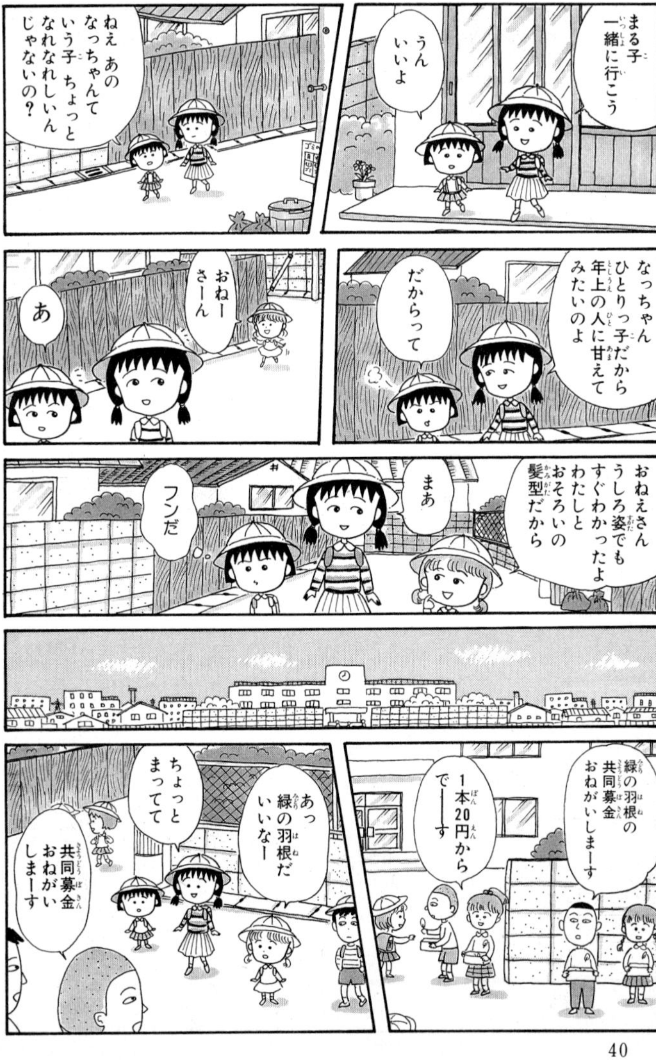
まる子 一緒に行こう
うん いいよ
ねえ あの なっちゃんていう子 ちょっとなれなれしいんじゃないの？
なっちゃん ひとりっ子だから 年上の人に甘えてみたいのよ
だからって
あ
おねーさーん
おねえさん うしろ姿でもすぐわかったよ わたしとおそろいの髪型だから
まあ
フンだ
緑の羽根の共同募金 おねがいしまーす
1本20円からでーーす
あっ 緑の羽根だ いいなー
ちょっとまってて
共同募金 おねがいしまーす

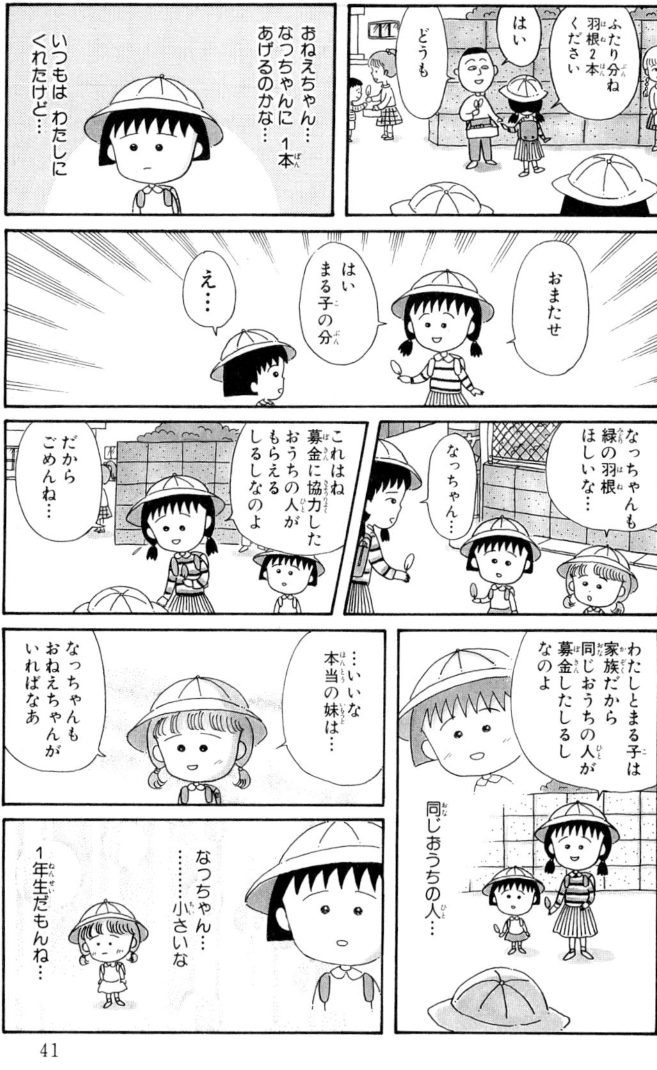
ふたり分ね 羽根2本 ください
はい
どうも
おねえちゃん… なつちゃんに 1本 あげるのかな…
いつもは わたしに くれたけど…
おまたせ
はい まる子の分
え…
なっちゃんも 緑の羽根 ほしいな…
なっちゃん…
これはね 募金に協力した おうちの人が もらえる しるしなのよ
だから ごめんね…
わたしとまる子は 家族だから 同じおうちの人が 募金したしるし なのよ
同じおうちの人…
…いいな 本当の妹は…
なっちゃんも おねえちゃんが いればなあ
なっちゃん… ……小さいな
1年生だもんね…

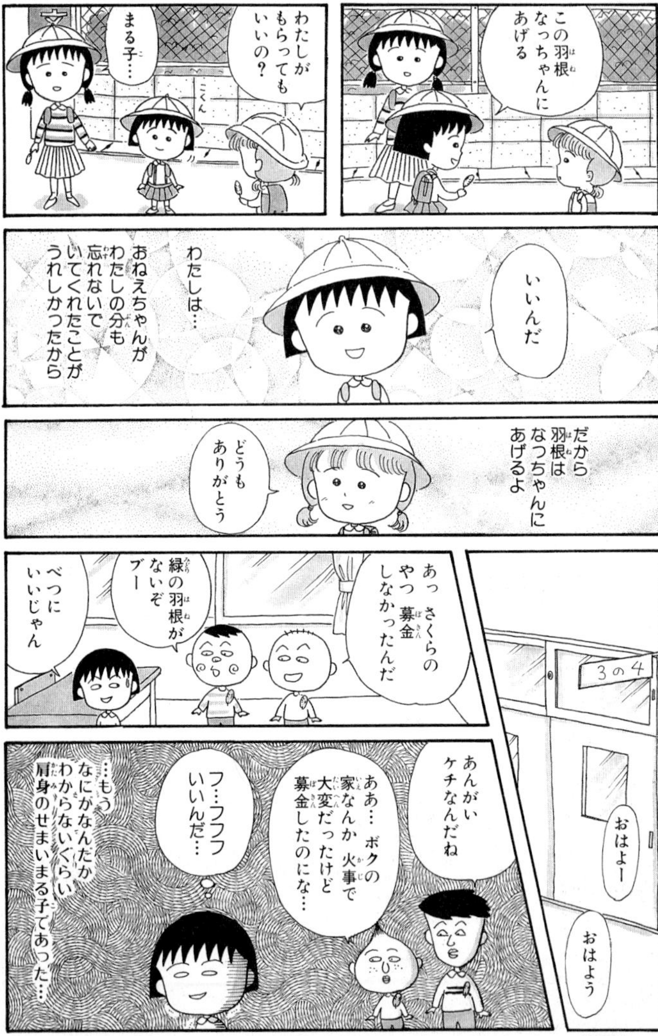
この羽根なっちゃんにあげる
わたしがもらってもいいの？
まる子…
こくん
いいんだ
わたしは…
おねえちゃんがわたしの分も忘れないでいてくれたことがうれしかったから
だから羽根はなっちゃんにあげるよ
どうもありがとう
おはよう
おはよー
3の4
あっさくらのやつ募金しなかったんだ
緑の羽根がないぞブー
べつにいいじゃん
あんがいケチなんだね
ああ…ボクの家なんか火事で大変だったけど募金したのにな…
フ…フフフいいんだ…
…もうなにがなんだかわからないぐらい肩身のせまいまる子であった…

おわり

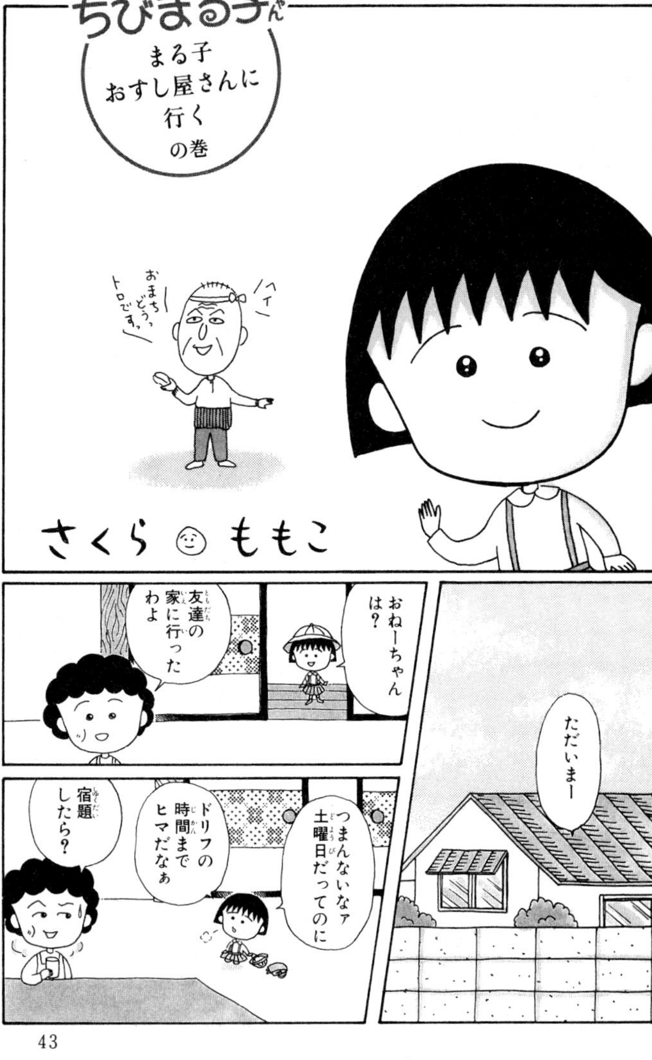
ちびまる子ちゃん
まる子
おすし屋さんに
行く
の巻
ヘイ
おまち
どうっ
トロですっ
さくら ももこ
ただいまー
おねーちゃんは?
友達の家に行ったわよ
つまんないなァ
土曜日だってのに
ドリフの時間までヒマだなぁ
宿題したら?

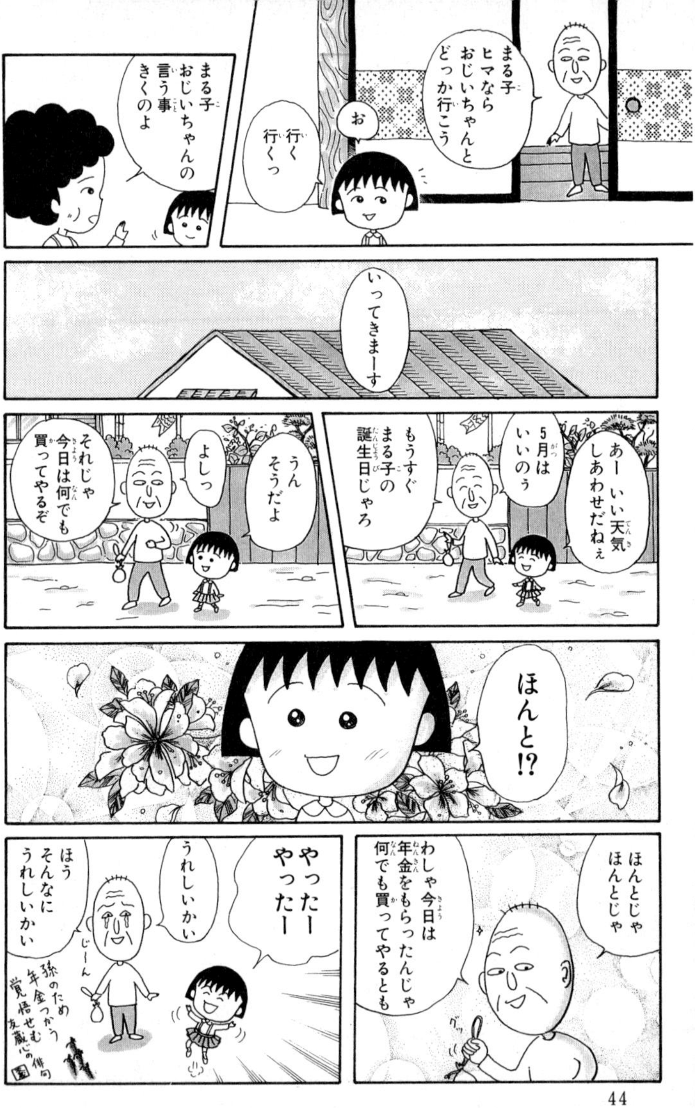
まる子
ヒマなら
おじいちゃんと
どっか行こう
お
行く
行くっ
まる子
おじいちゃんの
言う事
きくのよ
いってきまーす
あー いい天気
しあわせだねぇ
5月は
いいのぅ
もうすぐ
まる子の
誕生日じゃろ
うん
そうだよ
よしっ
それじゃ
今日は何でも
買ってやるぞ
ほんと!?
ほんとじゃ
ほんとじゃ
わしゃ今日は
年金をもらったんじゃ
何でも買ってやるとも
グッ
やったー
やったー
うれしいかい
ほう
そんなに
うれしいかい
じーん
孫のため
年金つかう
覚悟せむ
友蔵心の俳句

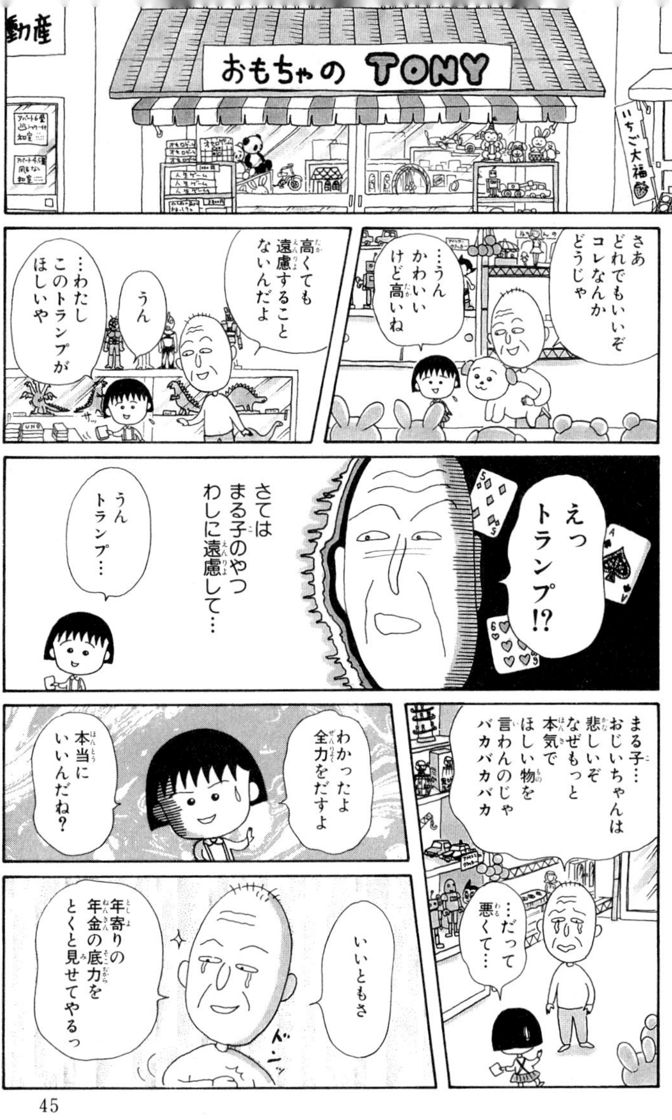

動産
おもちゃの TONY
いちご大福
さあ どれでもいいぞ コレなんか どうじゃ
…うん かわいい けど高いね
高くても 遠慮すること ないんだよ
うん
…わたし このトランプが ほしいや
えっ トランプ!?
さては まる子のやつ わしに遠慮して…
うん トランプ…
まる子… おじいちゃんは 悲しいぞ なぜもっと 本気で ほしい物を 言わんのじゃ バカバカバカ
…だって 悪くて…
わかったよ 全力をだすよ
本当に いいんだね?
いいともさ
年寄りの 年金の底力を とくと見せてやるっ

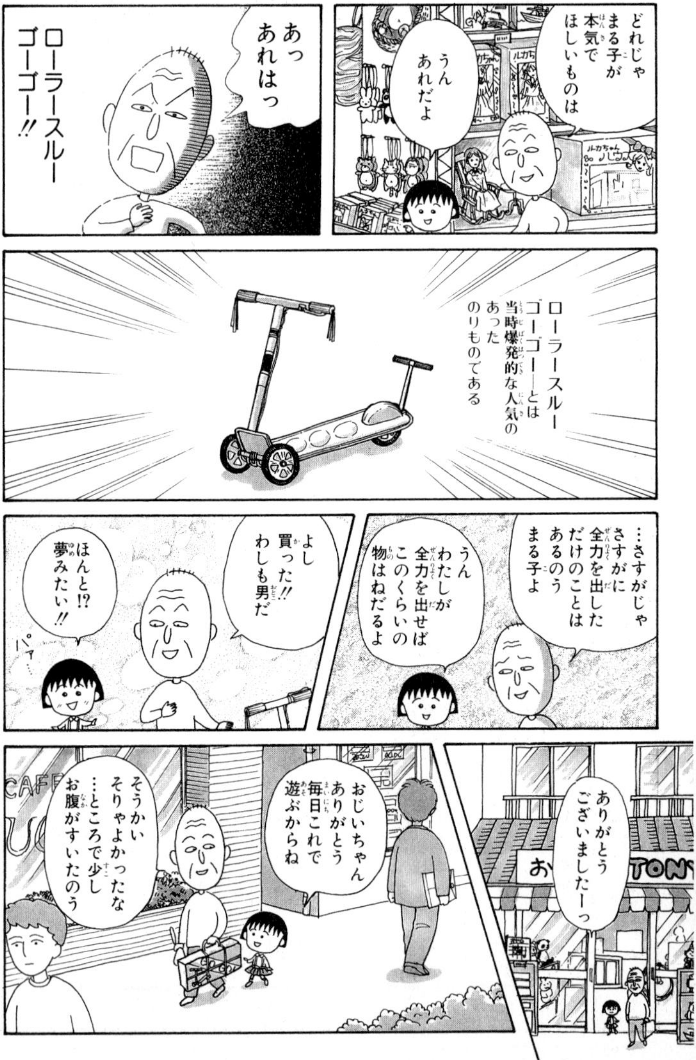
どれじゃ まる子が 本気で ほしいものは
うん あれだよ
あっ あれはっ
ローラースルー ゴーゴー!!
ローラースルー ゴーゴーとは 当時爆発的な人気の あった のりものである
…さすがじゃ さすがに 全力を出した だけのことは あるのう まる子よ
うん わたしが 全力を出せば このくらいの 物はねだるよ
よし 買った!! わしも男だ
ほんと!? 夢みたい!!
パァ…
そうかい そりゃよかったな …ところで少し お腹がすいたのう
おじいちゃん ありがとう 毎日これで 遊ぶからね
ありがとう ございましたーっ

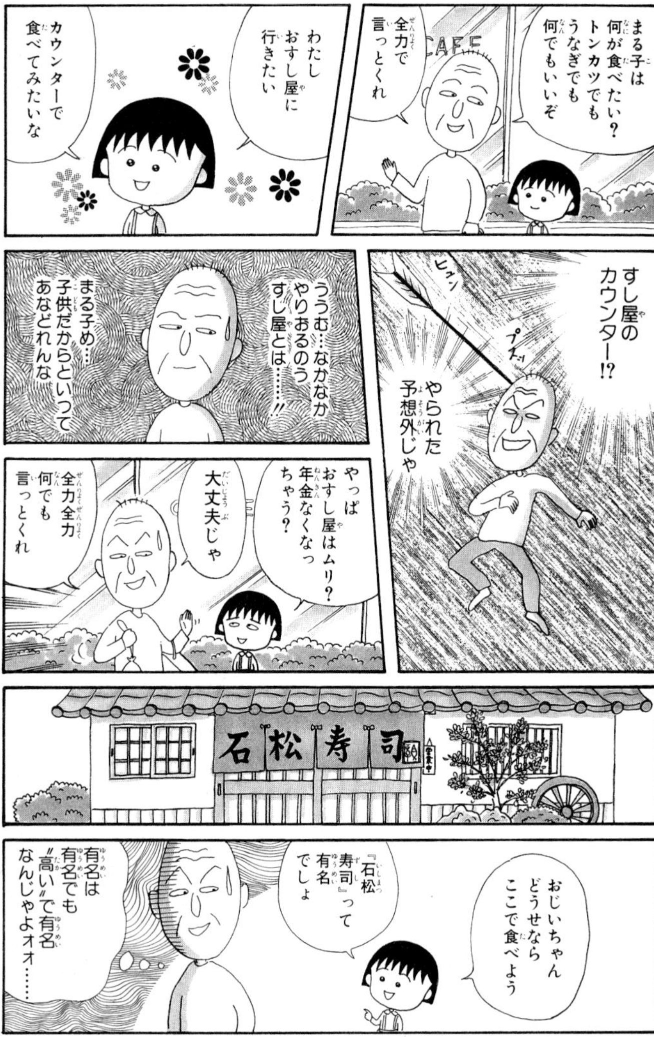
まる子は何が食べたい？トンカツでもうなぎでも何でもいいぞ
全力で言っとくれ
CAFE
わたしおすし屋に行きたい
カウンターで食べてみたいな
すし屋のカウンター!?
ヒュン
プスッ
やられた予想外じゃ
ううむ…なかなかやりおるのうすし屋とは……!!
まる子め…子供だからといってあなどれんな
やっぱおすし屋はムリ？年金なくなっちゃう？
大丈夫じゃ
全力全力何でも言っとくれ
石松寿司
営業中
おじいちゃんどうせならここで食べよう
『石松寿司』って有名でしょ
有名は有名でも〝高い〟で有名なんじゃよオオ……

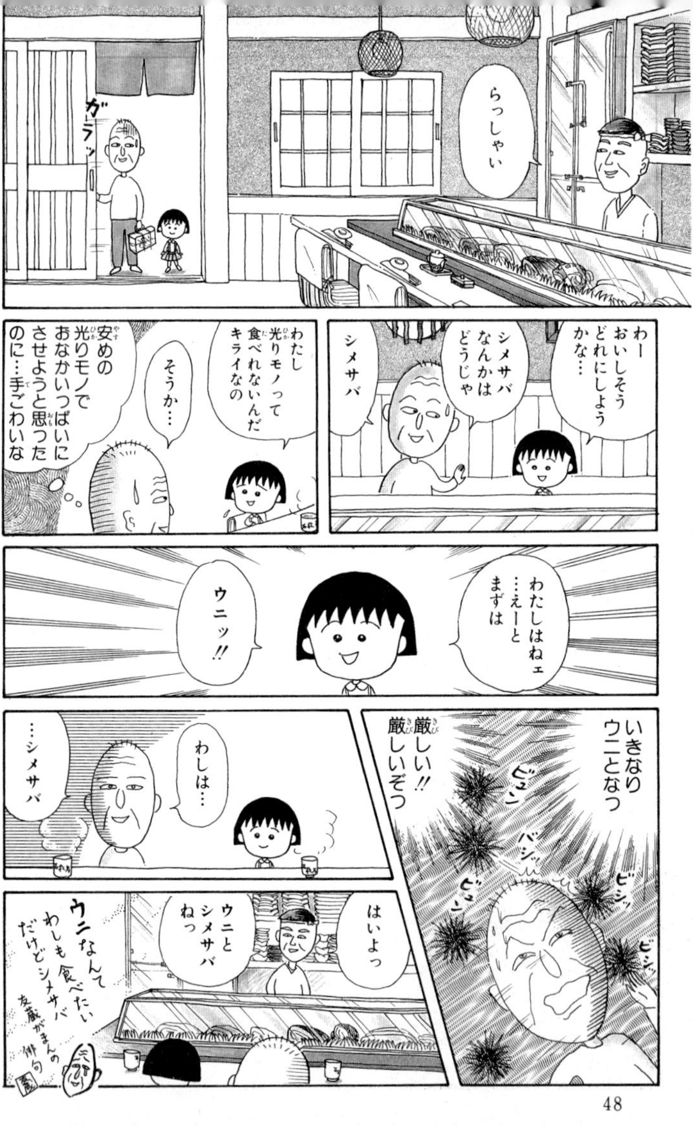
ガラッ
らっしゃい
わーおいしそう どれにしようかな…
シメサバなんかはどうじゃ
シメサバ
わたし光りモノって食べれないんだキライなの
そうか…
安めの光りモノでおなかいっぱいにさせようと思ったのに…手ごわいな
わたしはねェ…えーとまずは
ウニッ!!
いきなりウニとなっ
厳しい!! 厳しいぞっ
ビュン
バシッ
ビュン
ビシッ
ビシッ
わしは…
…シメサバ
はいよっ
ウニとシメサバねっ
ウニなんてわしも食べたいだけどシメサバ
友蔵がまんの俳句
友蔵

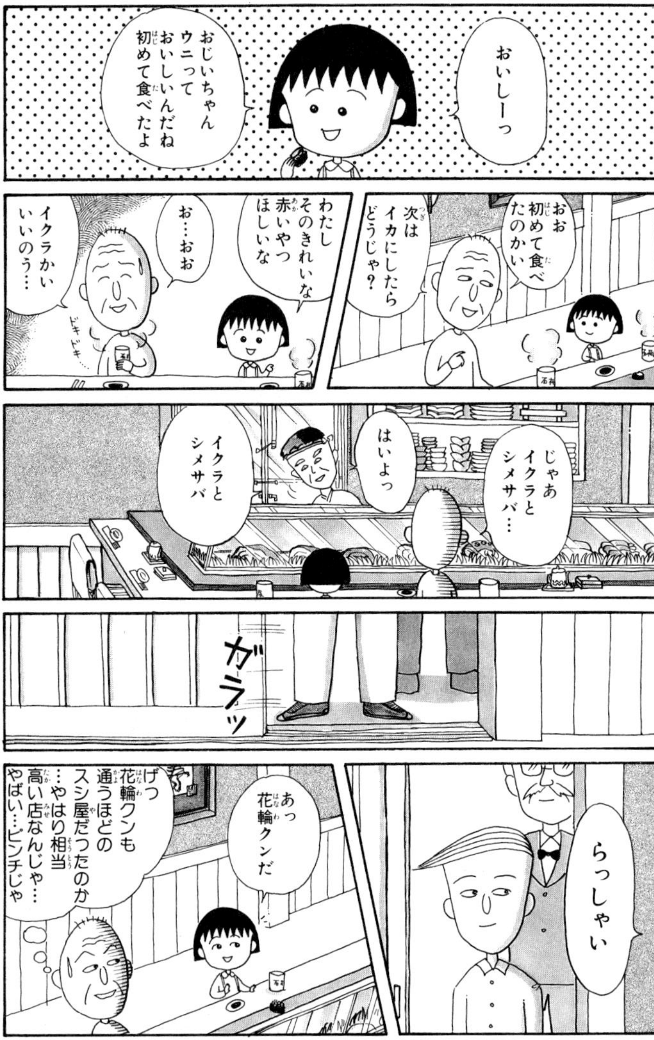
おいしーっ
おじいちゃん ウニって おいしいんだね 初めて食べたよ
おお 初めて食べたのかい
次は イカにしたら どうじゃ?
わたし そのきれいな 赤いやつ ほしいな
お…おお
イクラかい いいのう…
ドキドキ…
じゃあ イクラと シメサバ…
はいよっ
イクラと シメサバ
ガラーッ
らっしゃい
あっ 花輪クンだ
げっ 花輪クンも 通うほどの スシ屋だったのか …やはり相当 高い店なんじゃ… やばい…ピンチじゃ

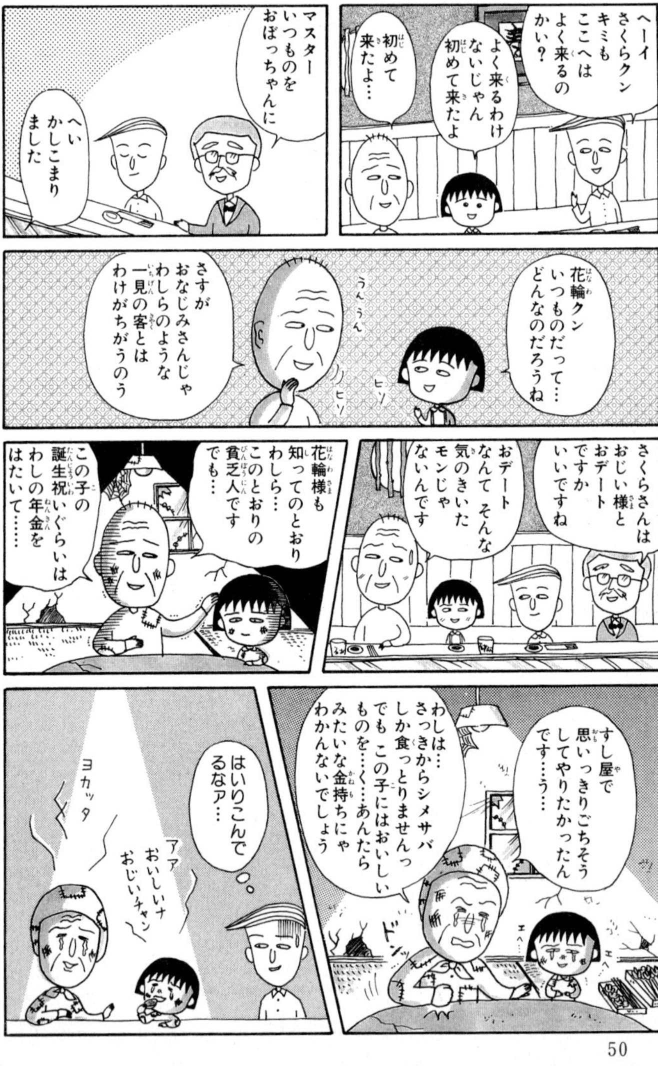
ヘーイ さくらクン キミも ここへは よく来るのかい?
よく来るわけないじゃん 初めて来たよ
初めて来たよ…
マスター いつものをおぼっちゃんに
へい かしこまりました
花輪クン いつものだって…どんなのだろうね
ヒソ ヒソ
うんうん
さすが おなじみさんじゃ わしらのような 一見の客とは わけがちがうのう
さくらさんは おじい様と おデートですか いいですね
おデートなんて そんな気のきいたモンじゃないんです
花輪様も 知ってのとおり わしら… このとおりの 貧乏人です でも…
この子の 誕生祝いぐらいは わしの年金を はたいて……
すし屋で 思いっきりごちそう してやりたかったん です…う…
わしは… さっきからシメサバしか食っとりませんっ でも この子にはおいしいものを…く…あんたらみたいな金持ちにゃ わかんないでしょう
ドンッ
エヘ…
エヘ…
はいりこんでるなア…
アア おいしいナ おじいチャン
ヨカッタ

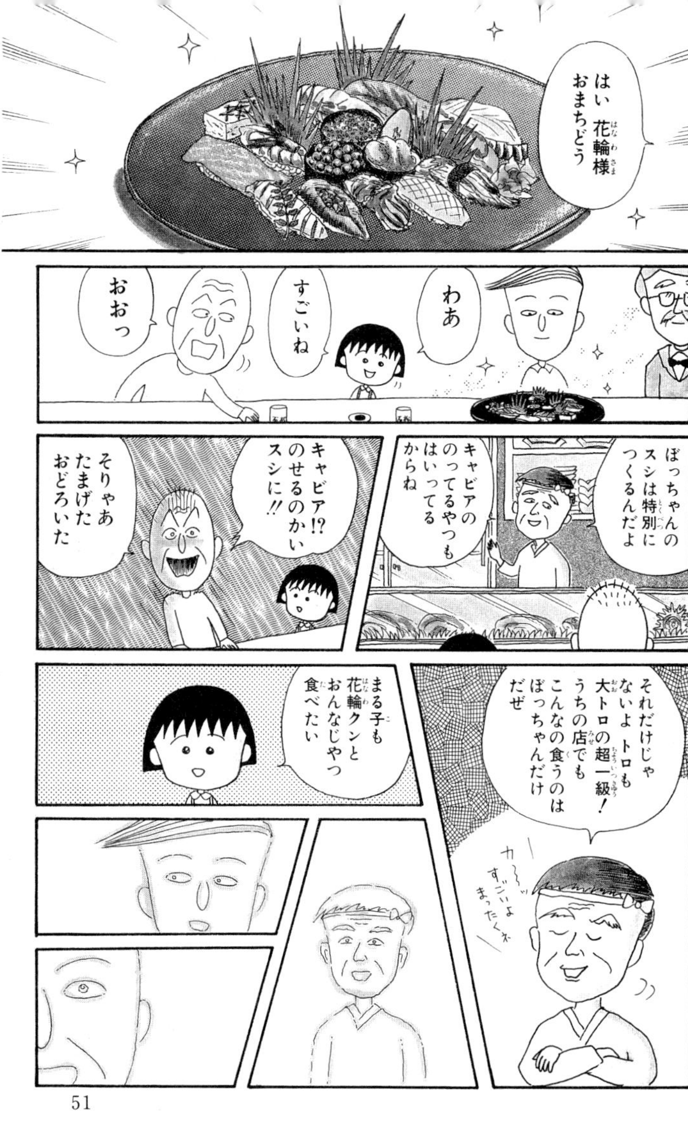
はい 花輪様 おまちどう
おおっ
すごいね
わあ
ぼっちゃんのスシは特別につくるんだよ
キャビアののってるやつもはいってるからね
キャビア!?のせるのかいスシに!!
そりゃあたまげたおどろいた
それだけじゃないよ トロも大トロの超一級!うちの店でもこんなの食うのはぼっちゃんだけだぜ
カ〜〜ッ すごいよまったくネ
まる子も花輪クンとおんなじやつ食べたい

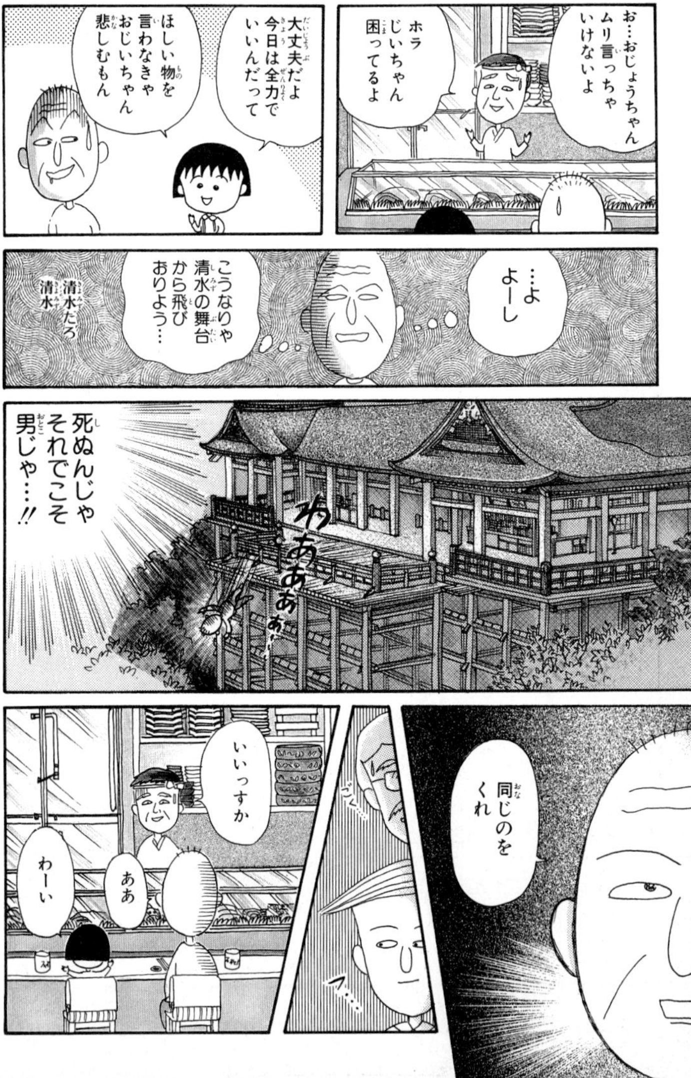
お…おじょうちゃん
ムリ言っちゃ
いけないよ
ホラ
じいちゃん
困ってるよ
大丈夫だよ
今日は全力で
いいんだって
ほしい物を
言わなきゃ
おじいちゃん
悲しむもん
…よ
よーし
こうなりゃ
清水の舞台
から飛び
おりよう…
清水だろ
清水
死ぬんじゃ
それでこそ
男じゃ…!!
わああああ…
いいっすか
ああ
わーい
ごく…
ヘ…
同じのを
くれ

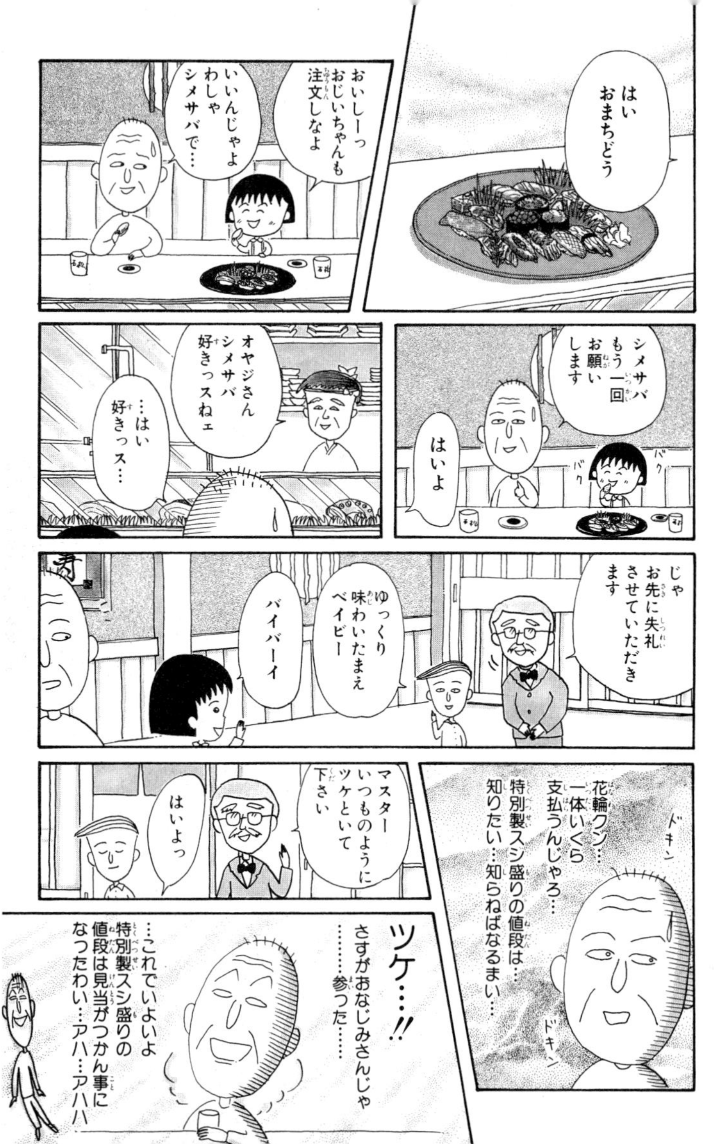
はい おまちどう
おいしーっ おじいちゃんも注文しなよ
いいんじゃよ わしゃシメサバで…
シメサバ もう一回お願いします
はいよ
バク バク
オヤジさん シメサバ好きっスねェ
…はい 好きっス…
じゃ お先に失礼させていただきます
ゆっくり味わいたまえベイビー
バイバーイ
花輪クン… 一体いくら支払うんじゃろ… 特別製スシ盛りの値段は… 知りたい…知らねばなるまい…
ドキン
ドキン
マスター いつものようにツケといて下さい
はいよっ
ツケ…!!
さすがおなじみさんじゃ ……参った……
…これでいよいよ特別製スシ盛りの値段は見当がつかん事になったわい…アハ…アハハ

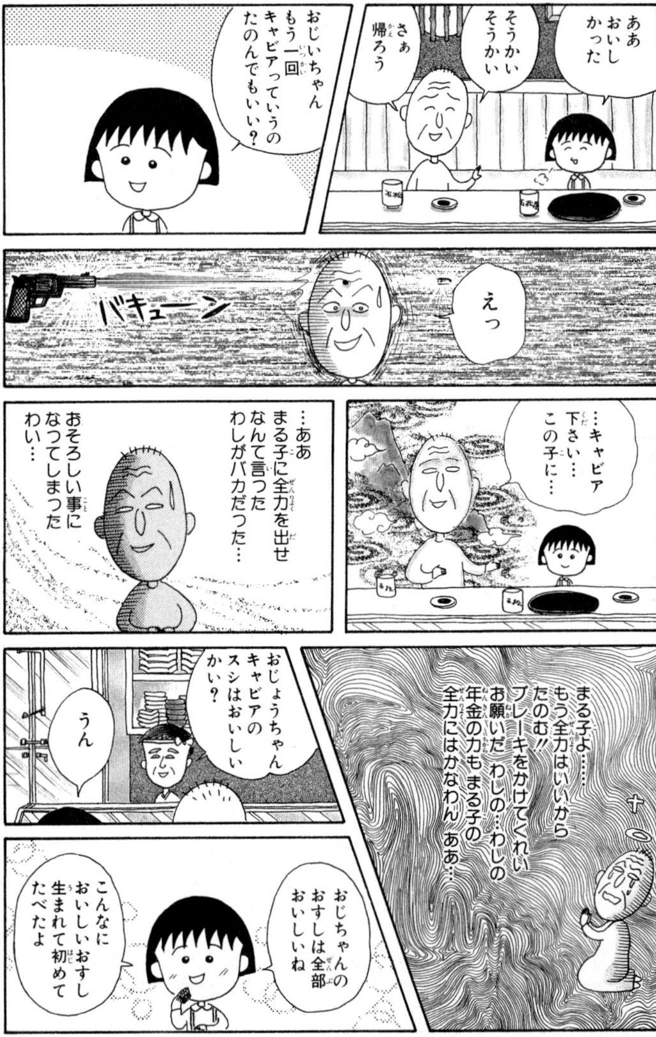
ああ おいしかった
そうかい そうかい
さぁ帰ろう
おじいちゃん もう一回キャビアっていうのたのんでもいい？
えっ
バキューン
…キャビア 下さい…この子に…
…ああ まる子に全力を出せなんて言つたわしがバカだつた…
おそろしい事になつてしまつたわい…
まる子よ……もう全力はいいからたのむ!! ブレーキをかけてくれい お願いだ わしの…わしの年金の力もまる子の全力にはかなわん ああ…
おじょうちゃん キャビアのスシはおいしいかい？
うん
おじちゃんのおすしは全部おいしいね
こんなにおいしいおすし生まれて初めてたべたよ

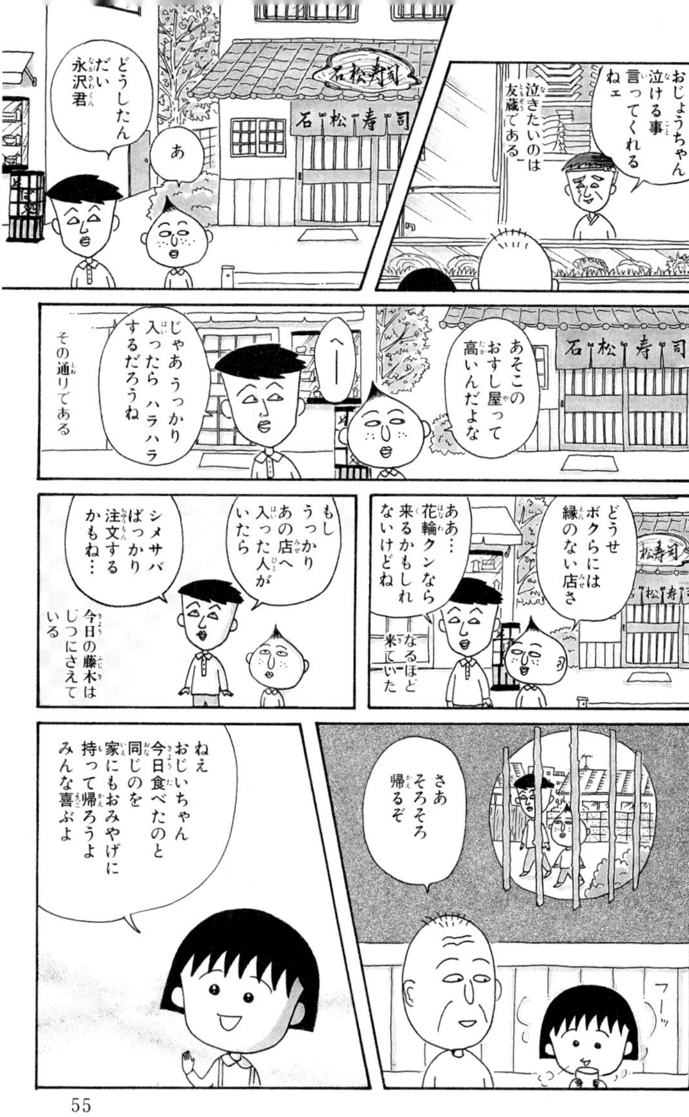
おじょうちゃん泣ける事言ってくれるねェ
泣きたいのは友蔵である
石松寿司
あ
どうしたんだい永沢君
あそこのおすし屋って高いんだよな
へ――
じゃあうっかり入ったらハラハラするだろうね
その通りである
どうせボクらには縁のない店さ
ああ…花輪クンなら来るかもしれないけどね
なるほど来ていた
もしうっかりあの店へ入った人がいたら
シメサバばっかり注文するかもね…
今日の藤木はじつにさえている
フーッ
さあそろそろ帰るぞ
ねえおじいちゃん今日食べたのと同じのを家にもおみやげに持って帰ろうよみんな喜ぶよ

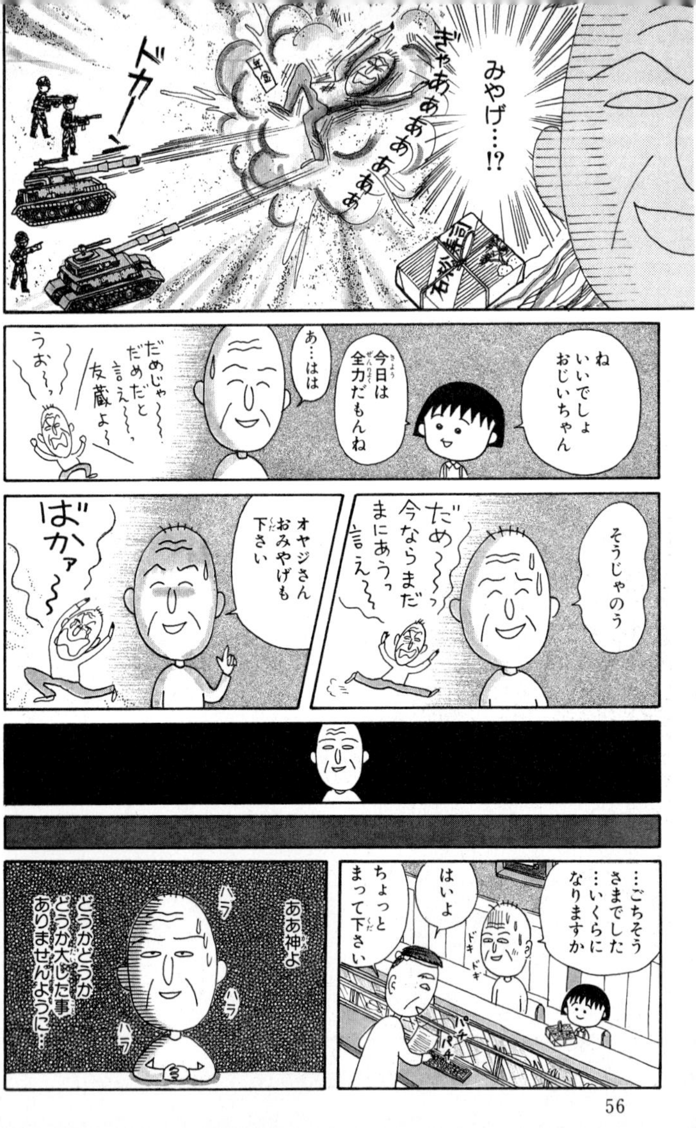
みやげ…!?
ぎゃあああああああ
ドカーン
年金
ね いいでしょ おじいちゃん
今日は全力だもんね
あ…はは
だめじゃ〜〜 だめだと言え〜〜っ 友蔵よ〜
うお〜っ
そうじゃのう
だめ〜〜っ 今ならまだまにあうっ 言え〜〜
オヤジさん おみやげも下さい
ばかァ〜〜
…ごちそうさまでした …いくらになりますか
はいよ
ちょっとまって下さい
ドキ ドキ
パチ パチ
ああ神よ
どうかどうか どうか大した事ありませんように…
ハラ ハラ ハラ

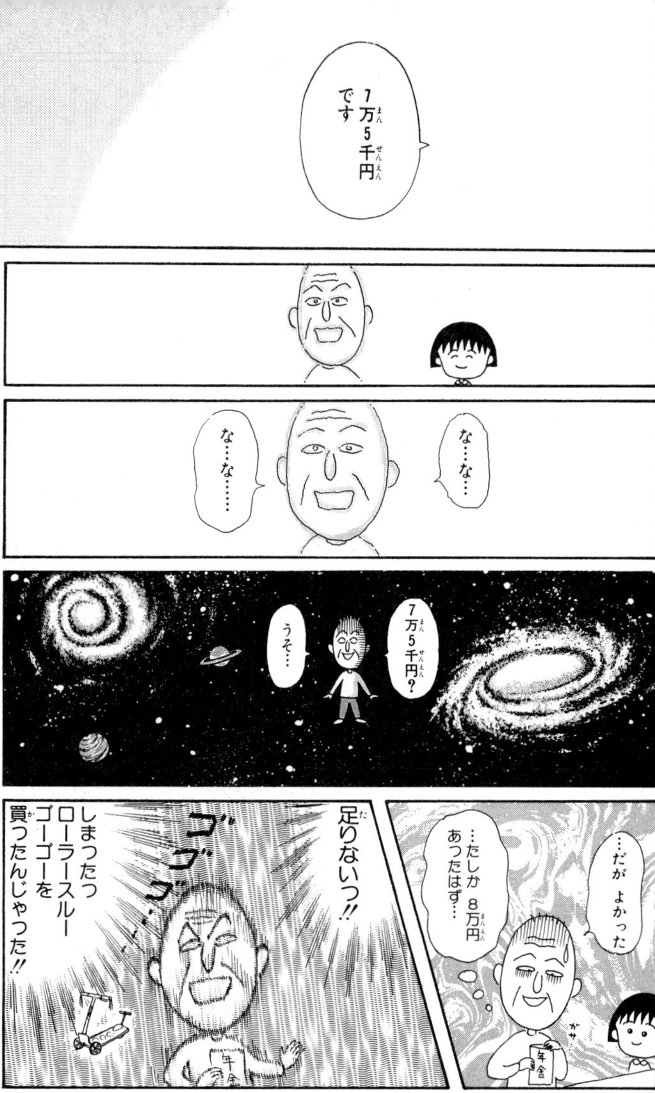
7万5千円です
な…な…
な…な……
7万5千円?
うそ…
…だが よかった
…たしか 8万円あったはず…
ガサ…
足りないっ!!
ゴゴゴ…
しまったっ ローラースルーゴーゴーを買ったんじゃった!!
年金

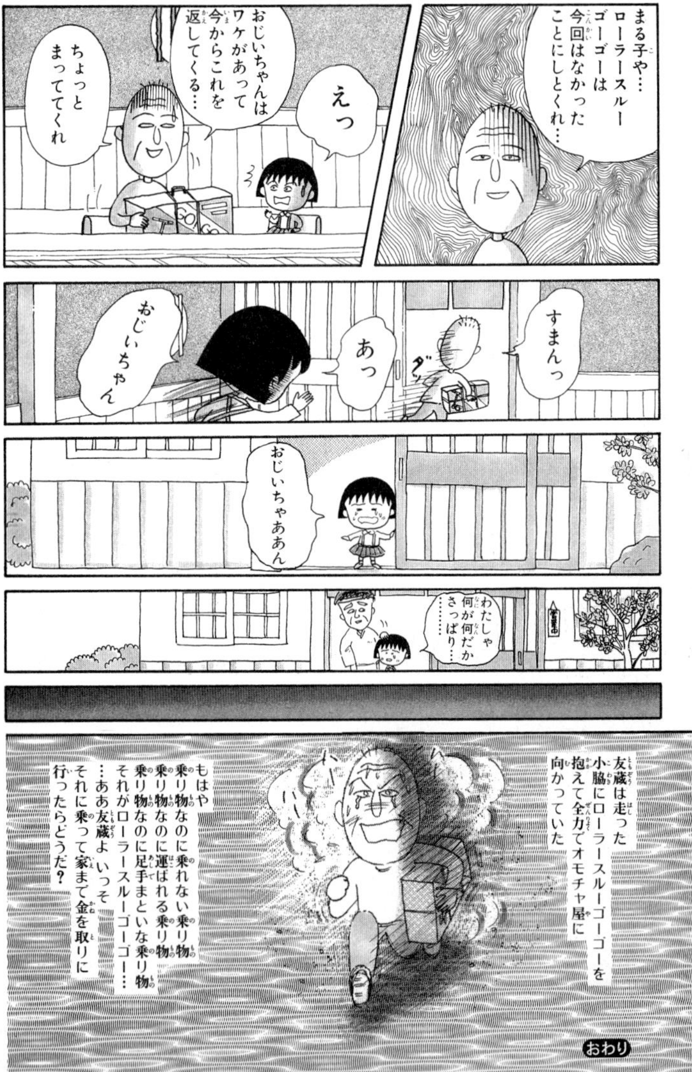
まる子や…
ローラースルー
ゴーゴーは
今回はなかった
ことにしとくれ…
えっ
おじいちゃんは
ワケがあって
今からこれを
返してくる…
ちょっと
まっててくれ
すまんっ
あっ
おじいちゃん
おじいちゃああん
わたしゃ
何が何だか
さっぱり………
友蔵は走った
小脇にローラースルーゴーゴーを
抱えて全力でオモチャ屋に
向かっていた
もはや
乗り物なのに乗れない乗り物
乗り物なのに運ばれる乗り物
乗り物なのに足手まといな乗り物
それがローラースルーゴーゴー…
…ああ友蔵よ いっそ
それに乗って家まで金を取りに
行ったらどうだ？
おわり

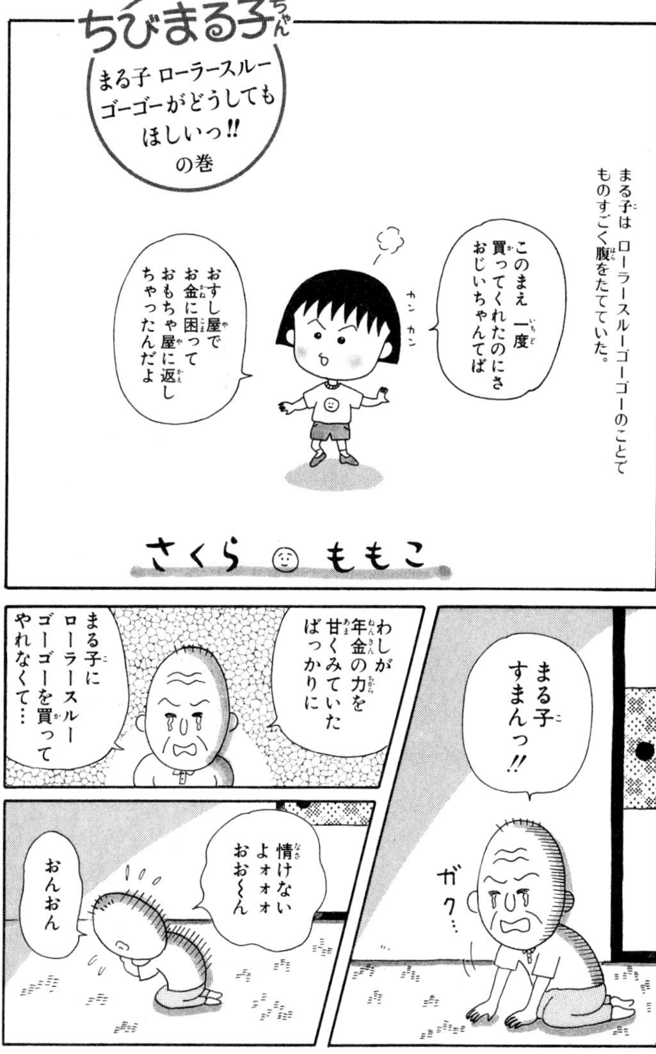
ちびまる子ちゃん
まる子 ローラースルーゴーゴーがどうしてもほしいっ!!の巻
さくらももこ
まる子は ローラースルーゴーゴーのことでものすごく腹をたてていた。
このまえ 一度買ってくれたのにさおじいちゃんてば
カンカン
おすし屋でお金に困っておもちゃ屋に返しちゃったんだよ
まる子すまんっ!!
ガク…
わしが年金の力を甘くみていたばっかりに
まる子にローラースルーゴーゴーを買ってやれなくて…
情けないよォォォおお〜ん
おんおん

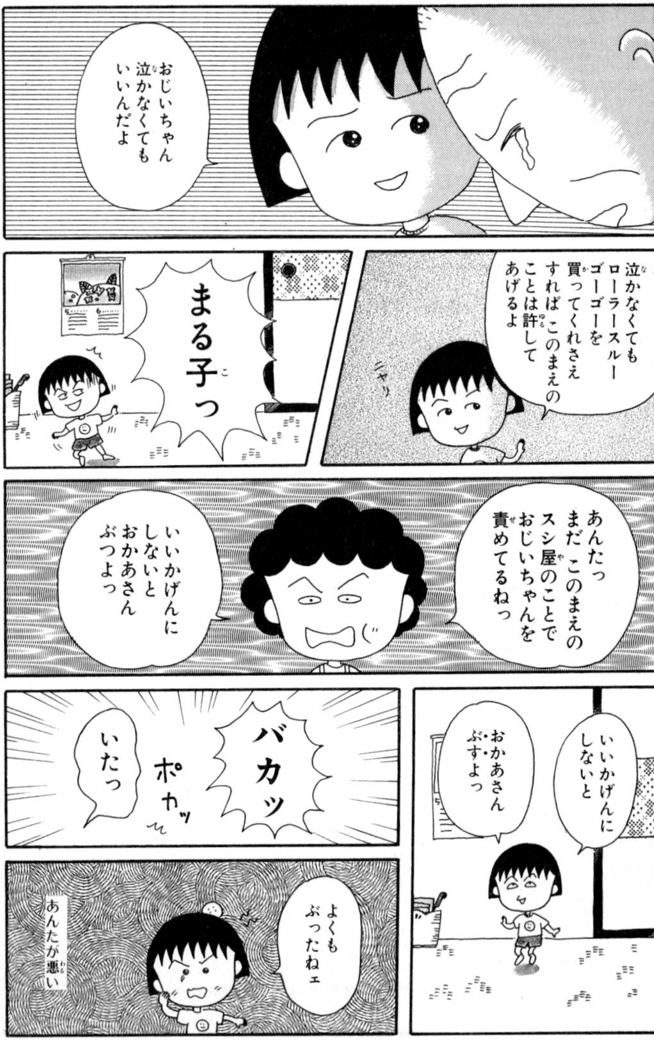
おじいちゃん泣かなくてもいいんだよ
泣かなくてもローラースルーゴーゴーを買ってくれさえすればこのまえのことは許してあげるよ
ニヤリ
まる子っ
あんたっまだこのまえのスシ屋のことでおじいちゃんを責めてるねっ
いいかげんにしないとおかあさんぶつよっ
いいかげんにしないと
おかあさんぶすよっ
バカッ
ポカッ
いたっ
よくもぶったねェ
あんたが悪い

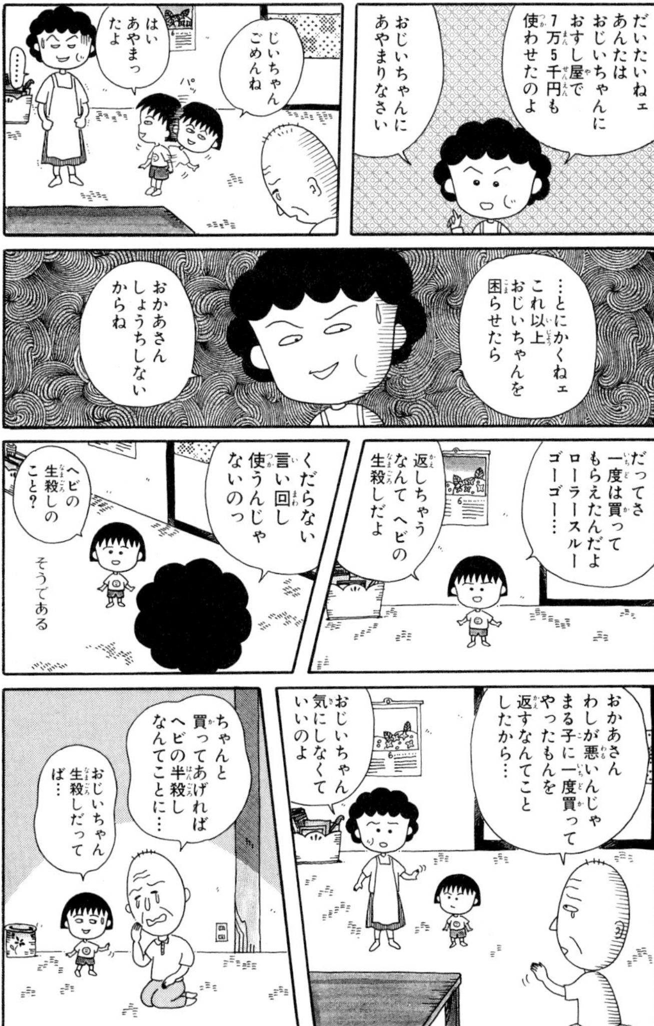
だいたいねェ あんたは おじいちゃんに おすし屋で 7万5千円も 使わせたのよ
おじいちゃんに あやまりなさい
じいちゃん ごめんね
パッ
はい あやまったよ
……
…とにかくねェ これ以上 おじいちゃんを 困らせたら
おかあさん しょうちしない からね
だってさ 一度は買って もらえたんだよ ローラースルー ゴーゴー…
返しちゃう なんて ヘビの 生殺しだよ
くだらない 言い回し 使うんじゃ ないのっ
ヘビの 生殺しの こと?
そうである
おかあさん わしが悪いんじゃ まる子に一度買って やったもんを 返すなんてこと したから…
おじいちゃん 気にしなくて いいのよ
ちゃんと 買ってあげれば ヘビの半殺し なんてことに…
おじいちゃん 生殺しだって ば…

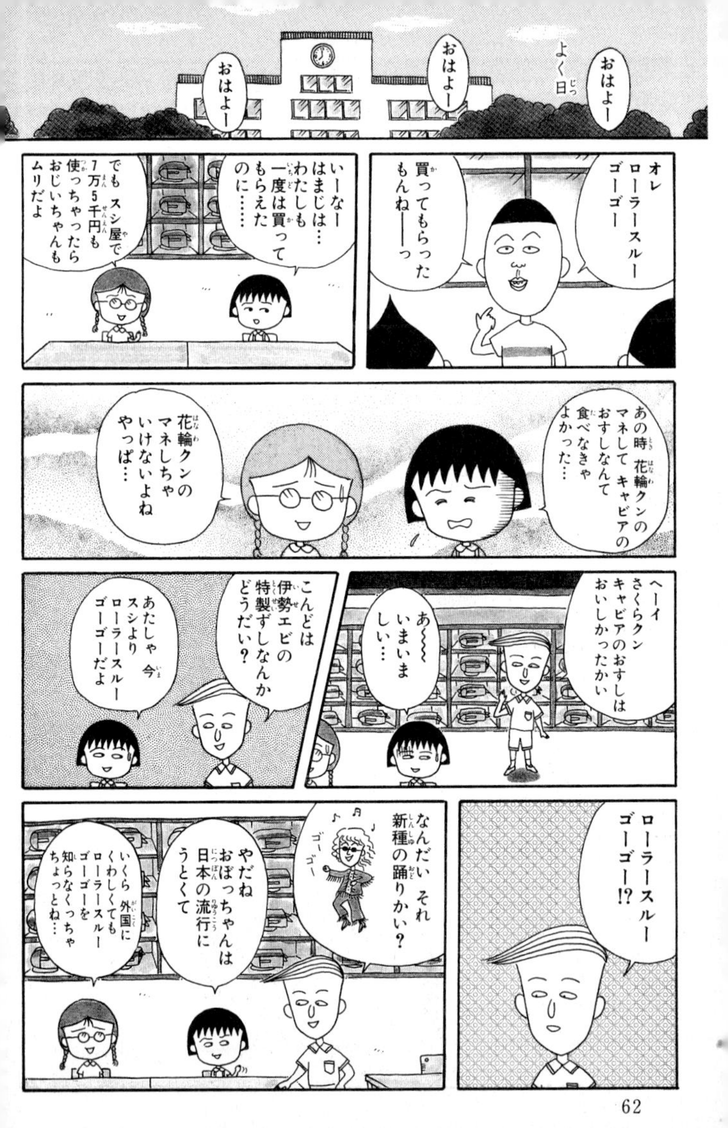

よく日
おはよー
おはよー
おはよー
オレ ローラースルーゴーゴー
買ってもらったもんね――っ
いーなーはまじは…わたしも一度は買ってもらえたのに……
でも スシ屋で7万5千円も使っちゃったらおじいちゃんもムリだよ
あの時 花輪クンのマネして キャビアのおすしなんて食べなきゃよかった…
花輪クンのマネしちゃいけないよね やっぱ…
ヘーイ さくらクン キャビアのおすしはおいしかったかい
あ〜〜 いまいましい…
こんどは伊勢エビの特製ずしなんかどうだい？
あたしゃ 今 スシより ローラースルーゴーゴーだよ
ローラースルーゴーゴー!?
なんだい それ 新種の踊りかい？
ゴーゴー
やだね おぼっちゃんは日本の流行にうとくて
いくら 外国にくわしくても ローラースルーゴーゴーを知らなくっちゃ ちょっとね…

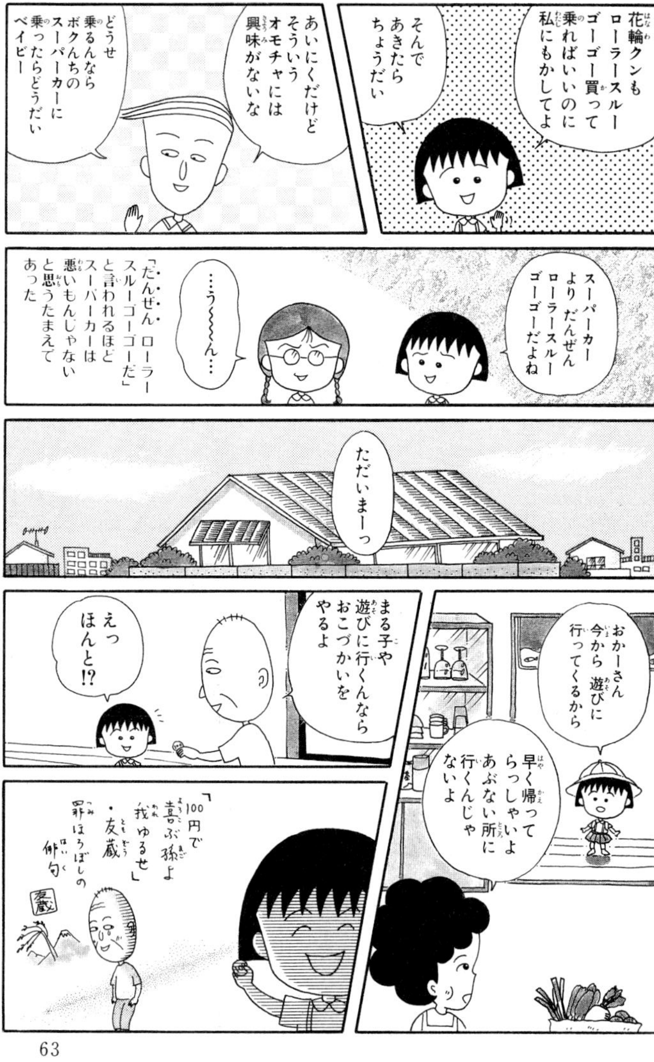
花輪クンもローラースルーゴーゴー買って乗ればいいのに私にもかしてよ
そんであきたらちょうだい
あいにくだけどそういうオモチャには興味がないな
どうせ乗るんならボクんちのスーパーカーに乗ったらどうだいベイビー
スーパーカーよりだんぜんローラースルーゴーゴーだよね
…う〜〜ん…
「だんぜんローラースルーゴーゴーだ」と言われるほどスーパーカーは悪いもんじゃないと思うたまえであった
ただいまーっ
おかーさん今から遊びに行ってくるから
早く帰ってらっしゃいよあぶない所に行くんじゃないよ
まる子や遊びに行くんならおこづかいをやるよ
えっほんと!?
「100円で喜ぶ孫よ我ゆるせ」・友蔵
罪ほろぼしの俳句
友蔵

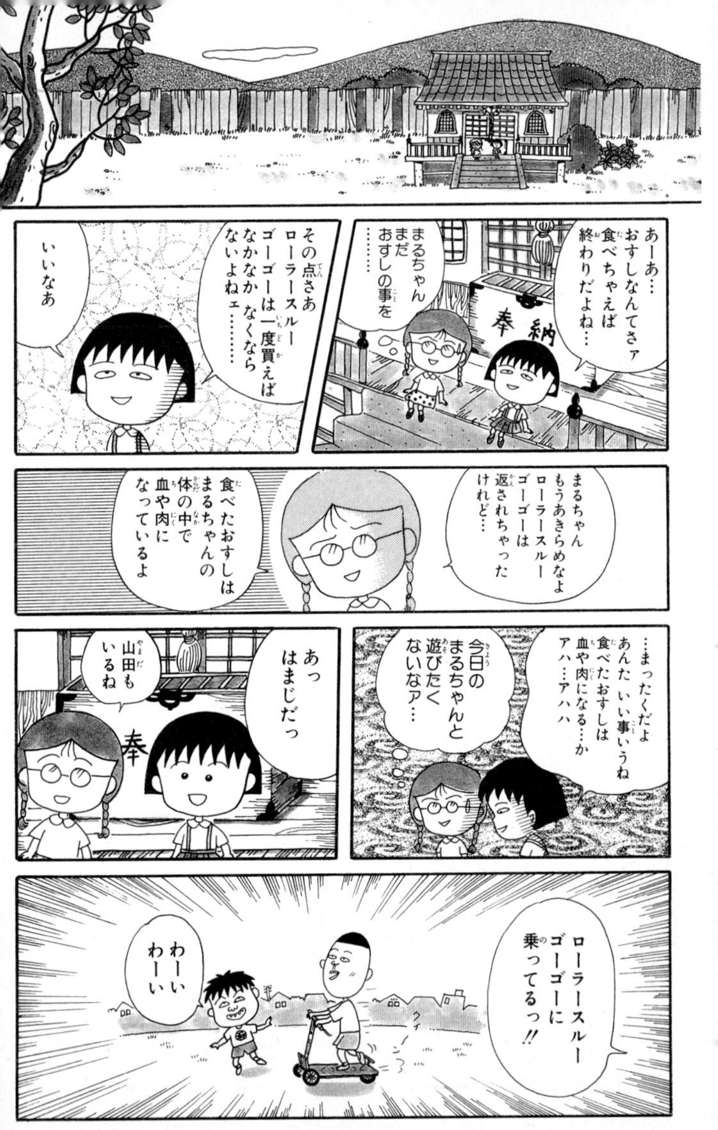

あーあ…
おすしなんてさァ
食べちゃえば
終わりだよね…
まるちゃん
まだ
おすしの事を
………
その点さあ
ローラースルー
ゴーゴーは一度買えば
なかなか なくならない
ないよねェ………
いいなあ
まるちゃん
もうあきらめなよ
ローラースルー
ゴーゴーは
返されちゃった
けれど…
食べたおすしは
まるちゃんの
体の中で
血や肉に
なっているよ
…まったくだよ
あんた いい事いうね
食べたおすしは
血や肉になる…か
アハ…アハハ
今日の
まるちゃんと
遊びたく
ないなア…
あっ
はまじだっ
山田も
いるね
ローラースルー
ゴーゴーに
乗ってるっ!!
わーい
わーい

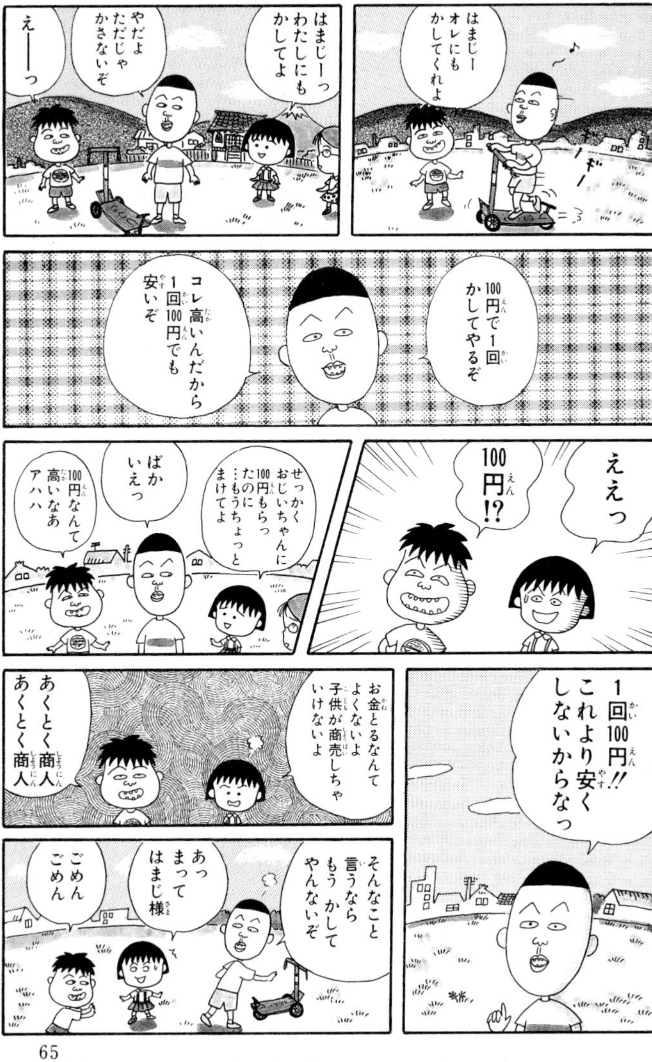
はまじー
オレにも
かしてくれよ
ギッ
ギー
はまじーっ
わたしにも
かしてよ
やだよ
ただじゃ
かさないぞ
えーーっ
100円で1回
かしてやるぞ
コレ高いんだから
1回100円でも
安いぞ
ええっ
100円!?
せっかく
おじいちゃんに
100円もらったのに
…もうちょっと
まけてよ
ばか
いえっ
100円なんて
高いなあ
アハハ
1回100円!!
これより安く
しないからなっ
お金とるなんて
よくないよ
子供が商売しちゃ
いけないよ
あくとく商人
あくとく商人
そんなこと
言うなら
もう かして
やんないぞ
あっ
まって
はまじ様
ごめん
ごめん

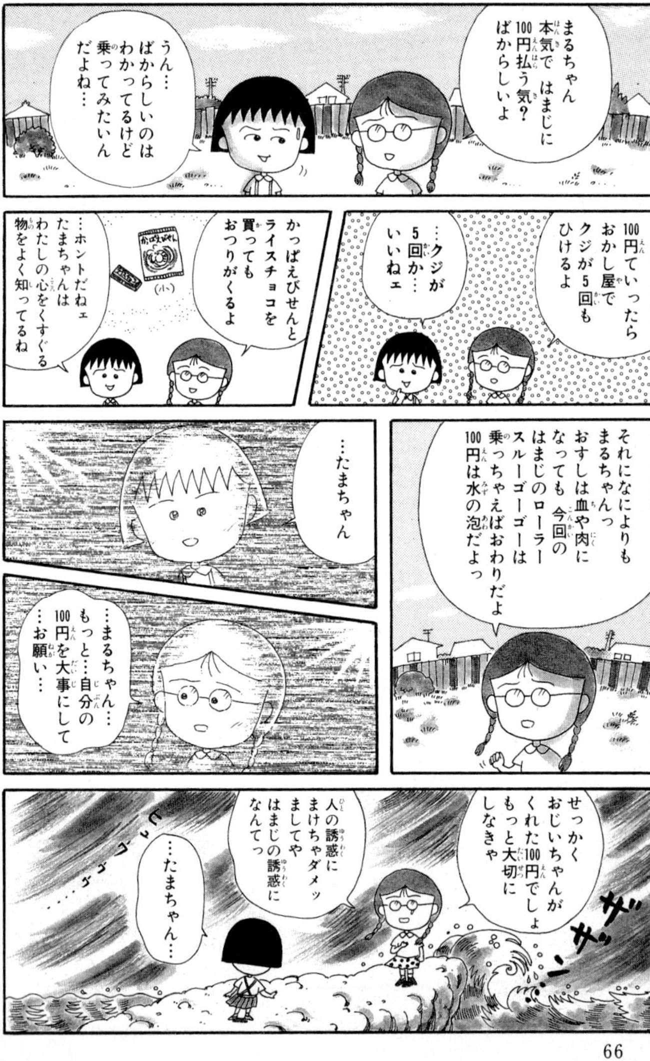
まるちゃん 本気で はまじに 100円払う気？ ばからしいよ
うん… ばからしいのは わかってるけど 乗ってみたいんだよね…
100円ていったら おかし屋で クジが5回も ひけるよ
…クジが 5回か… いいねェ
かっぱえびせんと ライスチョコを 買っても おつりがくるよ
かっぱえびせん
(小)
…ホントだねェ たまちゃんは わたしの心をくすぐる 物をよく知ってるね
それになによりも まるちゃんっ おすしは血や肉に なっても 今回の はまじのローラー スルーゴーゴーは 乗っちゃえばおわりだよ 100円は水の泡だよっ
…たまちゃん
…まるちゃん… もっと…自分の 100円を大事にして …お願い…
せっかく おじいちゃんが くれた100円でしょ もっと大切に しなきゃ
人の誘惑に まけちゃダメッ ましてや はまじの誘惑に なんてっ
…たまちゃん…
ザッ
ザッ
ゴゴゴ…

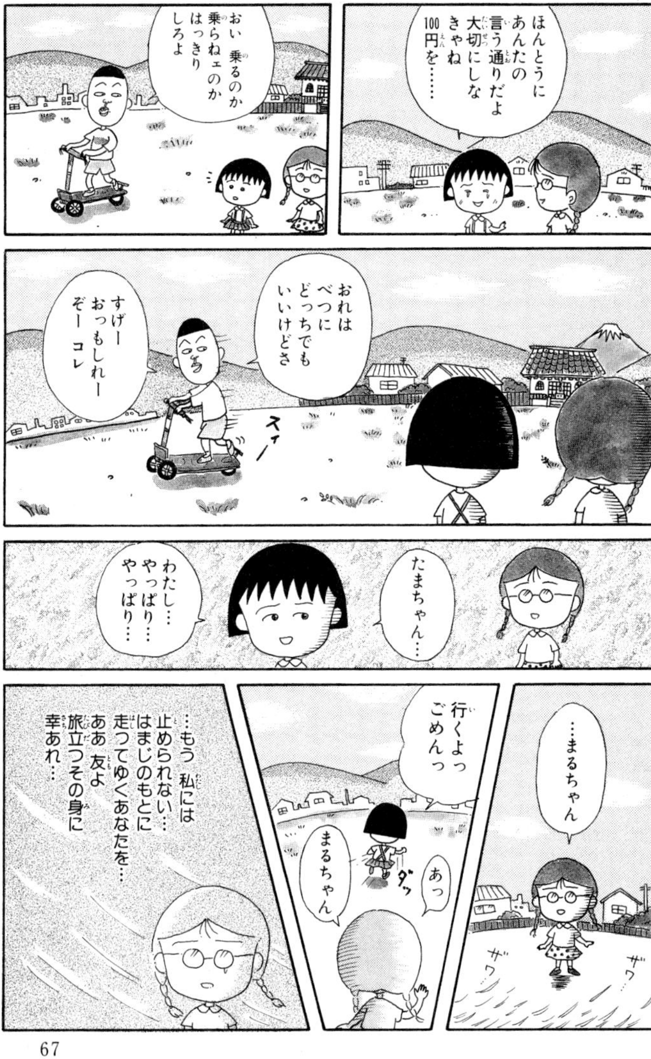
ほんとうにあんたの言う通りだよ大切にしなきゃね100円を……
おい 乗るのか乗らねェのかはっきりしろよ
おれはべつにどっちでもいいけどさ
すげー おっもしれー ぞー コレ
スイー
たまちゃん…
わたし… やっぱり… やっぱり…
…まるちゃん
ザワ…
ザワ…
行くよっ ごめんっ
あっ
ダッ
まるちゃん
…もう 私には止められない… はまじのもとに走ってゆくあなたを… ああ 友よ 旅立つその身に幸あれ…

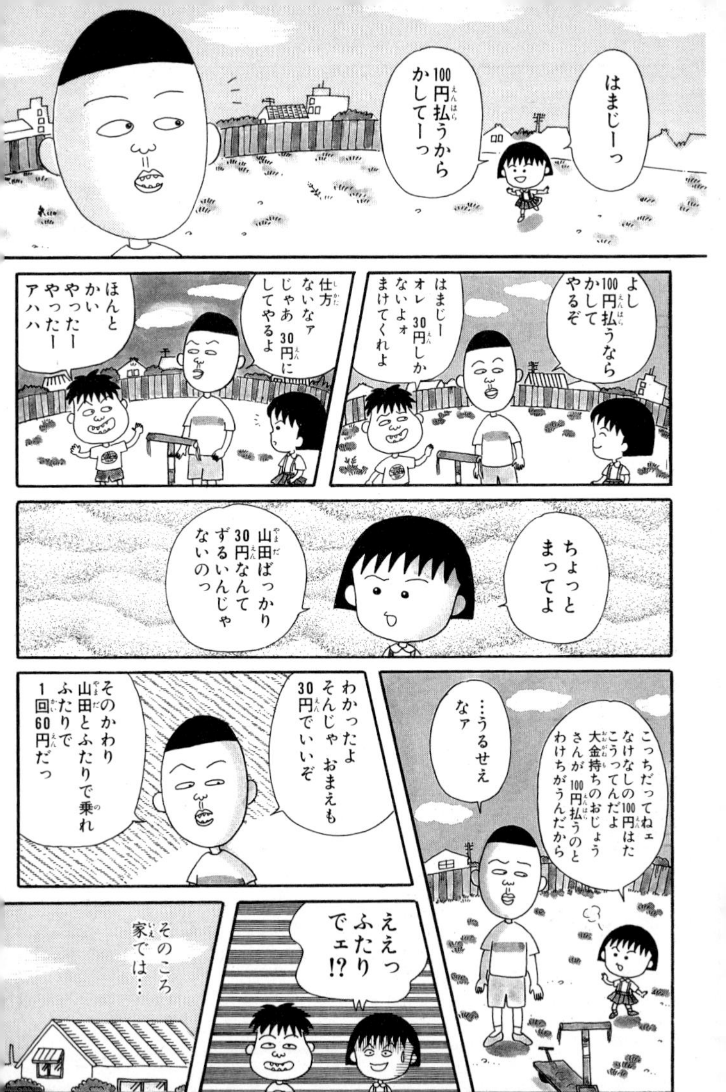
はまじーっ
100円払うから
かしてーっ
よし
100円払うなら
かして
やるぞ
はまじー
オレ 30円しか
ないよォ
まけてくれよ
仕方
ないなァ
じゃあ 30円に
してやるよ
ほんと
かい
やったー
やったー
アハハ
ちょっと
まってよ
山田ばっかり
30円なんて
ずるいんじゃ
ないのっ
こっちだってねェ
なけなしの100円はた
こうってんだよ
大金持ちのおじょう
さんが100円払うのと
わけちがうんだから
…うるせえ
なァ
わかったよ
そんじゃ おまえも
30円でいいぞ
そのかわり
山田とふたりで乗れ
ふたりで
1回60円だっ
ええっ
ふたりで
でエ!?
そのころ
家では…

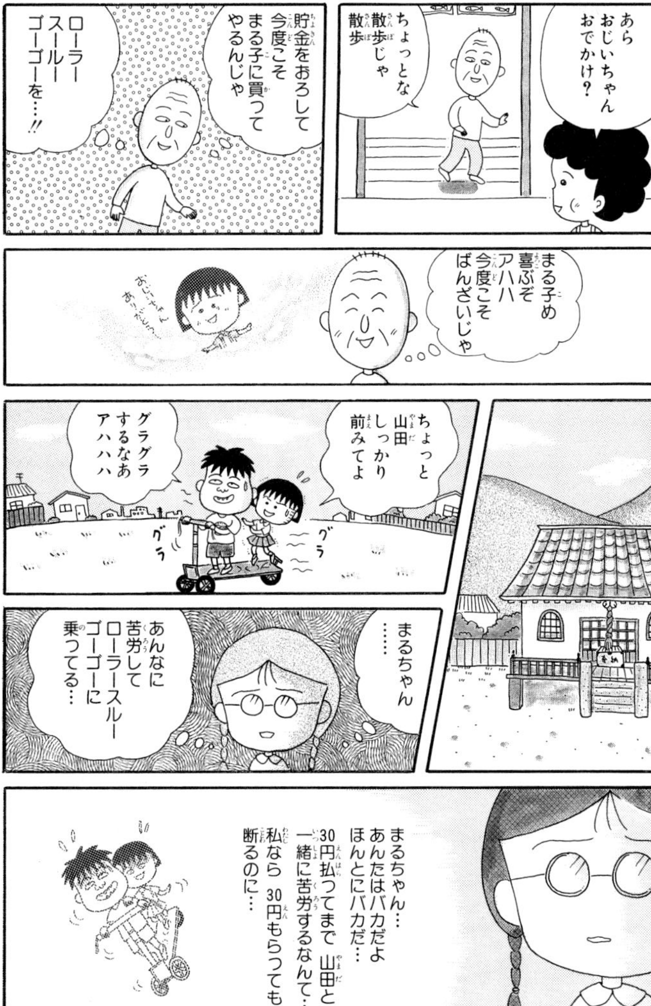
あら
おじいちゃん
おでかけ？
ちょっとな
散歩じゃ
散歩
貯金をおろして
今度こそ
まる子に買って
やるんじゃ
ローラー
スルー
ゴーゴーを…!!
まる子め
喜ぶぞ
アハハ
今度こそ
ばんざいじゃ
ちょっと
山田
しっかり
前みてよ
グラグラ
するなあ
アハハハ
グラ
グラ
まるちゃん
……
あんなに
苦労して
ローラースルー
ゴーゴーに
乗ってる…
まるちゃん…
あんたはバカだよ
ほんとにバカだ…
30円払ってまで 山田と
一緒に苦労するなんて…
私なら 30円もらっても
断るのに…

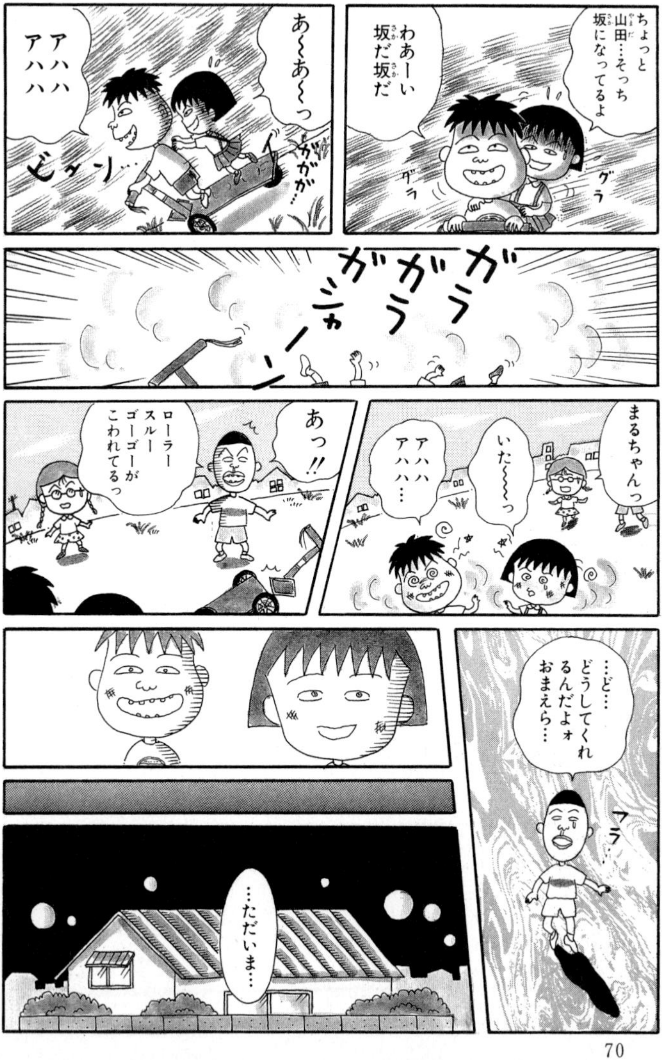
ちょっと
山田…そっち
坂になってるよ
グラ
グラ
わあーい
坂だ坂だ
あ〜あ〜っ
ガガガ…
アハハ
アハハ
ビョーン…
ガラ
ガラ
ガシャーン
まるちゃんっ
いた〜〜っ
アハハ
アハハ…
あっ!!
ローラー
スルー
ゴーゴーが
こわれてるっ
…ど…
どうしてくれ
るんだよォ
おまえら…
フラ
…ただいま…

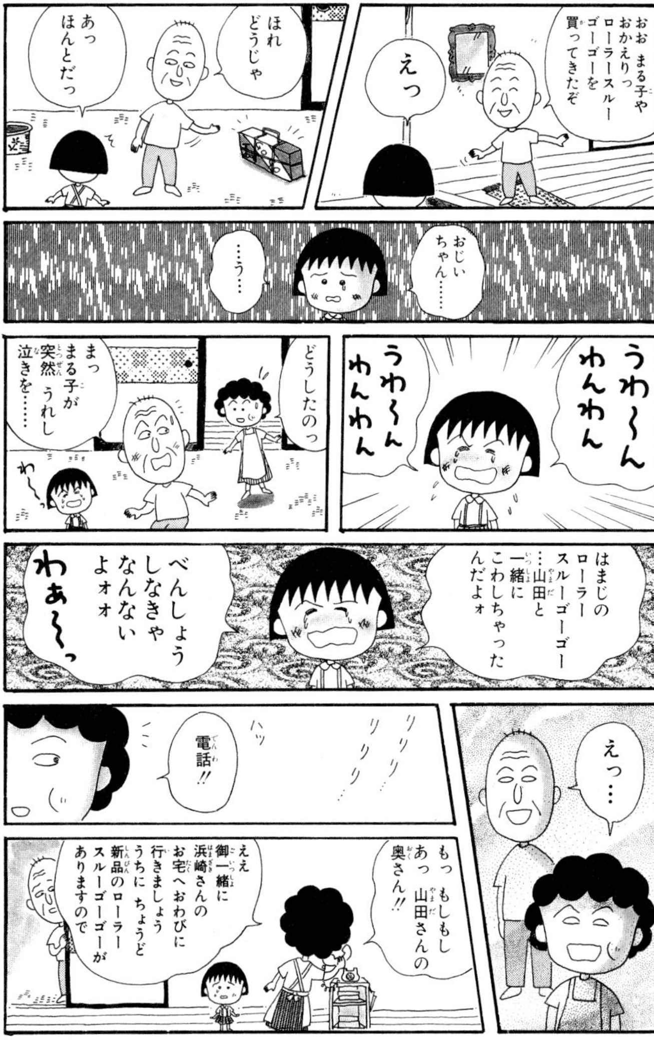
おお まる子や おかえりっ ローラースルーゴーゴーを買ってきたぞ
えっ
ほれ どうじゃ
あっ ほんとだっ
おじいちゃん……
…う…
うわ～ん わんわん
うわ～ん わんわん
どうしたのっ
まっ まる子が突然 うれし泣きを……
わ～っ
はまじのローラースルーゴーゴー…山田と一緒にこわしちゃったんだよォ
べんしょうしなきゃなんないよォォ
わぁ～っ
えっ…
リリリ…
リリリ…
ハッ
電話!!
もっもしもし あっ 山田さんの奥さん!!
ええ 御一緒に浜崎さんのお宅へおわびに行きましょう うちに ちょうど新品のローラースルーゴーゴーがありますので

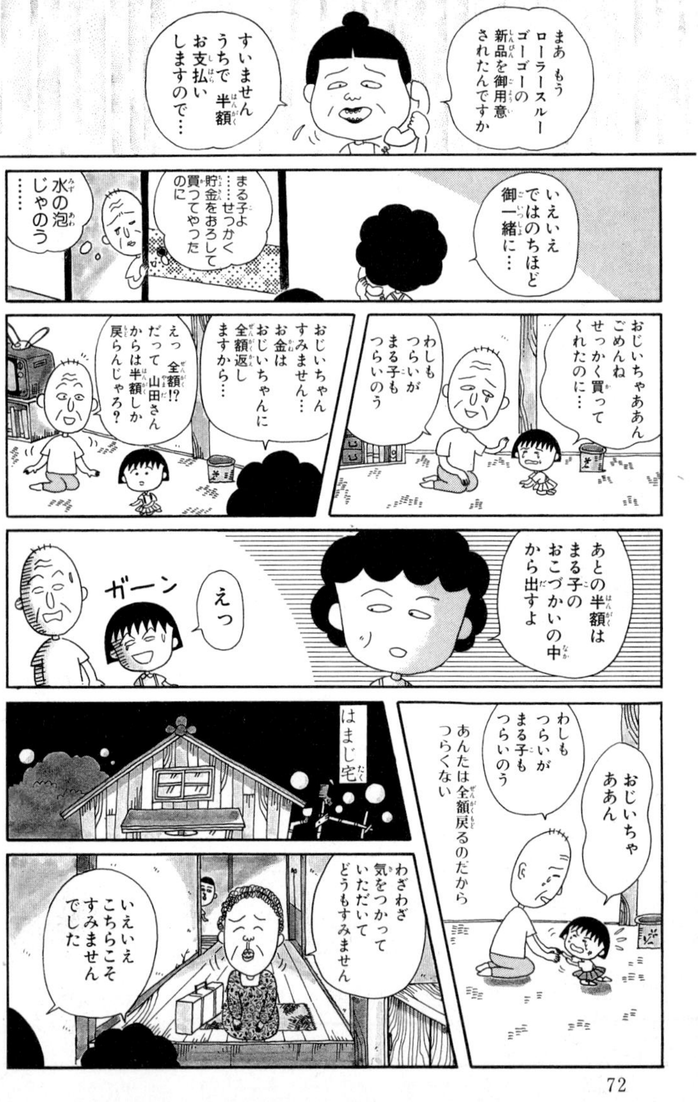
まあ もう
ローラースルーゴーゴーの
新品を御用意されたんですか
すいません
うちで 半額
お支払いしますので…
いえいえ
ではのちほど
御一緒に…
まる子よ……せっかく
貯金をおろして
買ってやったのに
水の泡じゃのう
……
おじいちゃああん
ごめんね
せっかく買って
くれたのに…
わしも
つらいが
まる子も
つらいのう
おじいちゃん
すみません…
お金は
おじいちゃんに
全額返し
ますから…
えっ 全額!?
だって 山田さん
からは半額しか
戻らんじゃろ?
あとの半額は
まる子の
おこづかいの中
から出すよ
えっ
ガーン
おじいちゃ
ああん
わしも
つらいが
まる子も
つらいのう
あんたは全額戻るのだから
つらくない
はまじ宅
わざわざ
気をつかって
いただいて
どうもすみません
いえいえ
こちらこそ
すみません
でした

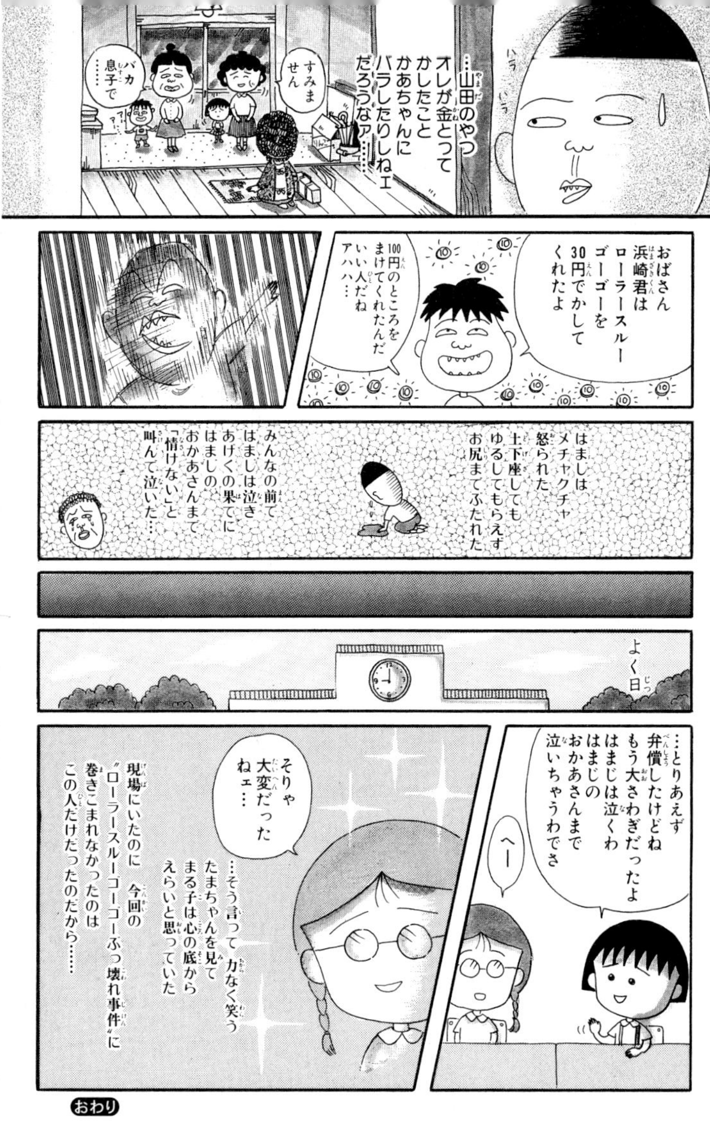
ハラ
ハラ
…山田のやつ
オレが金とって
かしたこと
かあちゃんに
バラしたりしねエ
だろうなア……
すみま
せん
バカ
息子で
……
アー
アー
おばさん
浜崎君は
ローラースルー
ゴーゴーを
30円でかして
くれたよ
100円のところを
まけてくれたんだ
いい人だね
アハハ…
はましは
メチャクチャ
怒られた
土下座しても
ゆるしてもらえず
お尻までぶたれた
みんなの前で
はましは泣き
あげくの果てに
はましの
おかあさんまで
「情けない」と
叫んで泣いた……
よく日
…とりあえず
弁償したけどね
もう大さわぎだったよ
はましは泣くわ
はましの
おかあさんまで
泣いちゃうわでさ
へー
そりゃ
大変だった
ねェ…
…そう言って
力なく笑う
たまちゃんを見て
まる子は心の底から
えらいと思っていた
現場にいたのに　今回の
"ローラースルーゴーゴーぶっ壊れ事件"に
巻きこまれなかったのは
この人だけだったのだから……
おわり

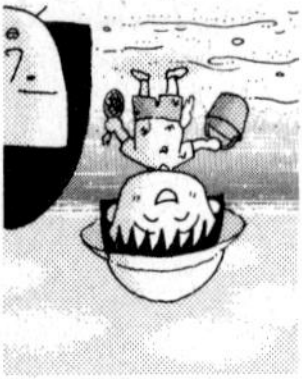

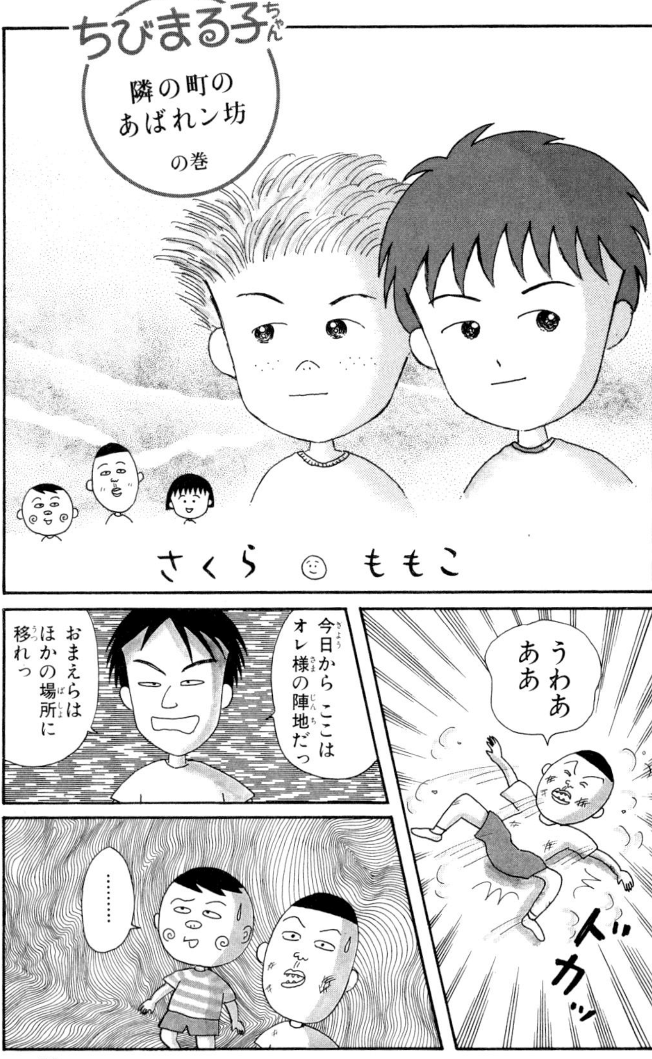
ちびまる子ちゃん
隣の町の
あばれン坊
の巻
さくら ももこ
うわぁ
ああ
ドカッ
今日から ここは
オレ様の陣地だっ
おまえらは
ほかの場所に
移れっ
……

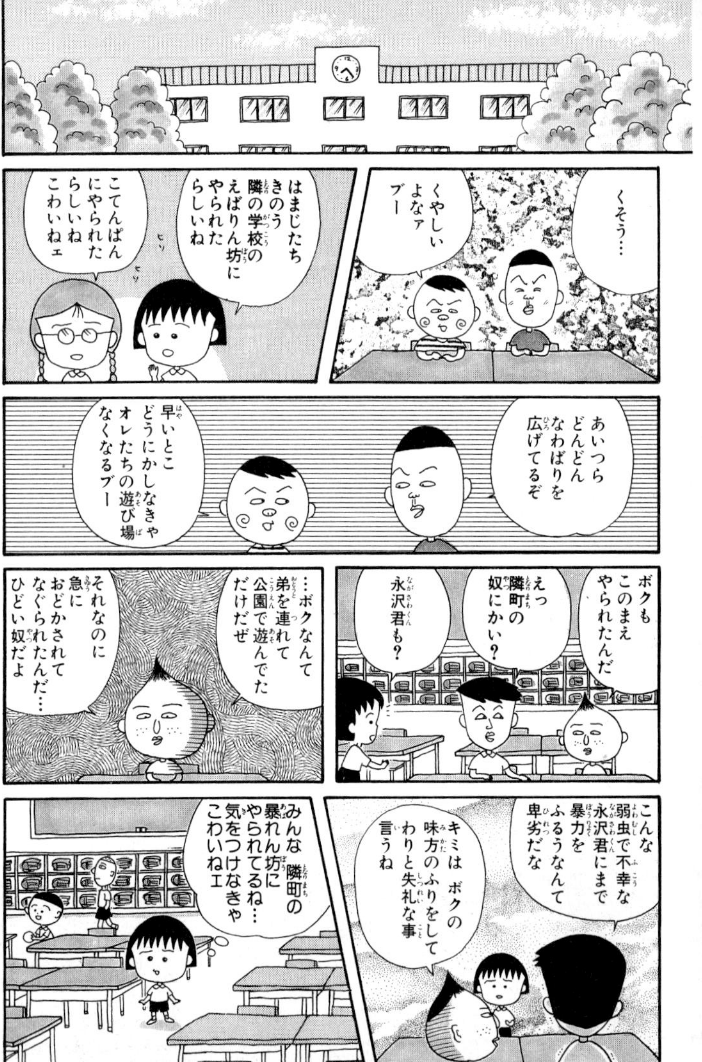
くそう…
くやしいよなァブー
はまじたちきのう隣の学校のえばりん坊にやられたらしいね
こてんぱんにやられたらしいねこわいねェ
あいつらどんどんなわばりを広げてるぞ
早いとこどうにかしなきゃオレたちの遊び場なくなるブー
ボクもこのまえやられたんだ
えっ隣町の奴にかい？
永沢君も？
…ボクなんて弟を連れて公園で遊んでただけだぜ
それなのに急におどかされてなぐられたんだ…ひどい奴だよ
こんな弱虫で不幸な永沢君にまで暴力をふるうなんて卑劣だな
キミはボクの味方のふりをしてわりと失礼な事言うね
みんな隣町の暴れん坊にやられてるね…気をつけなきゃこわいねエ

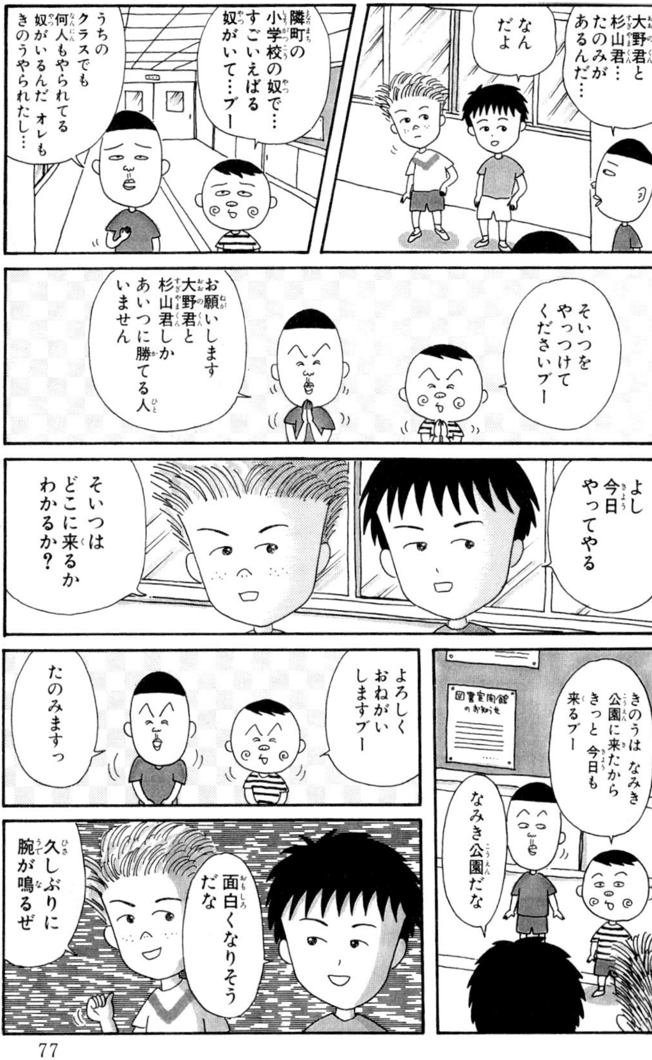
大野君と杉山君…たのみがあるんだ…
なんだよ
隣町の小学校の奴で…すごいえばる奴がいて…ブー
うちのクラスでも何人もやられてる奴がいるんだ オレもきのうやられたし…
そいつをやっつけてくださいブー
お願いします 大野君と杉山君しかあいつに勝てる人いません
よし 今日やってやる
そいつはどこに来るかわかるか？
よろしくおねがいしますブー
たのみますっ
きのうは なみき公園に来たから きっと 今日も来るブー
図書室前館のお知らせ
なみき公園だな
面白くなりそうだな
久しぶりに腕が鳴るぜ

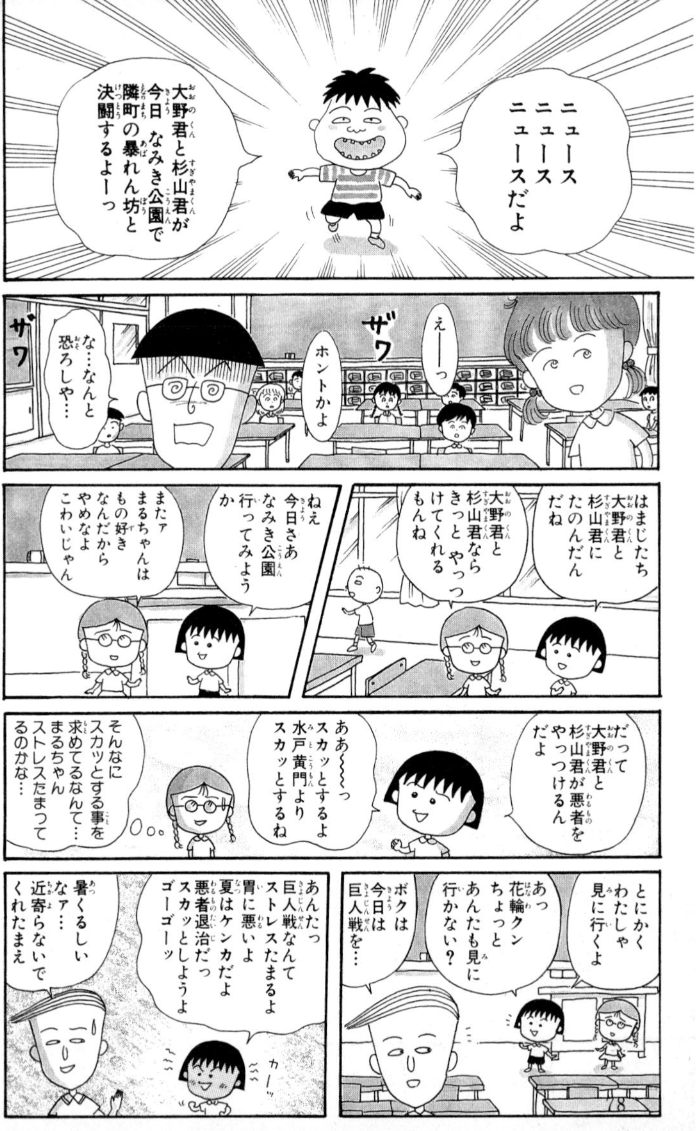
ニュース ニュース ニュースだよ
大野君と杉山君が 今日 なみき公園で 隣町の暴れん坊と 決闘するよーっ
ザワ
えーーっ
ザワ
ホントかよ
な…なんと 恐ろしや…
はまじたち 大野君と 杉山君に たのんだん だね
大野君と 杉山君なら きっと やっつ けてくれる もんね
ねえ 今日さあ なみき公園 行ってみよう か
またァ まるちゃんは もの好き なんだから やめなよ こわいじゃん
だって 大野君と 杉山君が悪者を やっつけるん だよ
ああ〜〜〜っ スカッとするよ 水戸黄門より スカッとするね
そんなに スカッとする事を 求めてるなんて… まるちゃん ストレスたまって るのかな…
とにかく わたしゃ 見に行くよ
あっ 花輪クン ちょっと あんたも見に 行かない？
ボクは 今日は 巨人戦を…
あんたっ 巨人戦なんて ストレスたまるよ 胃に悪いよ 夏はケンカだよ 悪者退治だっ スカッとしようよ ゴーゴーッ
カーッ
暑くるしい なァ… 近寄らないで くれたまえ

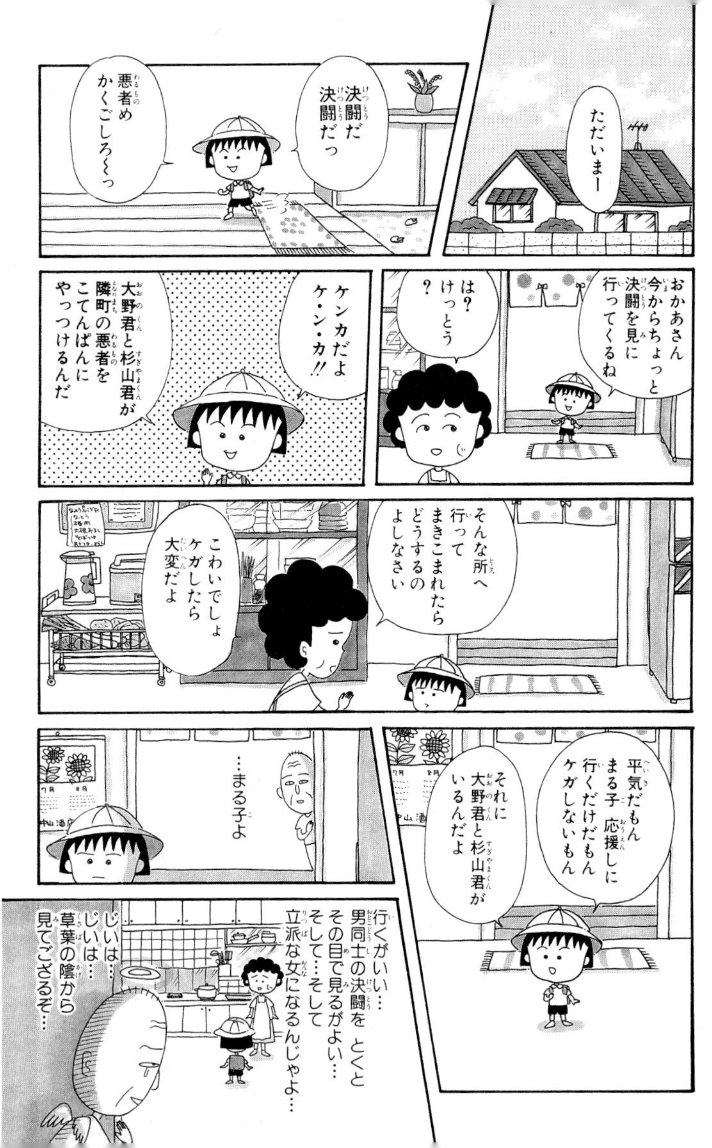
ただいまー
決闘だ決闘だっ
悪者めかくごしろ〜〜っ
おかあさん今からちょっと決闘を見に行ってくるね
は？けっとう？
ケンカだよケ・ン・カ!!
大野君と杉山君が隣町の悪者をこてんぱんにやっつけるんだ
そんな所へ行ってまきこまれたらどうするのよしなさい
こわいでしょケガしたら大変だよ
平気だもんまる子応援しに行くだけだもんケガしないもん
それに大野君と杉山君がいるんだよ
…まる子よ
行くがいい…男同士の決闘をとくとその目で見るがよい…そして…そして立派な女になるんじゃよ…
じいは…じいは…草葉の陰から見てござるぞ…

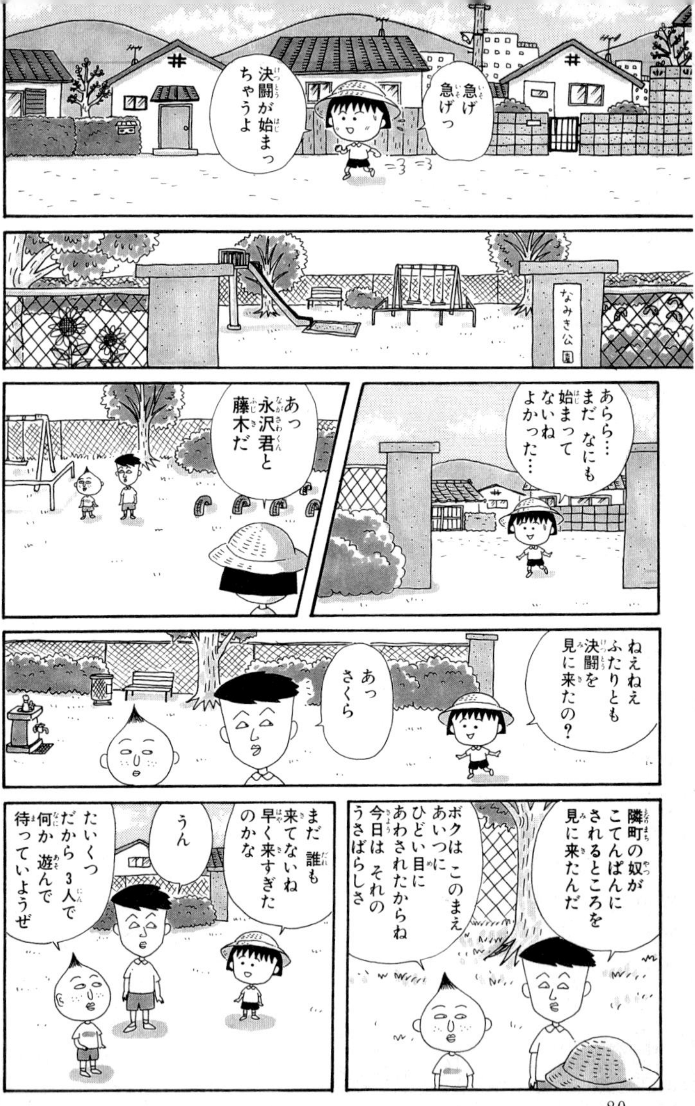
急げ
急げっ
決闘が始まっちゃうよ
なみき公園
あらら…
まだ なにも
始まって
ないね
よかった…
あっ
永沢君と
藤木だ
ねえねえ
ふたりとも
決闘を
見に来たの？
あっ
さくら
隣町の奴が
こてんぱんに
されるところを
見に来たんだ
ボクは このまえ
あいつに
ひどい目に
あわされたからね
今日は それの
うさばらしさ
まだ 誰も
来てないね
早く来すぎた
のかな
うん
たいくつ
だから 3人で
何か 遊んで
待っていようぜ

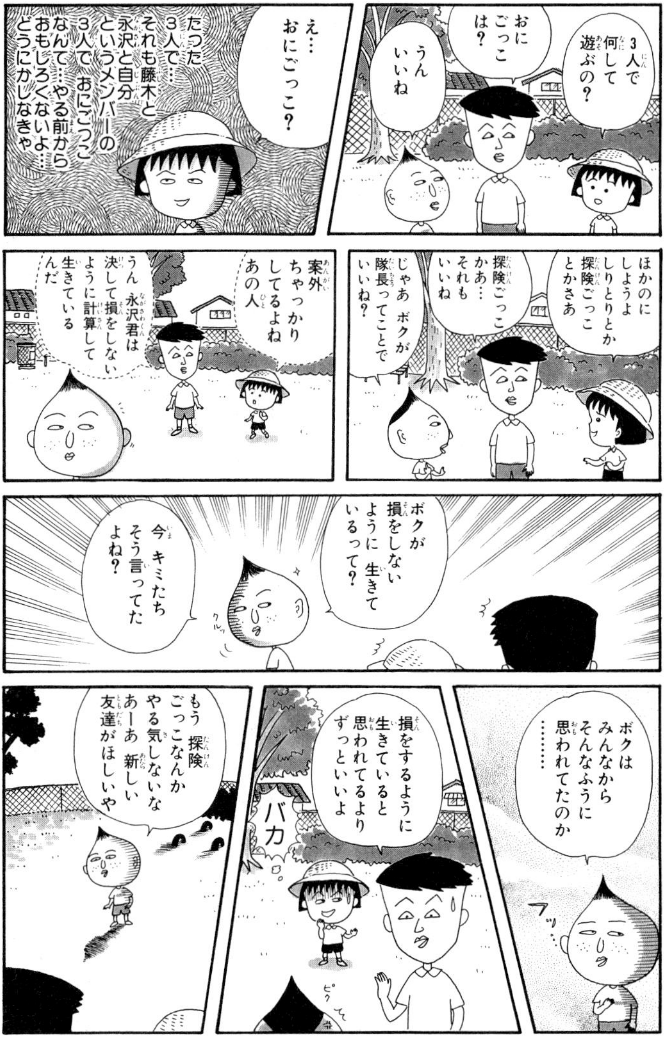
3人で何して遊ぶの？
おにごっこは？
うんいいね
え…おにごっこ？
たった3人で…それも藤木と永沢と自分というメンバーの3人でおにごっこなんて…やる前からおもしろくないよ…どうにかしなきゃ
ほかのにしようよしりとりとか探険ごっことかさあ
探険ごっこかあ…それもいいね
じゃあボクが隊長ってことでいいね？
案外ちゃっかりしてるよねあの人
うん永沢君は決して損をしないように計算して生きているんだ
ボクが損をしないように生きているって？
今キミたちそう言ってたよね？
クルッ
ボクはみんなからそんなふうに思われてたのか……
フッ…
損をするように生きていると思われてるよりずっといいよ
バカ
ピク
もう探険ごっこなんかやる気しないなあーあ新しい友達がほしいや

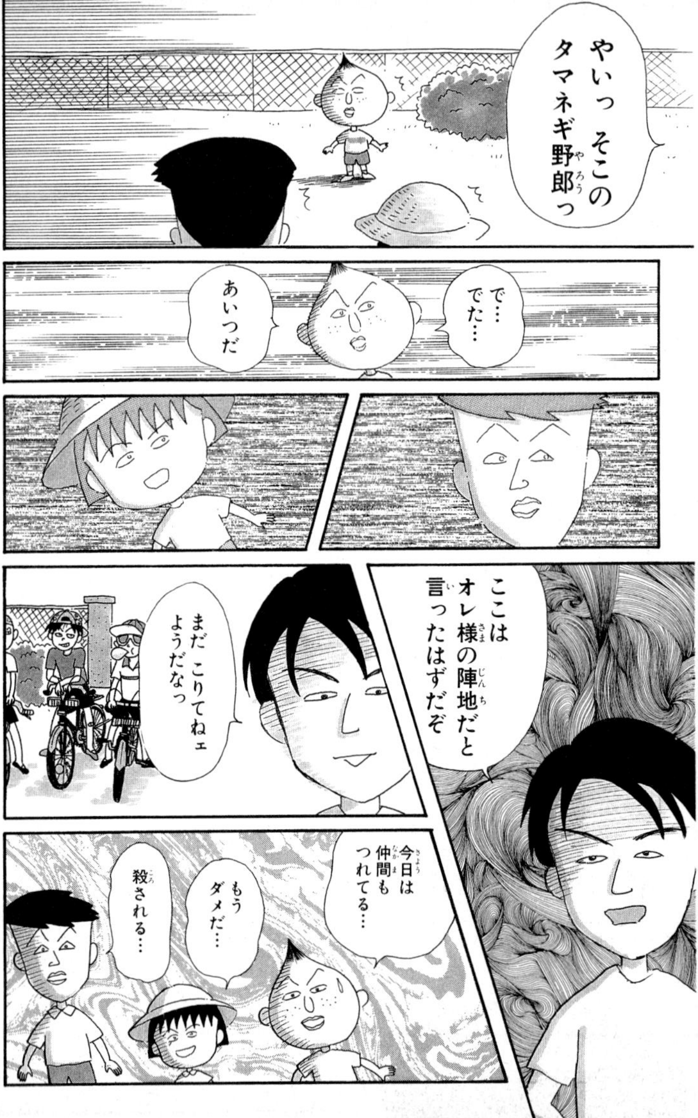
やいっ そこのタマネギ野郎っ
で…でた…
あいつだ
ここはオレ様の陣地だと言ったはずだぞ
まだ こりてねェようだなっ
今日は仲間もつれてる…
もうダメだ…
殺される…

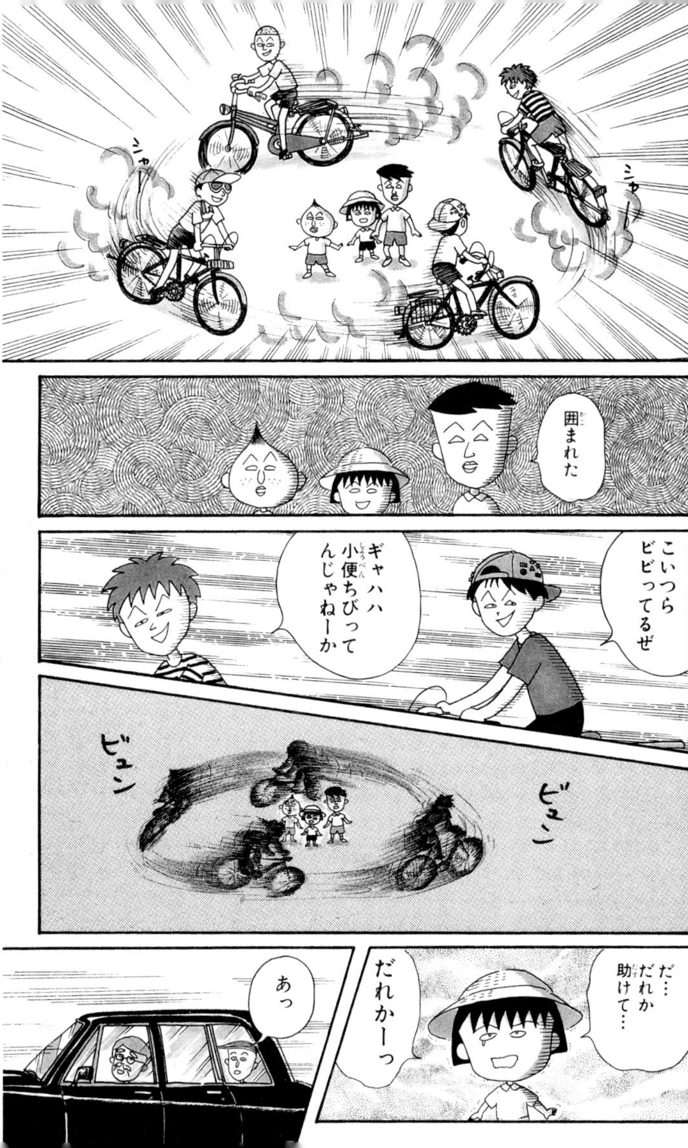
シャー
シャー
囲まれた
こいつらビビってるぜ
ギャハハ小便ちびってんじゃねーか
ビュン
ビュン
だ…だれか助けて…
だれかーっ
あっ

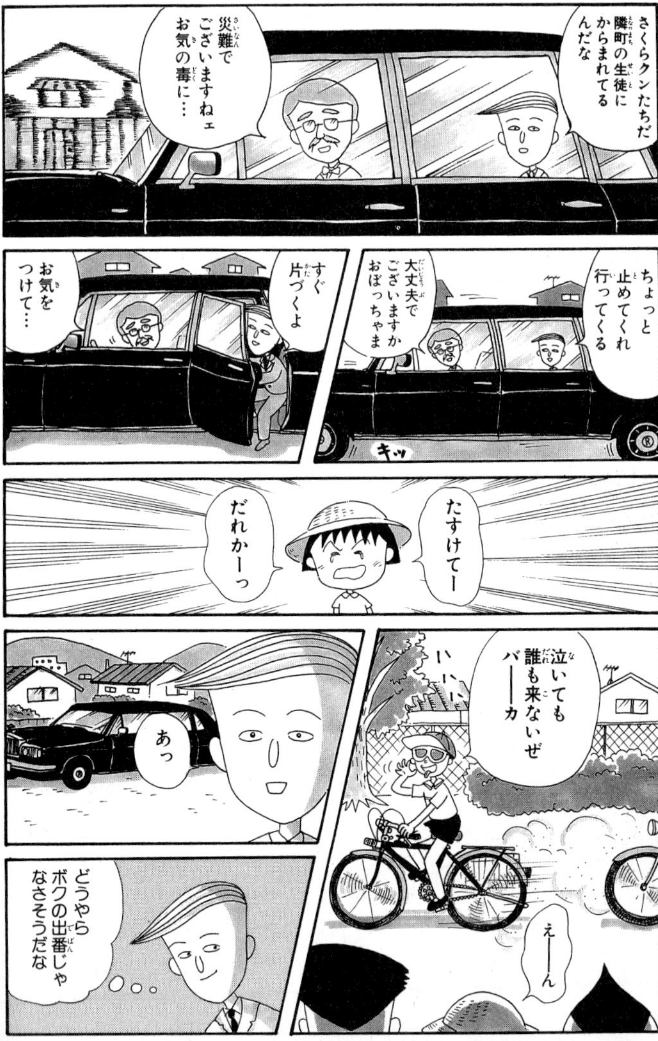
さくらクンたちだ
隣町の生徒に
からまれてる
んだな
災難で
ございますねェ
お気の毒に…
ちょっと
止めてくれ
行ってくる
大丈夫で
ございますか
おぼっちゃま
すぐ
片づくよ
お気を
つけて…
キッ
たすけてー
だれかーっ
泣いても
誰も来ないぜ
バーーカ
いーいー
あっ
えーーーん
どうやら
ボクの出番じゃ
なさそうだな

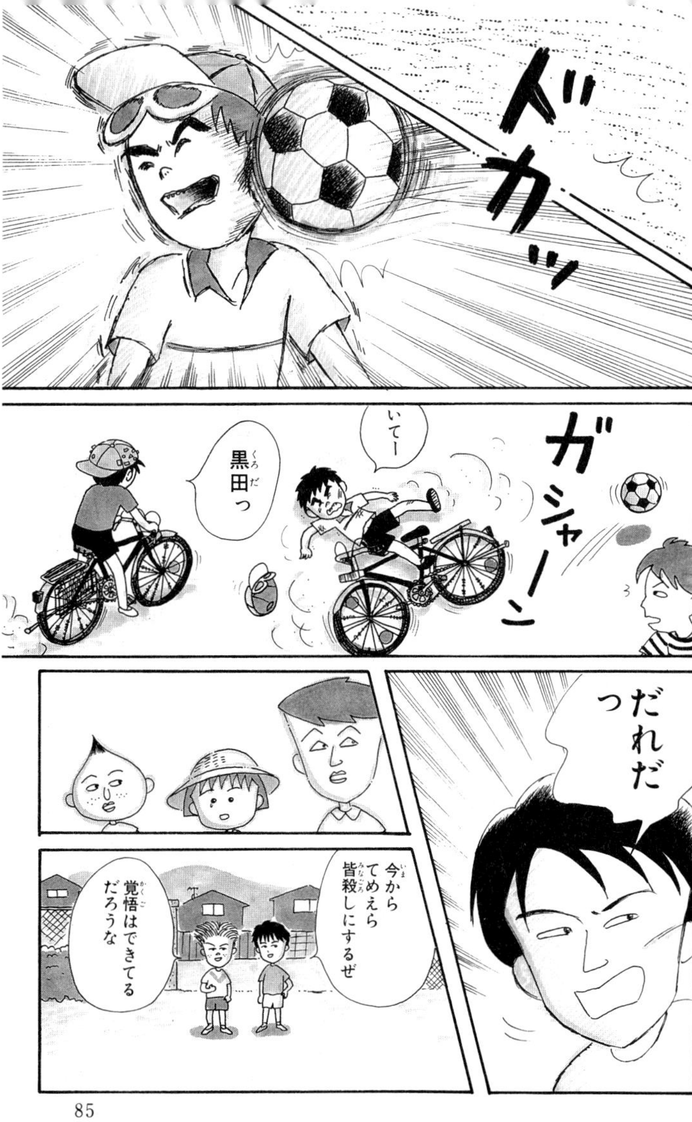

ドカッ
ガシャーン
いてー
黒田っ
だれだっ
今からてめえら皆殺しにするぜ
覚悟はできてるだろうな

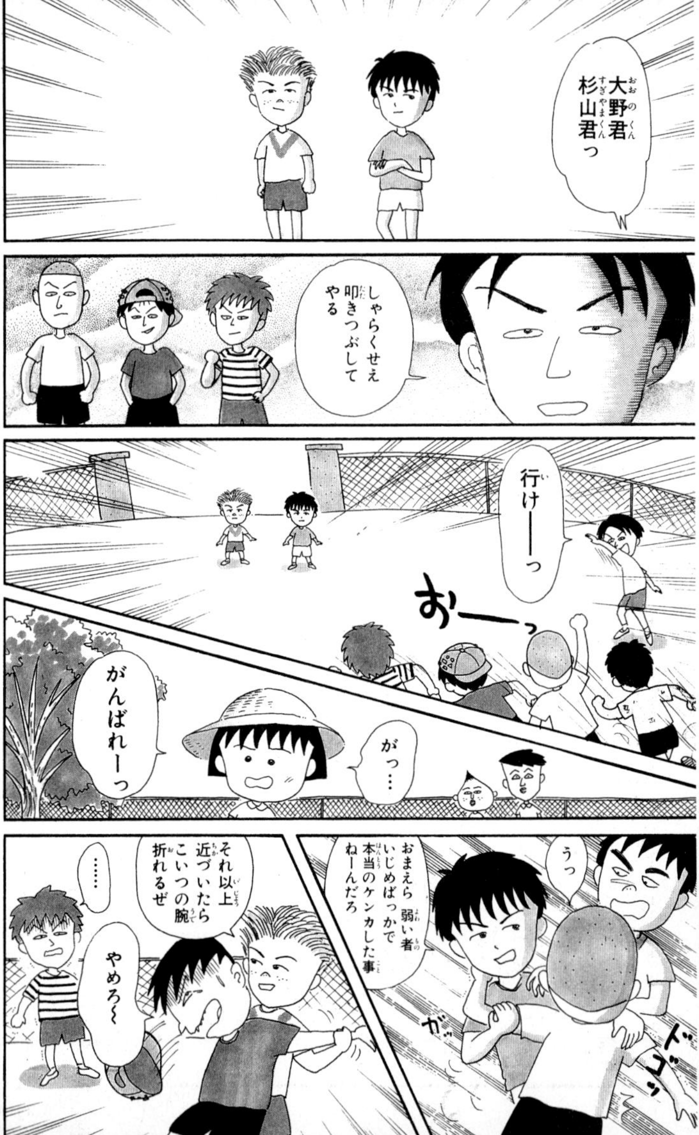
大野君
杉山君っ
しゃらくせえ
叩きつぶして
やる
行けーーっ
おーーっ
がんばれーっ
がっ…
ドゴッ
ガッ
うっ
おまえら　弱い者
いじめばっかで
本当のケンカした事
ねーんだろ
それ以上
近づいたら
こいつの腕
折れるぜ
……
やめろ〜

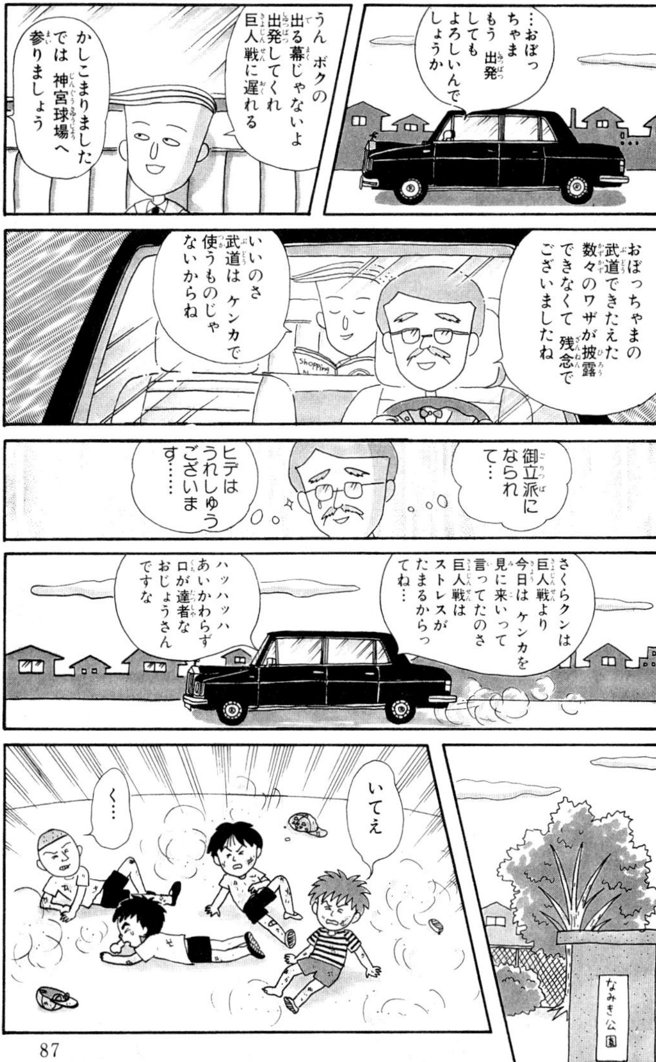
…おぼっちゃま もう 出発してもよろしいんでしょうか
うん ボクの出る幕じゃないよ 出発してくれ 巨人戦に遅れる
かしこまりました では 神宮球場へ参りましょう
おぼっちゃまの武道できたえた数々のワザが披露できなくて 残念でございましたね
いいのさ 武道は ケンカで使うものじゃないからね
御立派になられて…
ヒデはうれしゅうございます……
さくらクンは巨人戦より今日は ケンカを見に来いって言ってたのさ 巨人戦はストレスがたまるからってね…
ハッハッハ あいかわらず口が達者なおじょうさんですな
なみき公園
いてえ
く…

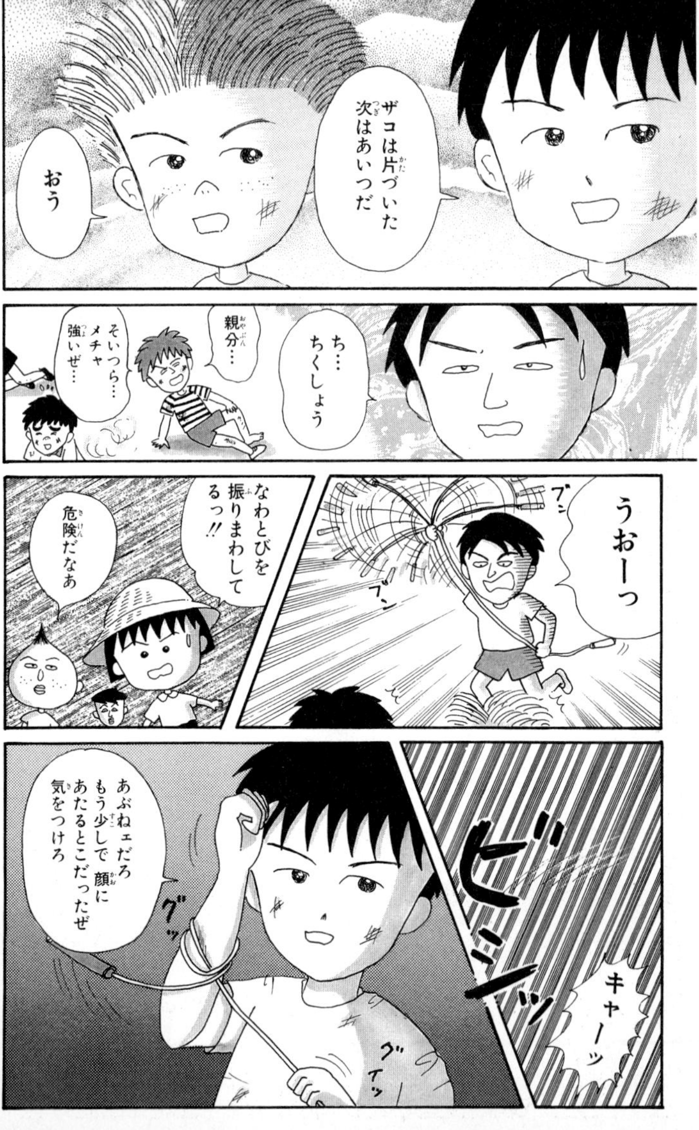
ザコは片づいた次はあいつだ
おう
ち…ちくしょう
親分…
そいつら…メチャ強いぜ…
うおーっ
ブン
ブン
なわとびを振りまわしてるっ!!
危険だなあ
ビシーッ
キャーッ
あぶねェだろ もう少しで顔にあたるとこだったぜ 気をつけろ
グッ
グイッ

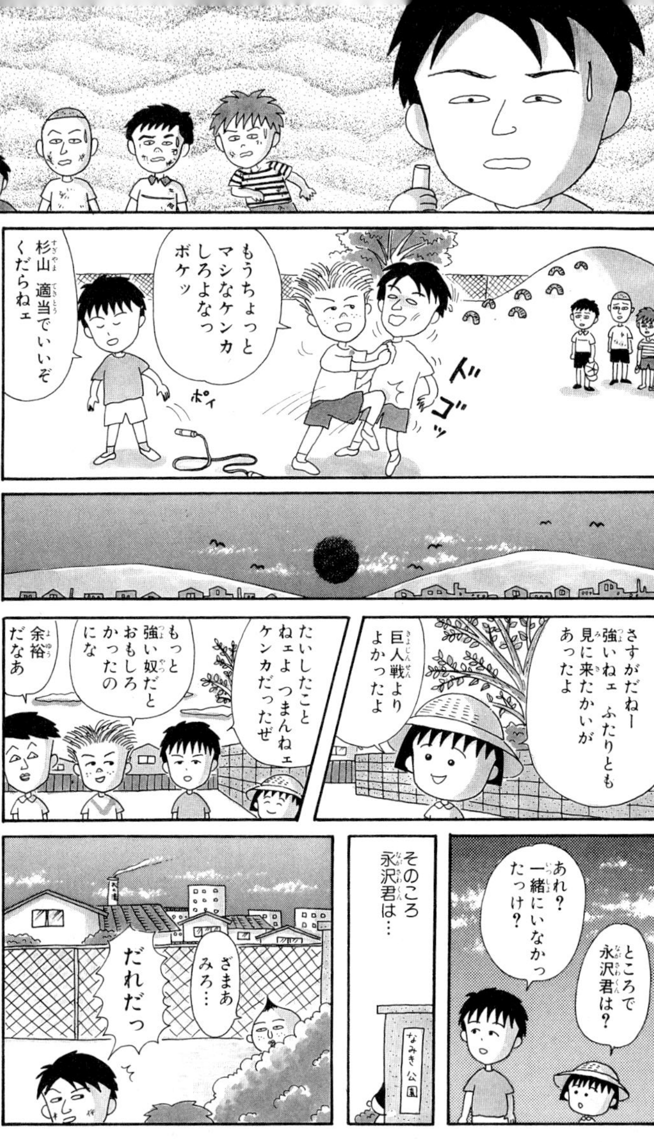
もうちょっとマシなケンカしろよなっボケッ
杉山 適当でいいぞくだらねェ
ポイ
ドゴッ
さすがだねー強いねェ ふたりとも見に来たかいがあったよ
巨人戦よりよかったよ
たいしたことねェよ つまんねェケンカだったぜ
もっと強い奴だとおもしろかったのにな
余裕だなあ
ところで永沢君は？
あれ？一緒にいなかったっけ？
そのころ永沢君は…
なみき公園
だれだっ
ざまあみろ…

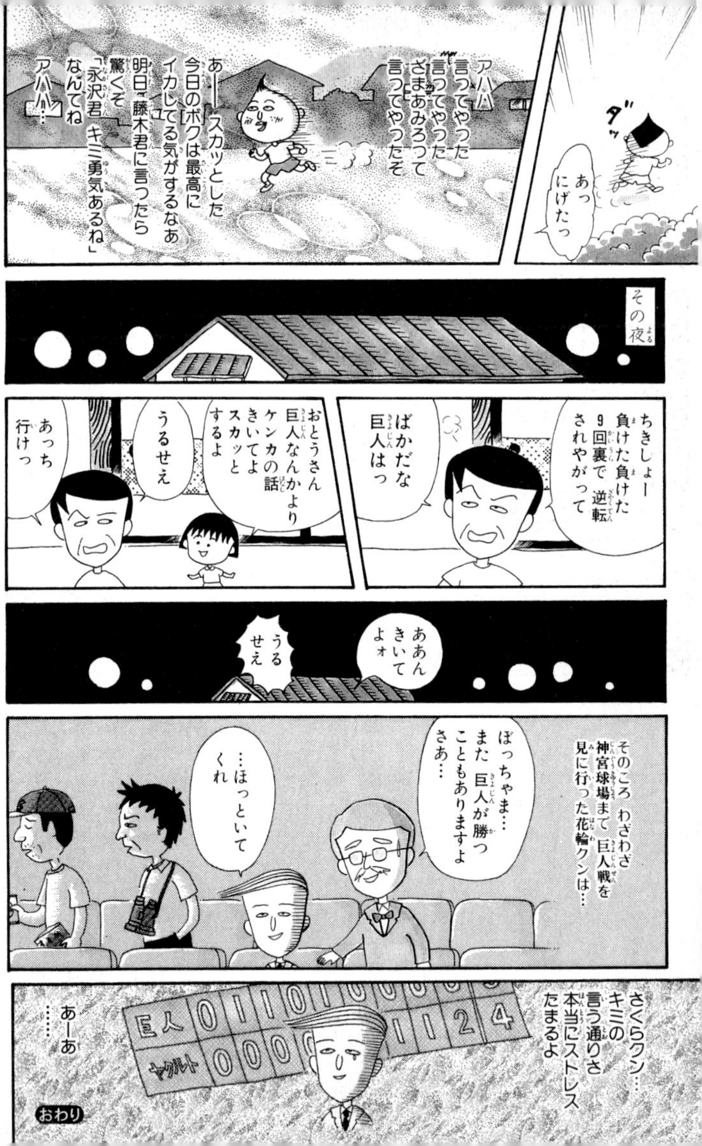
あっ にげたっ
ダッ
アハハ 言ってやった 言ってやった ざまあみろって 言ってやったぞ
あー スカッとした
今日のボクは最高にイカしてる気がするなあ
明日 藤木君に言ったら驚くぞ
「永沢君 キミ勇気あるね」なんてね
アハハ…
その夜
ちきしょー 負けた負けた 9回裏で 逆転されやがって
ばかだな 巨人はっ
おとうさん 巨人なんかよりケンカの話きいてよ スカッとするよ
うるせえ
あっち 行けっ
ああん きいてよォ
うるせえ
そのころ わざわざ神宮球場まで 巨人戦を見に行った花輪クンは…
ぼっちゃま… また 巨人が勝つこともありますよ さあ…
…ほっといてくれ
さくらクン… キミの言う通りさ 本当にストレスたまるよ
あーあ ……
巨人
ヤクルト
おわり

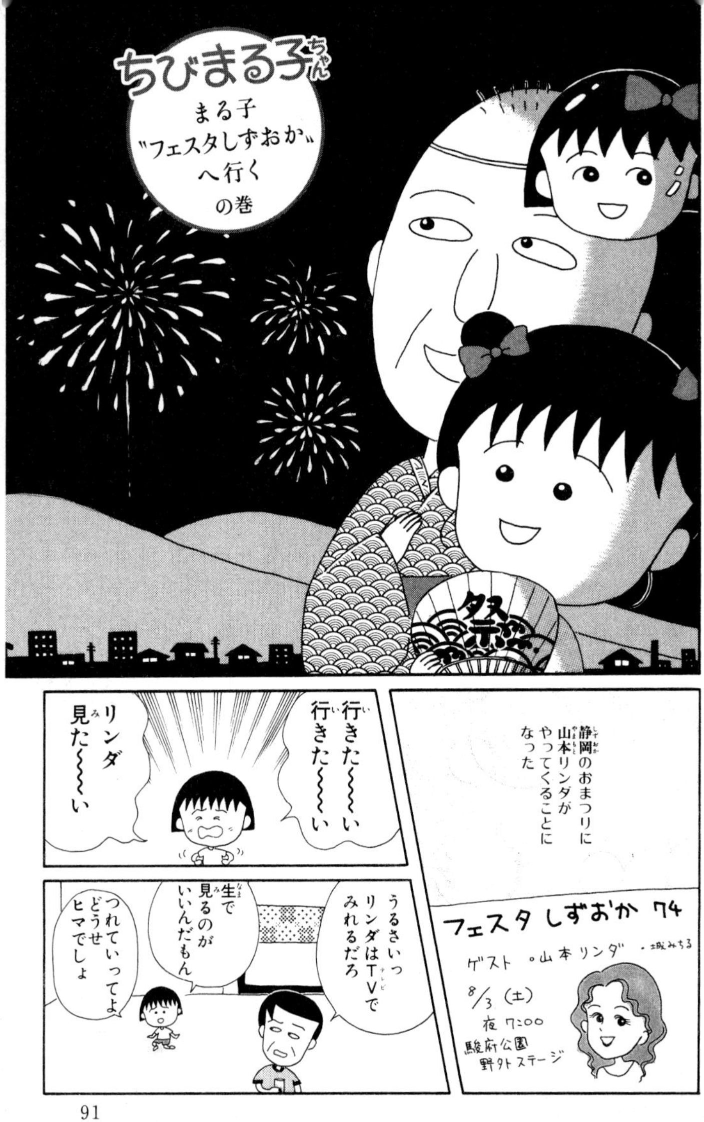
ちびまる子ちゃん
まる子 〝フェスタしずおか〟へ行く の巻
静岡のおまつりに 山本リンダが やってくることに なった
フェスタ しずおか 74
ゲスト ◦山本リンダ ・城みちる
8/3 (土) 夜 7:00
駿府公園 野外ステージ
行きた〜〜〜い 行きた〜〜〜い
リンダ 見た〜〜〜い
うるさいっ リンダはTVで みれるだろ
生で 見るのが いいんだもん
つれていってよ どうせ ヒマでしょ

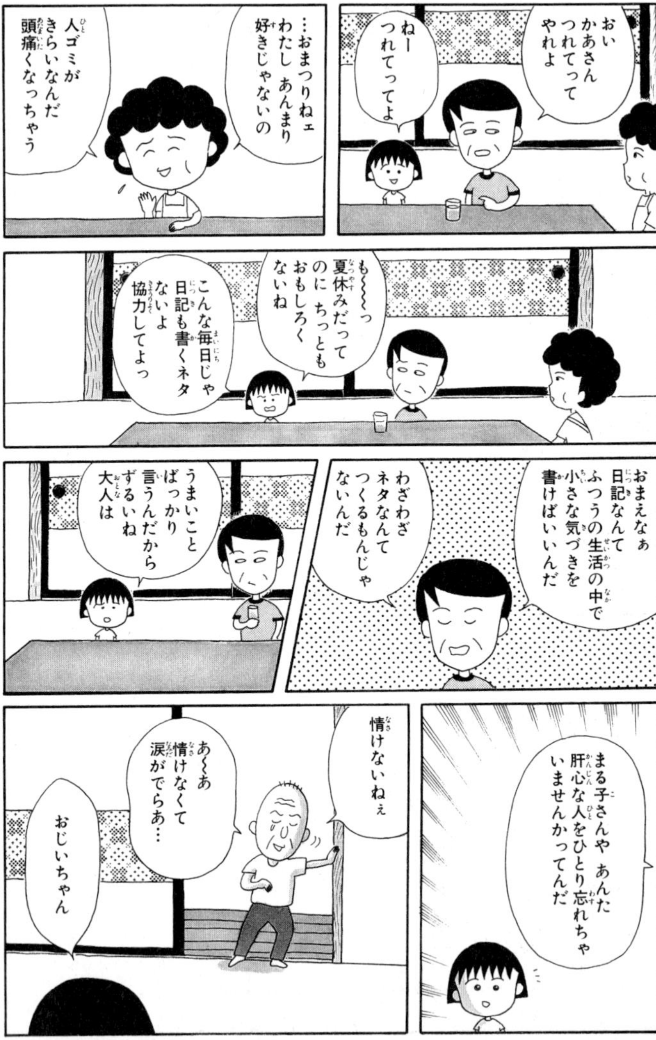
おい かあさん つれてって やれよ
ねー つれてってよ
…おまつりねェ わたし あんまり 好きじゃないの
人ゴミが きらいなんだ 頭痛くなっちゃう
も〜〜〜っ 夏休みだって のに ちっとも おもしろく ないね
こんな毎日じゃ 日記も書くネタ ないよ 協力してよっ
おまえなぁ 日記なんて ふつうの生活の中で 小さな気づきを 書けばいいんだ
わざわざ ネタなんて つくるもんじゃ ないんだ
うまいこと ばっかり 言うんだから ずるいね 大人は
まる子さんや あんた 肝心な人をひとり忘れちゃ いませんかってんだ
情けないねぇ
あ〜あ 情けなくて 涙がでらあ…
おじいちゃん

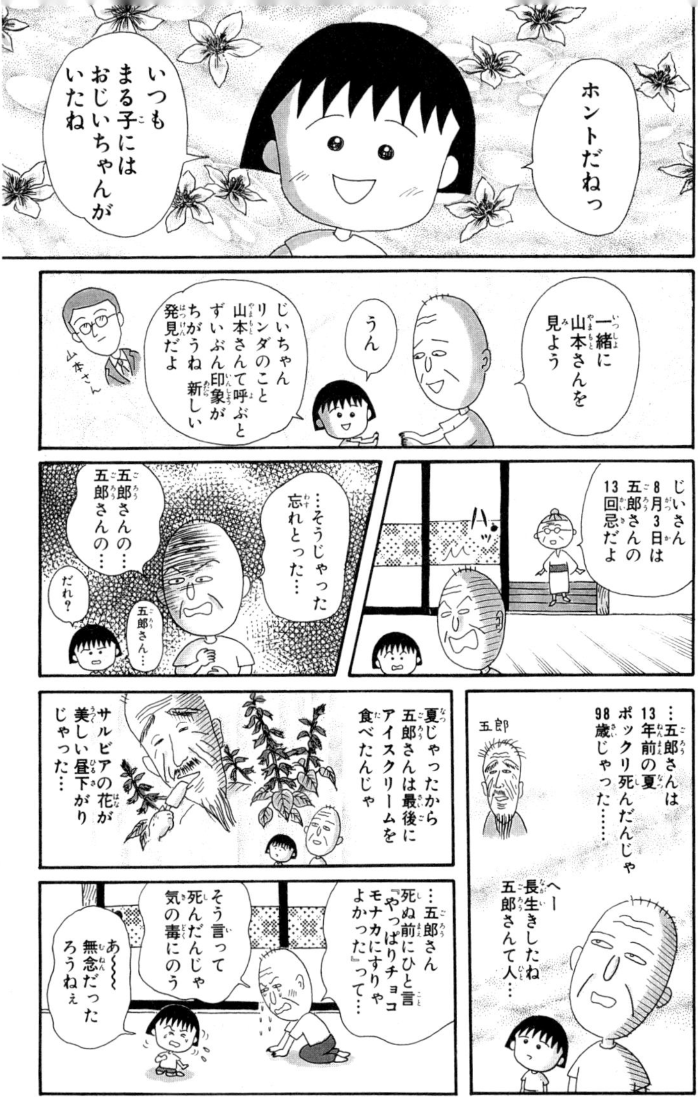
ホントだねっ
いつも
まる子には
おじいちゃんが
いたね
一緒に
山本さんを
見よう
うん
じいちゃん
リンダのこと
山本さんて呼ぶと
ずいぶん印象が
ちがうね 新しい
発見だよ
山本さん
じいさん
8月3日は
五郎さんの
13回忌だよ
ハッ
…そうじゃった
忘れとった…
五郎さんの…
五郎さんの…
だれ？
五郎さん…
…五郎さんは
13年前の夏
ポックリ死んだんじゃ
98歳じゃった……
五郎
夏じゃったから
五郎さんは最後に
アイスクリームを
食べたんじゃ
サルビアの花が
美しい昼下がり
じゃった…
へー
長生きしたね
五郎さんて人…
…五郎さん
死ぬ前にひと言
『やっぱりチョコ
モナカにすりゃ
よかった』って…
そう言って
死んだんじゃ
気の毒にのう
あ〜〜
無念だった
ろうねぇ

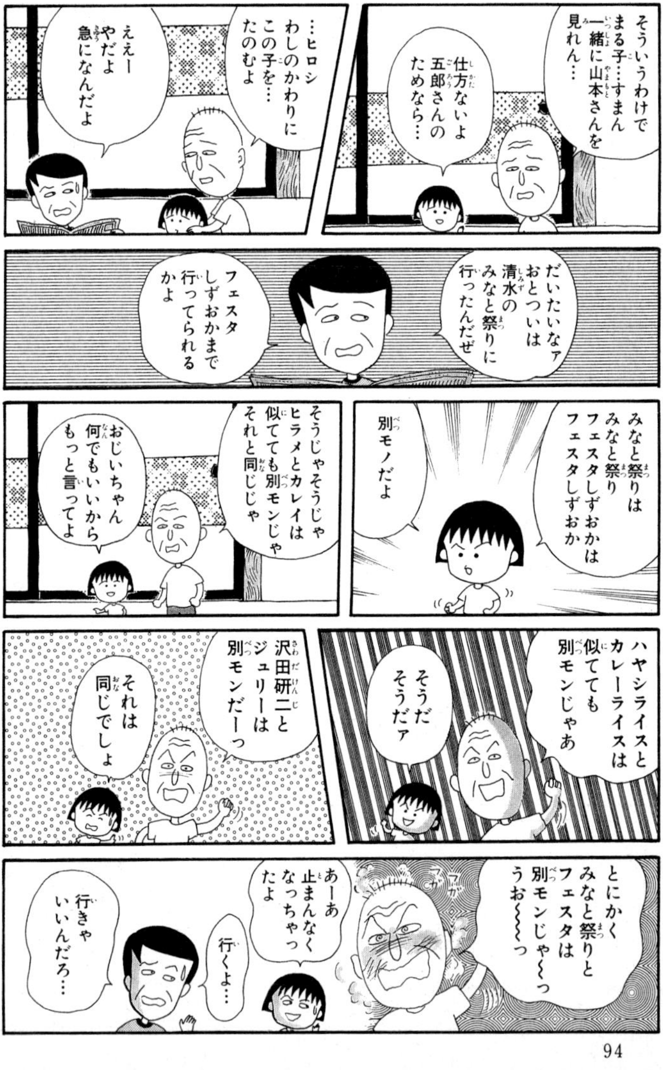
そういうわけで まる子…すまん 一緒に山本さんを見れん…
仕方ないよ 五郎さんのためなら…
…ヒロシ わしのかわりに この子を…たのむよ
ええー やだよ 急になんだよ
だいたいなァ おとついは 清水のみなと祭りに行ったんだぜ
フェスタしずおかまで行ってられるかよ
みなと祭りは みなと祭り フェスタしずおかは フェスタしずおか
別モノだよ
そうじゃそうじゃ ヒラメとカレイは 似てても別モンじゃ それと同じじゃ
おじいちゃん 何でもいいから もっと言ってよ
ハヤシライスと カレーライスは 似てても 別モンじゃあ
そうだ そうだァ
沢田研二と ジュリーは 別モンだーっ
それは 同じでしょ
とにかく みなと祭りと フェスタは 別モンじゃ〜〜っ うお〜〜〜っ
フガ フガ
あーあ 止まんなく なっちゃったよ
行くよ…
行きゃ いいんだろ…

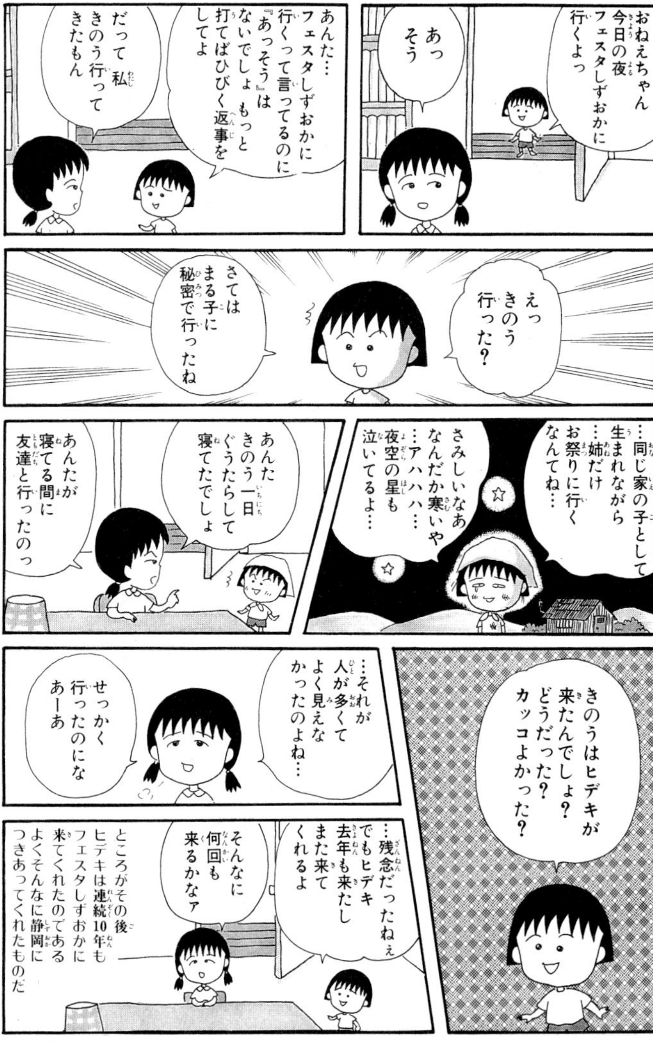
おねえちゃん 今日の夜 フェスタしずおかに 行くよっ
あっ そう
あんた… フェスタしずおかに 行くって言ってるのに 『あっそう』は ないでしょ もっと 打てばひびく返事を してよ
だって 私 きのう行って きたもん
えっ きのう 行った?
さては まる子に 秘密で行ったね
…同じ家の子として 生まれながら …姉だけ お祭りに行く なんてね…
さみしいなあ なんだか寒いや …アハハハ… 夜空の星も 泣いてるよ…
あんた きのう一日 ぐうたらして 寝てたでしょ
あんたが 寝てる間に 友達と行ったのっ
きのうはヒデキが 来たんでしょ? どうだった? カッコよかった?
…それが 人が多くて よく見えな かったのよね…
せっかく 行ったのにな あーあ
…残念だったねぇ でもヒデキ 去年も来たし また来て くれるよ
そんなに 何回も 来るかなァ
ところがその後 ヒデキは連続10年も フェスタしずおかに 来てくれたのである よくそんなに静岡に つきあってくれたものだ

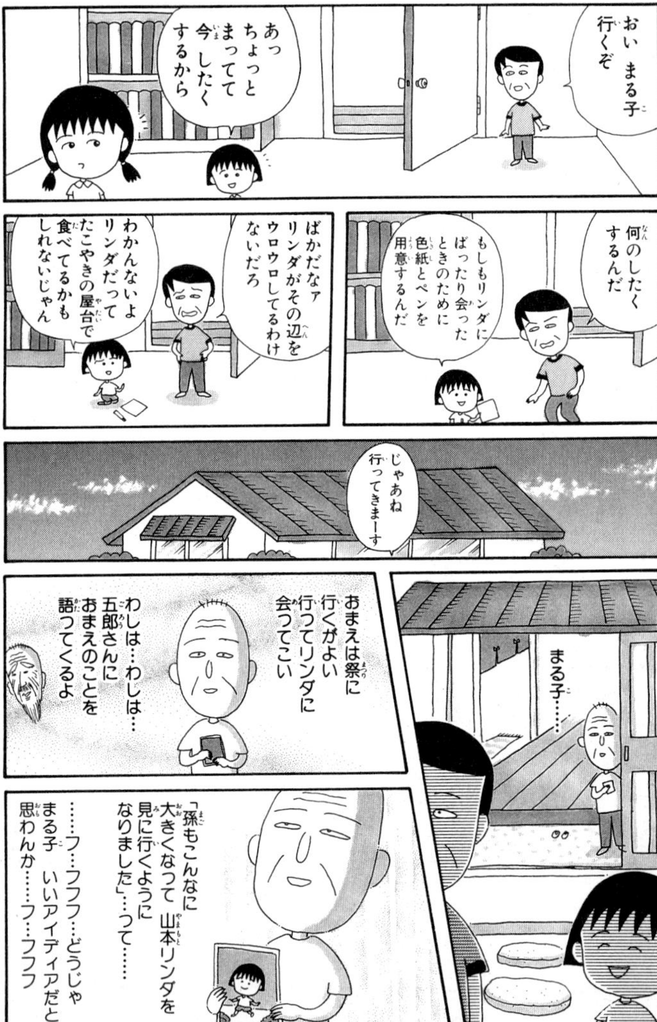
おい まる子
行くぞ
あっ
ちょっと
まってて
今 したく
するから
何のしたく
するんだ
もしもリンダに
ばったり会った
ときのために
色紙とペンを
用意するんだ
ばかだなァ
リンダがその辺を
ウロウロしてるわけ
ないだろ
わかんないよ
リンダだって
たこやきの屋台で
食べてるかも
しれないじゃん
じゃあね
行ってきまーす
まる子……
おまえは祭に
行くがよい
行ってリンダに
会ってこい
わしは…わしは…
五郎さんに
おまえのことを
語ってくるよ
「孫もこんなに
大きくなって 山本リンダを
見に行くように
なりました」…って……
……フ…フフフ…どうじゃ
まる子 いいアイディアだと
思わんか……フ…フフフ

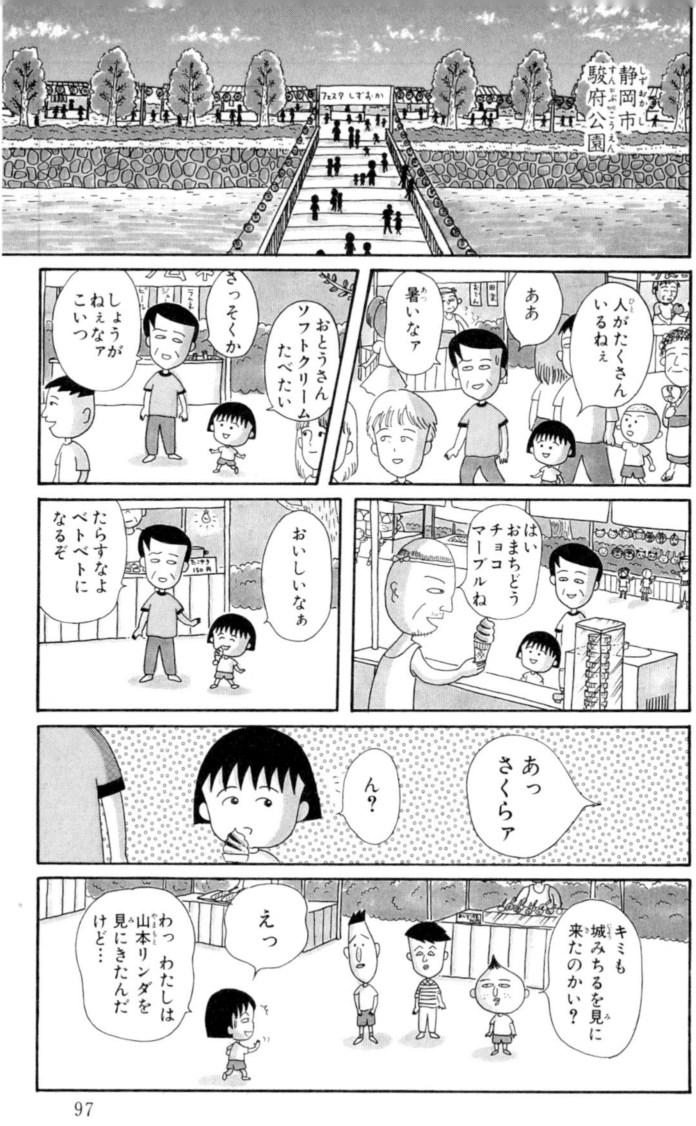
静岡市駿府公園
フェスタ しずおか
人がたくさんいるねぇ
ああ
暑いなァ
おとうさんソフトクリームたべたい
さっそくか
しょうがねぇなァこいつ
はい おまちどうチョコマーブルね
おいしいなぁ
たらすなよベトベトになるぞ
あっ さくらァ
ん？
キミも城みちるを見に来たのかい？
えっ
わっ わたしは山本リンダを見にきたんだけど…

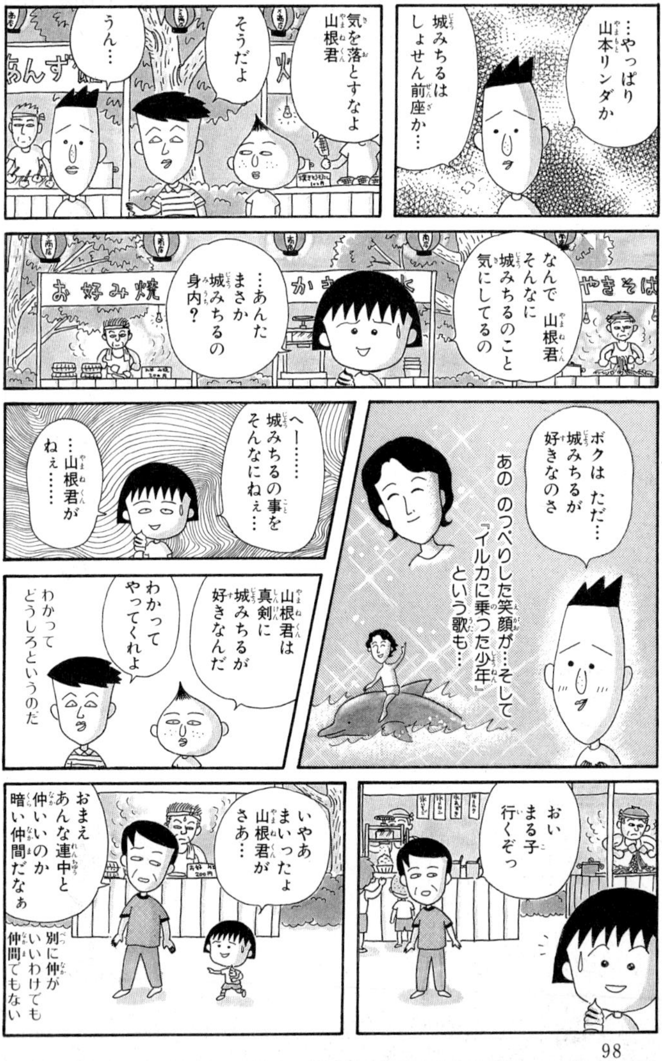
…やっぱり山本リンダか
城みちるはしょせん前座か…
気を落とすなよ山根君
そうだよ
うん…
なんで山根君そんなに城みちるのこと気にしてるの
…あんたまさか城みちるの身内？
ボクはただ…城みちるが好きなのさ
あののっぺりした笑顔が…そして『イルカに乗った少年』という歌も…
へー……城みちるの事をそんなにねぇ…
…山根君がねぇ……
山根君は真剣に城みちるが好きなんだ
わかってやってくれよ
わかってどうしろというのだ
おいまる子行くぞっ
いやあまいったよ山根君がさあ…
おまえあんな連中と仲いいのか暗い仲間だなぁ
別に仲がいいわけでも仲間でもない

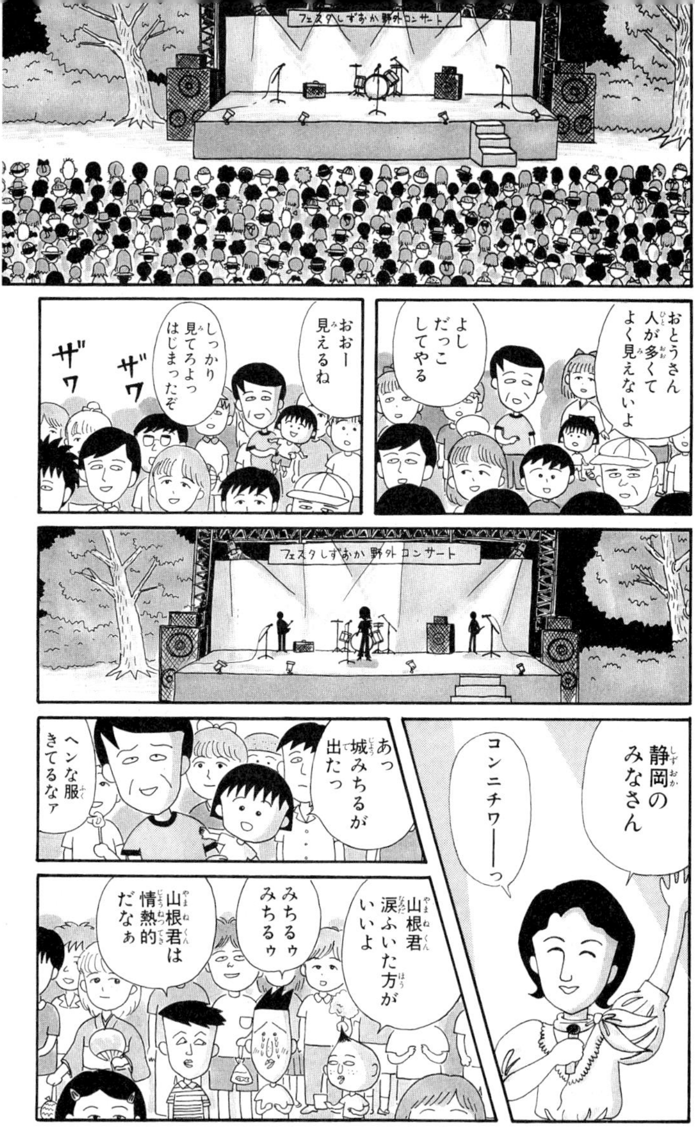
フェスタしずおか 野外コンサート
おとうさん人が多くてよく見えないよ
よしだっこしてやる
おおー見えるね
しっかり見てろよっはじまったぞ
ザワ
ザワ
フェスタしずおか 野外コンサート
静岡のみなさん
コンニチワ——っ
あっ城みちるが出たっ
ヘンな服きてるなァ
山根君涙ふいた方がいいよ
みちるぅみちるぅ
山根君は情熱的だなぁ

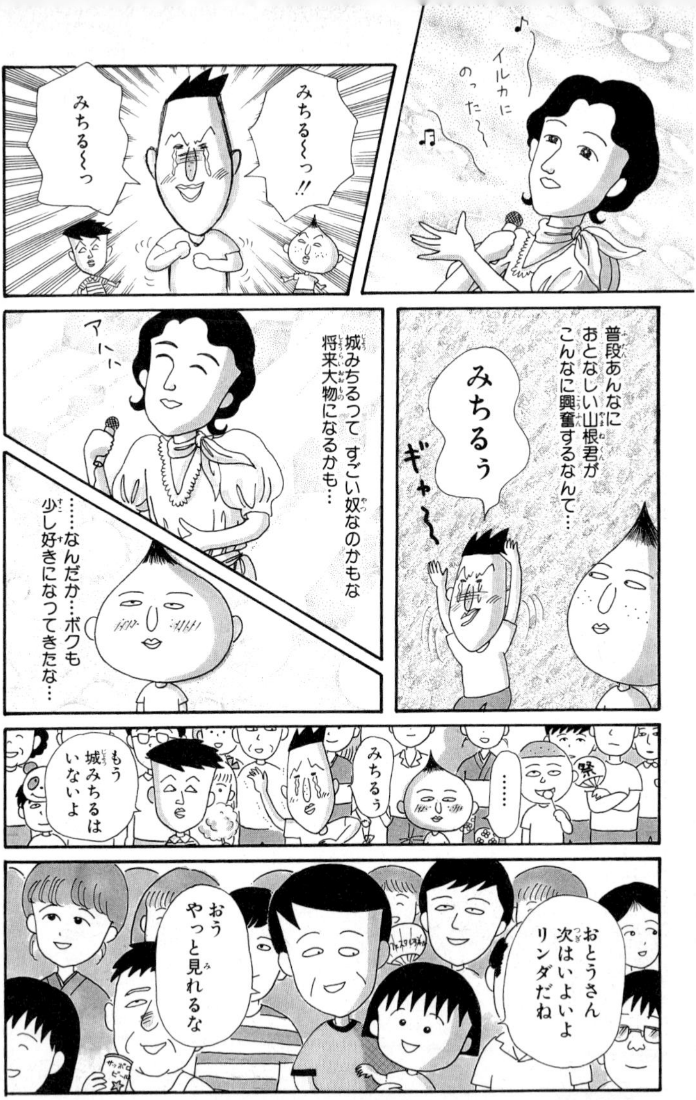
イルカに
のった〜〜
みちる〜っ!!
みちる〜っ
普段あんなに
おとなしい山根君が
こんなに興奮するなんて…
みちるぅ
ギャ〜
アハハ
城みちるって すごい奴なのかもな
将来大物になるかも…
……なんだか…ボクも
少し好きになってきたな…
……
みちるぅ
もう
城みちるは
いないよ
おとうさん
次はいよいよ
リンダだね
おう
やっと見れるな

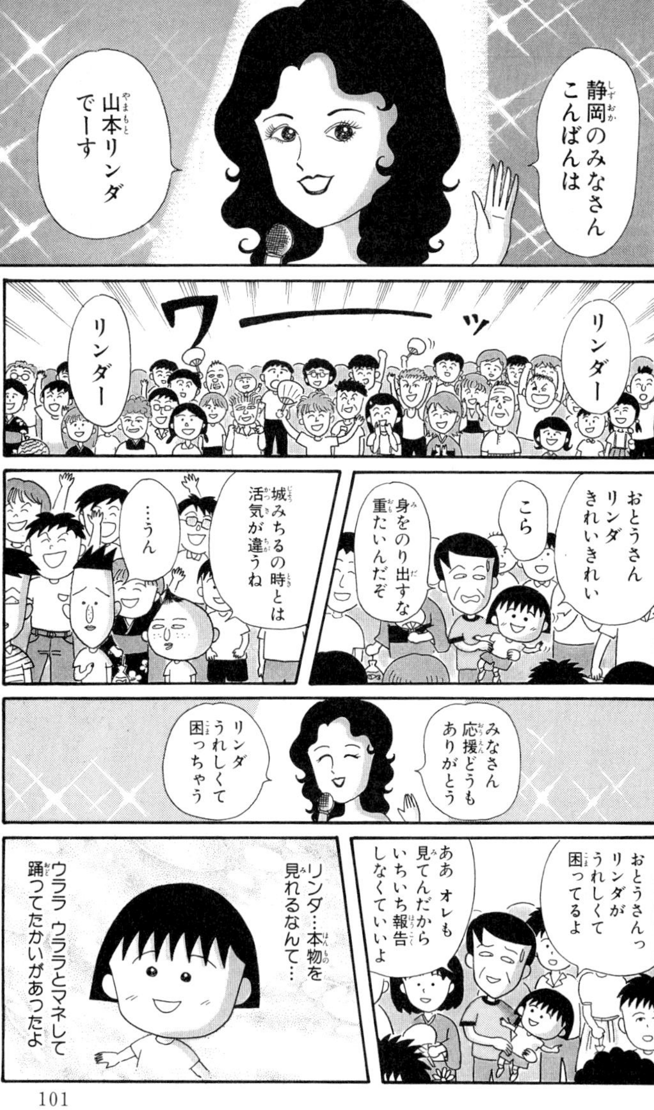
静岡のみなさん
こんばんは
山本リンダ
でーす
リンダー
ワーーーッ
リンダー
おとうさん
リンダ
きれいきれい
こら
身をのり出すな
重たいんだぞ
城みちるの時とは
活気が違うね
…うん
みなさん
応援どうも
ありがとう
リンダ
うれしくて
困っちゃう
おとうさんっ
リンダが
うれしくて
困ってるよ
ああ オレも
見てんだから
いちいち報告
しなくていいよ
リンダ…本物を
見れるなんて…
ウララ ウララとマネして
踊ってたかいがあったよ

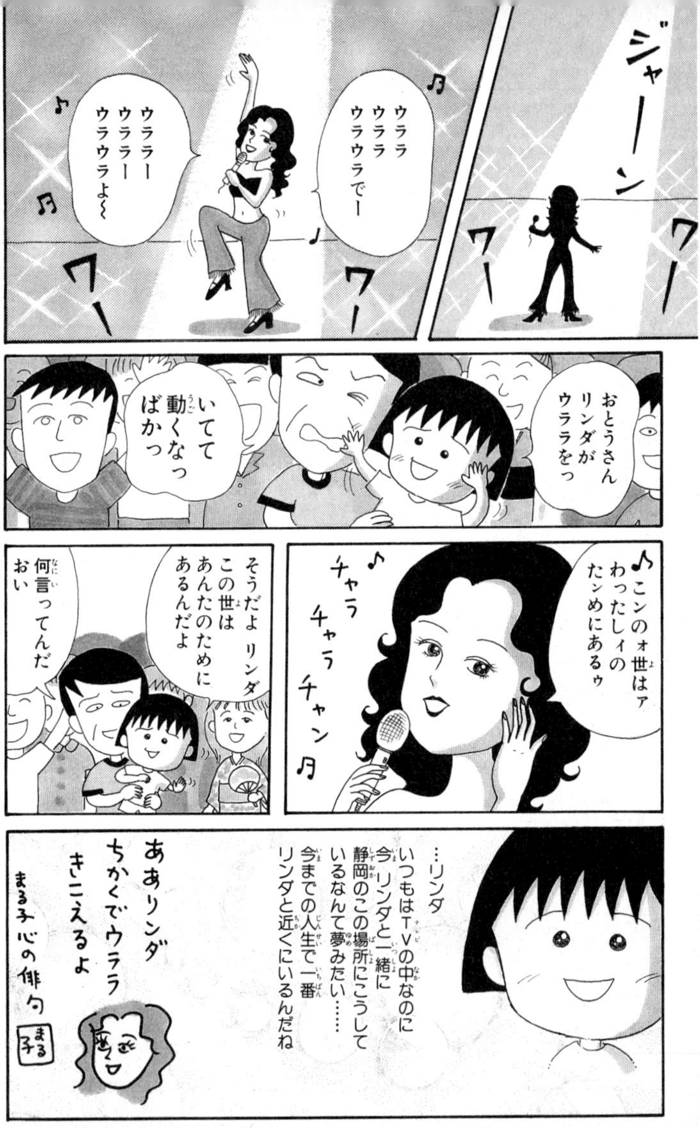
ジャーン
ワー
ワー
ウララ
ウララ
ウラウラでー
ウララー
ウララー
ウラウラよ〜
ワー
ワー
おとうさん
リンダが
ウララをっ
いてて
動くなっ
ばかっ
コンのォ世はァ
わったしィの
たンめにあるゥ
チャラ
チャラ
チャン
そうだよ リンダ
この世は
あんたのために
あるんだよ
何言ってんだ
おい
…リンダ
いつもはTVの中なのに
今リンダと一緒に
静岡のこの場所にこうして
いるなんて夢みたい……
今までの人生で一番
リンダと近くにいるんだね
ああリンダ
ちかくでウララ
きこえるよ
まる子心の俳句
まる子

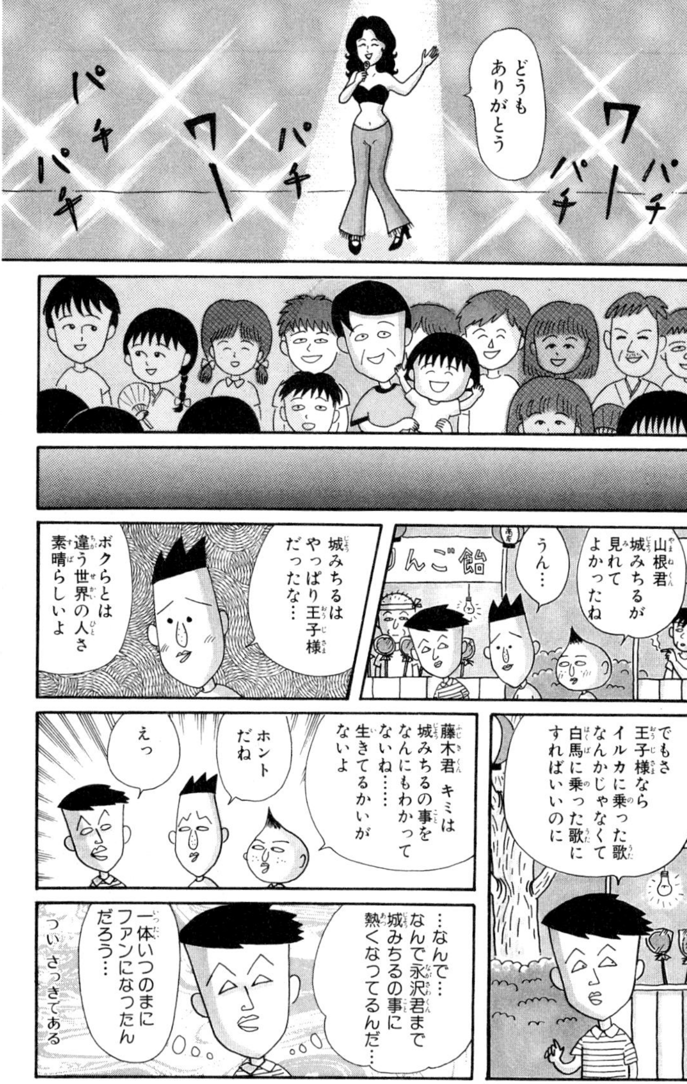
パチ
ワー
パチ
どうも
ありがとう
パチ
ワー
パキ
パキ
山根君
城みちるが
見れて
よかったね
うん…
城みちるは
やっぱり王子様
だったな…
ボクらとは
違う世界の人さ
素晴らしいよ
でもさ
王子様なら
イルカに乗った歌
なんかじゃなくて
白馬に乗った歌に
すればいいのに
藤木君 キミは
城みちるの事を
なんにもわかって
ないね……
生きてるかいが
ないよ
ホント
だね
えっ
…なんで…
なんで永沢君まで
城みちるの事に
熱くなってるんだ…
一体いつのまに
ファンになったん
だろう…
つい さっきである

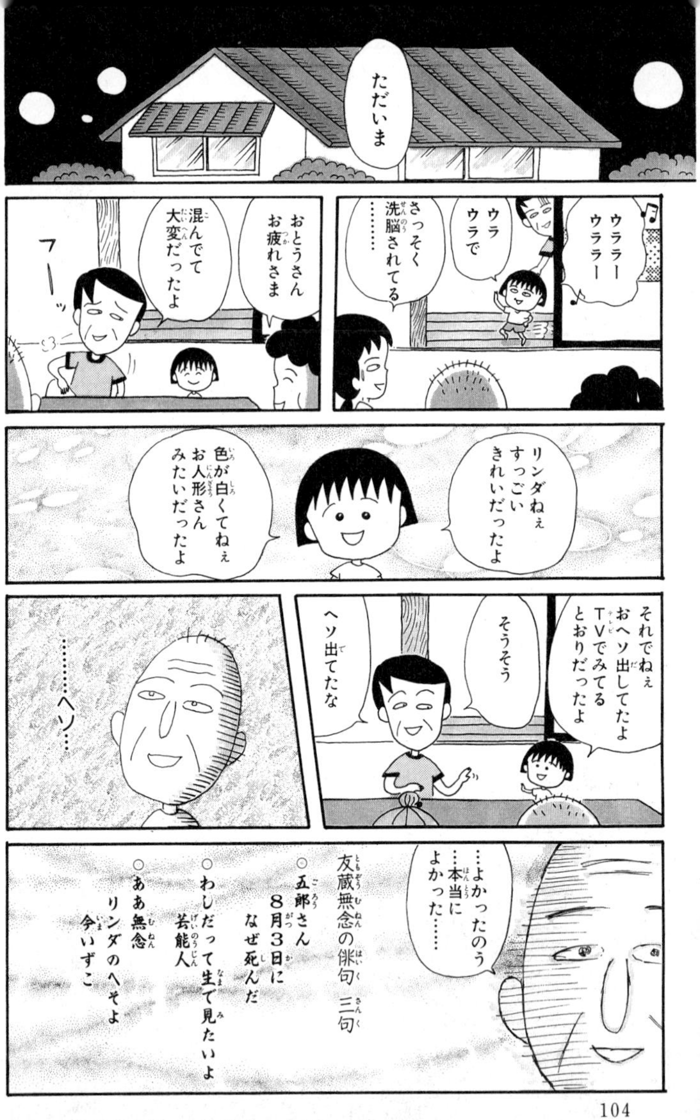
ただいま
ウララー ウララー
ウラ ウラで
さっそく 洗脳されてる……
おとうさん お疲れさま
混んでて 大変だったよ
フーーッ
リンダねぇ すっごい きれいだったよ
色が白くてねぇ お人形さん みたいだったよ
それでねぇ おヘソ出してたよ TVでみてる とおりだったよ
そうそう
ヘソ出てたな
……ヘソ……
…よかったのう …本当に よかった……
友蔵無念の俳句 三句
◎五郎さん 8月3日に なぜ死んだ
◎わしだって生で見たいよ 芸能人
◎ああ無念 リンダのへそよ 今いずこ

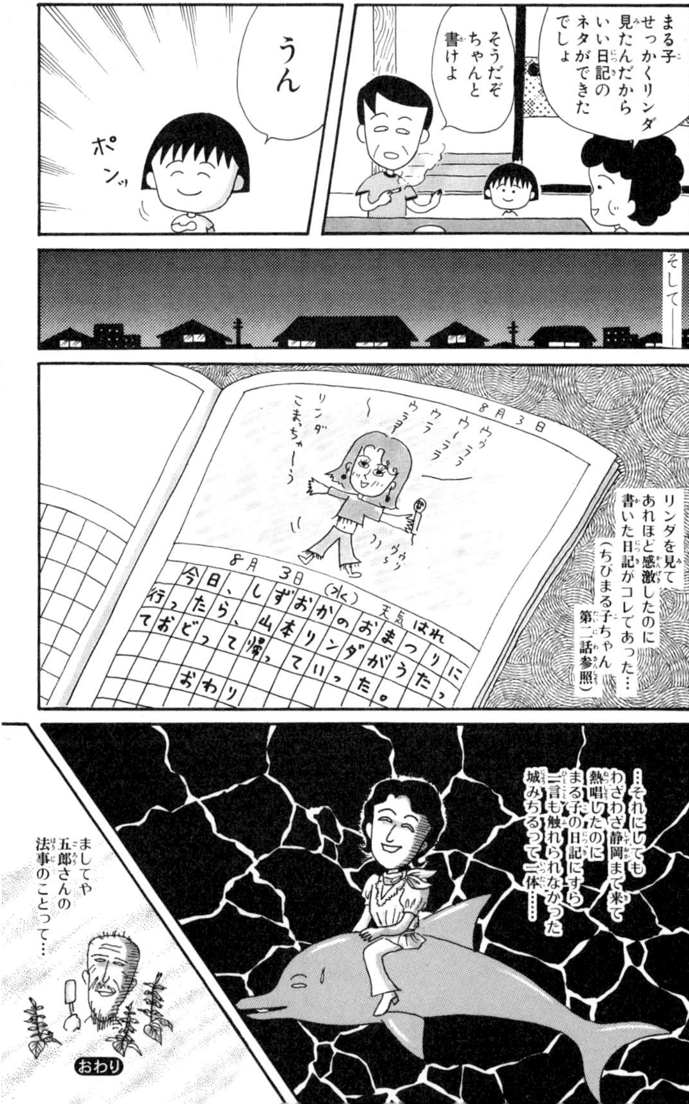
まる子
せっかくリンダ見たんだからいい日記のネタができたでしょ
そうだぞ
ちゃんと書けよ
うん
ポンッ
そして——
8月3日
ウッウーララ
ウララ
ウラララ～
リンダこまっちゃーう
ウッ
8月3日（水）天気はれ
今日、しずおかのおまつりに行ったら、山本リンダがうたっておどって帰っていった。
おわり
リンダを見てあれほど感激したのに書いた日記がコレであった…
（ちびまる子ちゃん第二話参照）
…それにしてもわざわざ静岡まで来て熱唱したのにまる子の日記にすら一言も触れられなかった城みちるって一体……
ましてや五郎さんの法事のことって…
おわり

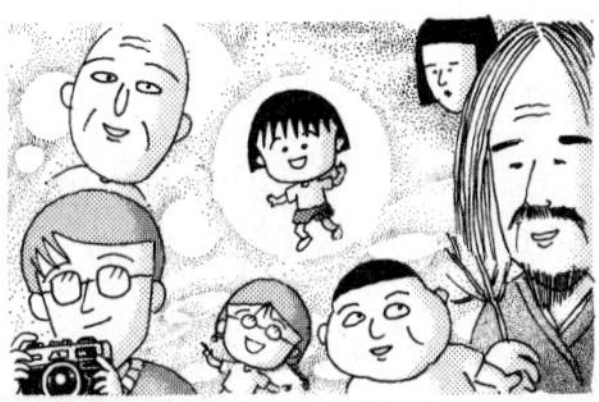

ちびまる子ちゃん

わたしの好きな歌

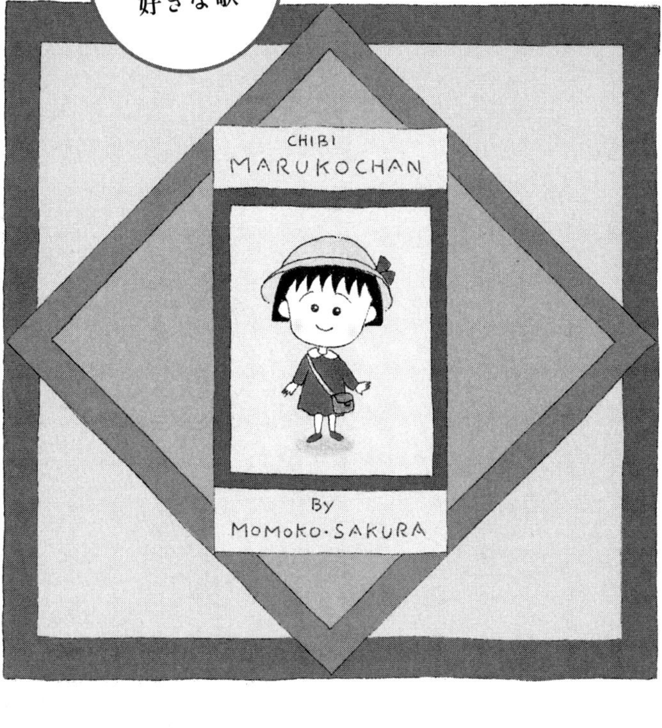

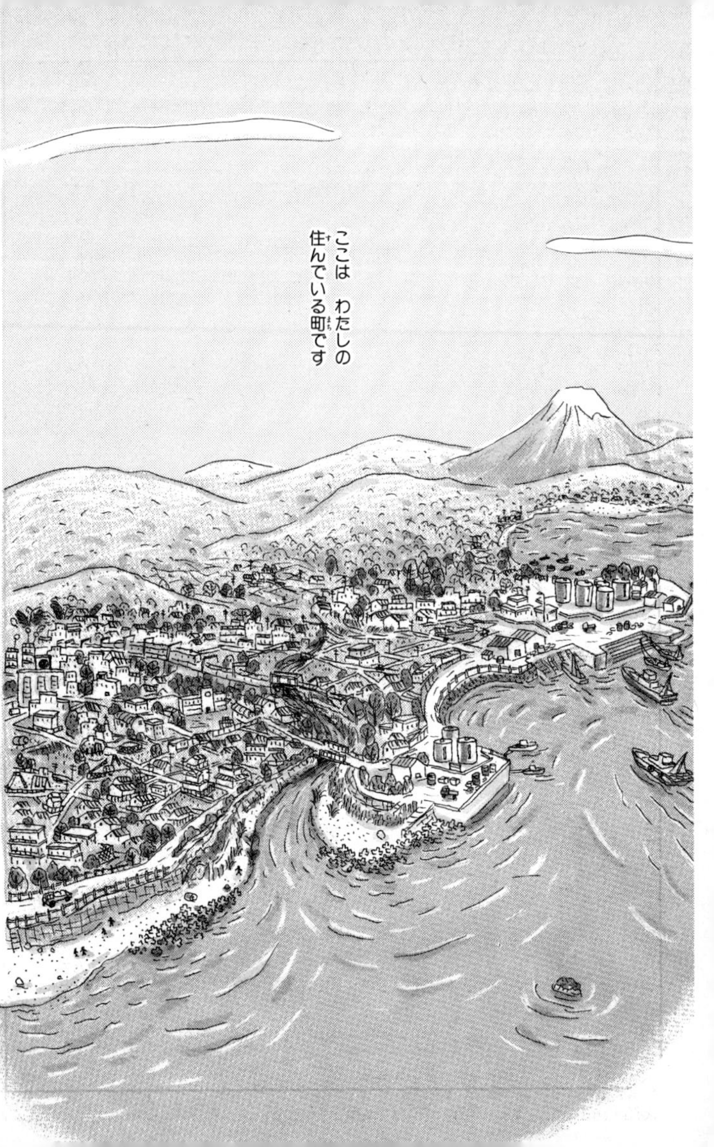
ここは　わたしの
住んでいる町です

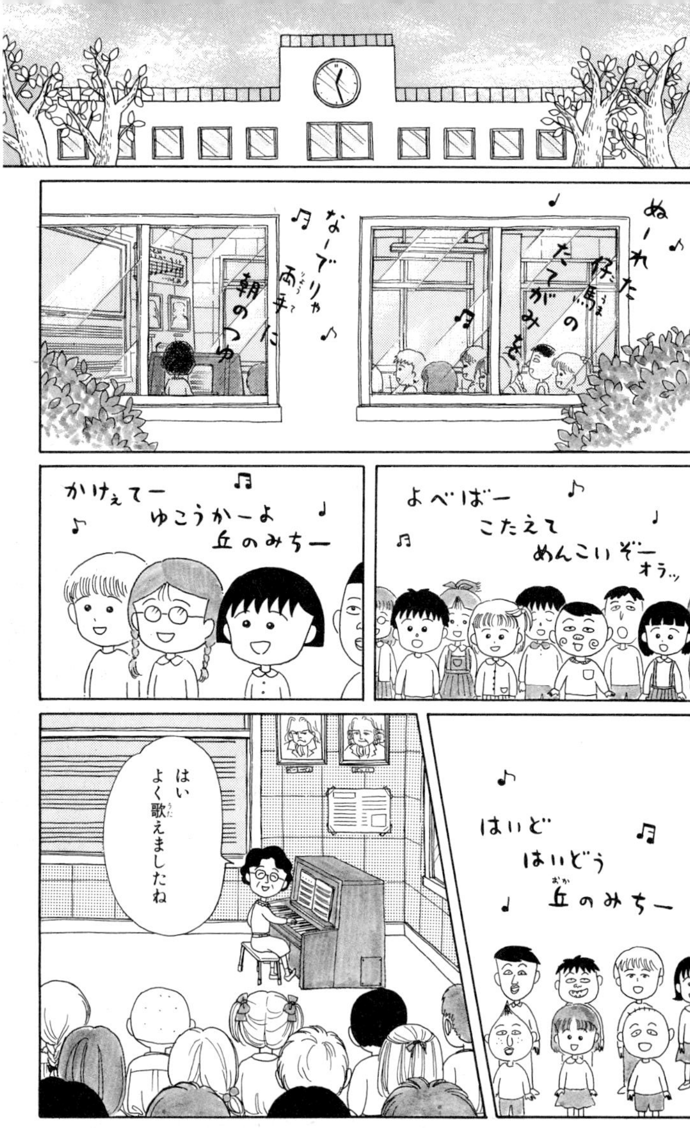
ぬーれた仔馬の たてがみを
なーでりゃ両手に 朝のつゆ
よべばー こたえて めんこいぞー
オラッ
かけえてー ゆこうかーよ 丘のみちー
はいど はいどう 丘のみちー
はい よく歌えましたね

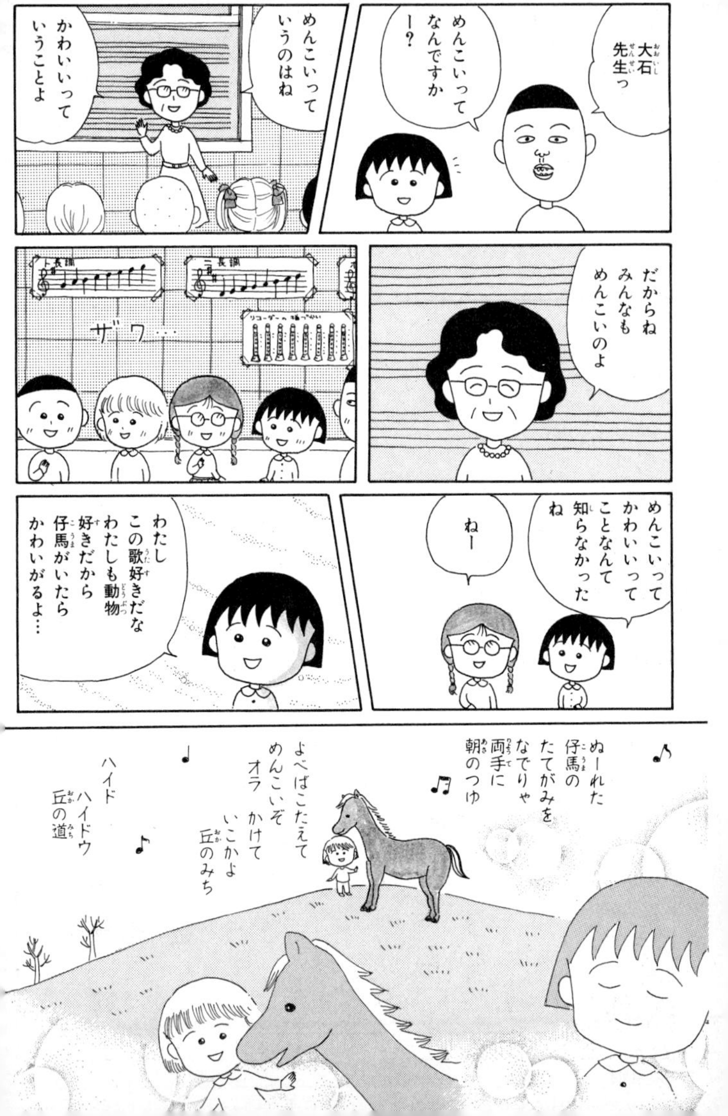
大石先生っ
めんこいってなんですかー？
めんこいっていうのはね
かわいいっていうことよ
だからねみんなもめんこいのよ
ザワ…
ト長調
ニ長調
めんこいってかわいいってことなんて知らなかったね
ねー
わたしこの歌好きだな
わたしも動物好きだから仔馬がいたらかわいがるよ…
ぬーれた仔馬のたてがみをなでりゃ両手に朝のつゆ
よべばこたえてめんこいぞオラ　かけていこかよ丘のみち
ハイドハイドウ丘の道

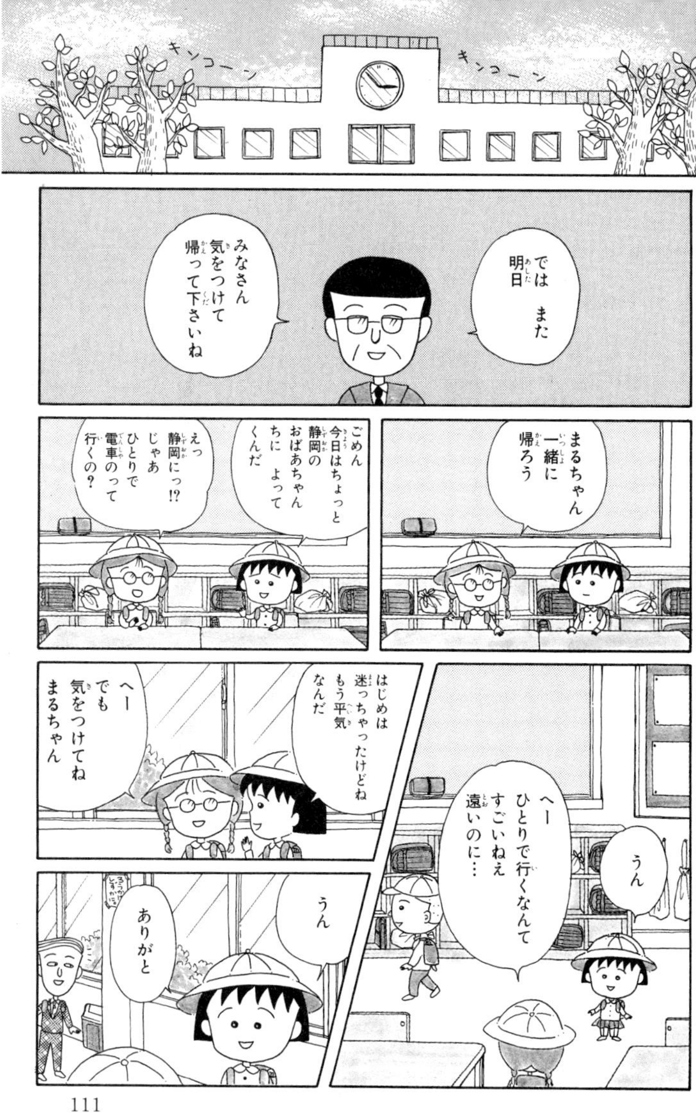
キンコーン
キンコーン
みなさん 気をつけて 帰って下さいね
では また明日
まるちゃん 一緒に帰ろう
ごめん 今日はちょっと静岡のおばあちゃんちに よってくんだ
えっ 静岡にっ!? じゃあ ひとりで電車のって行くの？
はじめは迷っちゃったけどね もう平気なんだ
へー でも 気をつけてね まるちゃん
うん
へー ひとりで行くなんて すごいねえ 遠いのに…
うん
ありがと

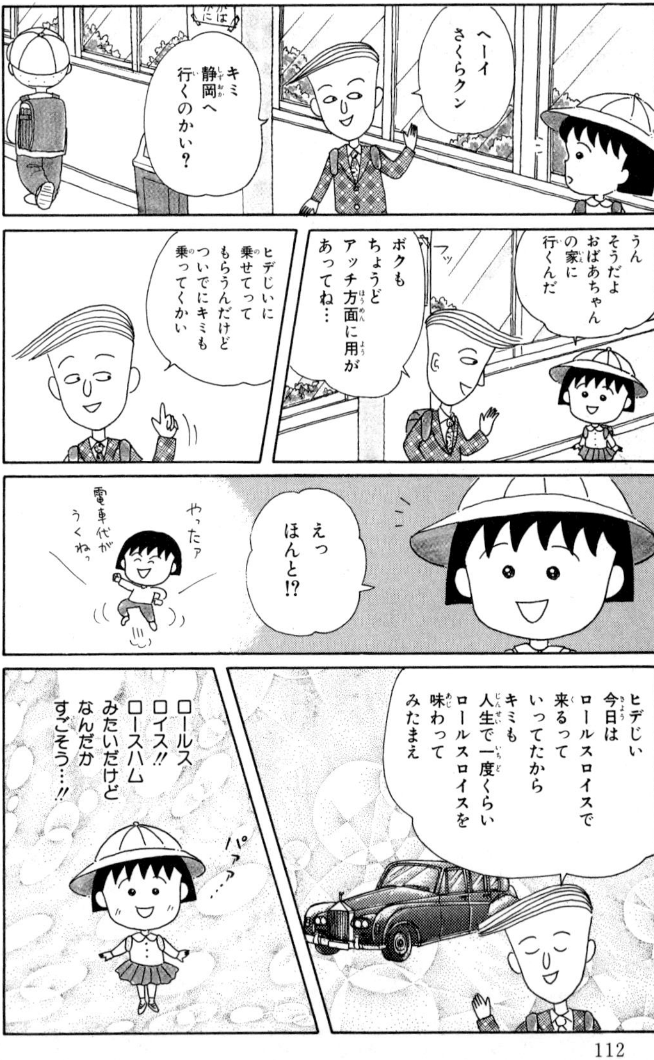
へーイ さくらクン
キミ 静岡へ 行くのかい？
うん そうだよ おばあちゃんの家に 行くんだ
フッ
ボクも ちょうど アッチ方面に用が あってね…
ヒデじいに 乗せてって もらうんだけど ついでにキミも 乗ってくかい
えっ ほんと!?
やったァ
電車代が うくねっ
ヒデじい 今日は ロールスロイスで 来るって いってたから キミも 人生で一度くらい ロールスロイスを 味わって みたまえ
パァァ…
ロールス ロイス!! ロースハム みたいだけど なんだか すごそう…!!

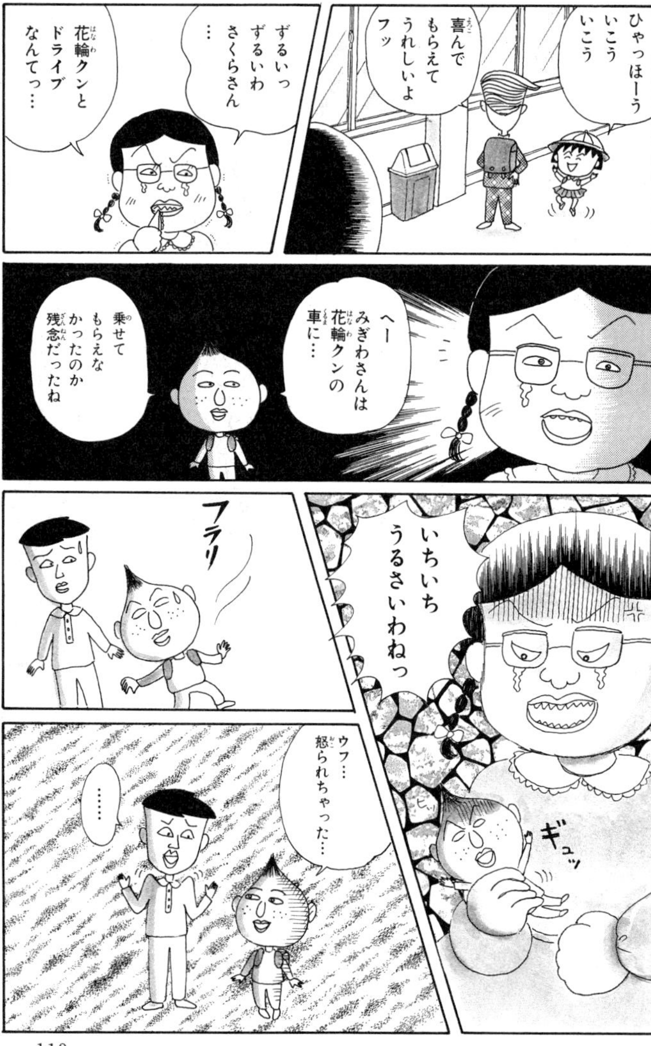
ひゃっほーう いこう いこう
喜んでもらえてうれしいよ フッ
ずるいっ ずるいわ さくらさん…
花輪クンとドライブなんてっ…
へー みぎわさんは花輪クンの車に…
乗せてもらえなかったのか 残念だったね
いちいちうるさいわねっ
フラリ
ギュッ
ウフ… 怒られちゃった…
……

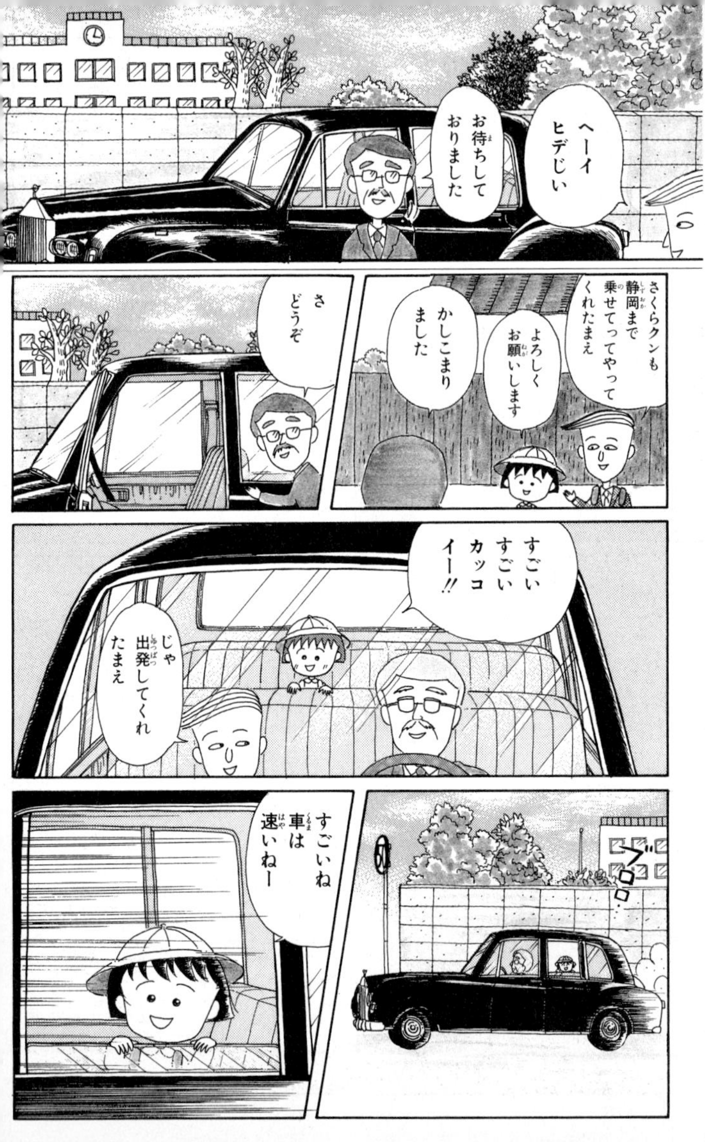
ヘーイ
ヒデじい
お待ちして
おりました
さくらクンも
静岡まで
乗せてってやって
くれたまえ
よろしく
お願いします
かしこまり
ました
さ
どうぞ
すごい
すごい
カッコ
イー!!
じゃ
出発してくれ
たまえ
ブロロ…
すごいね
車は
速いねー

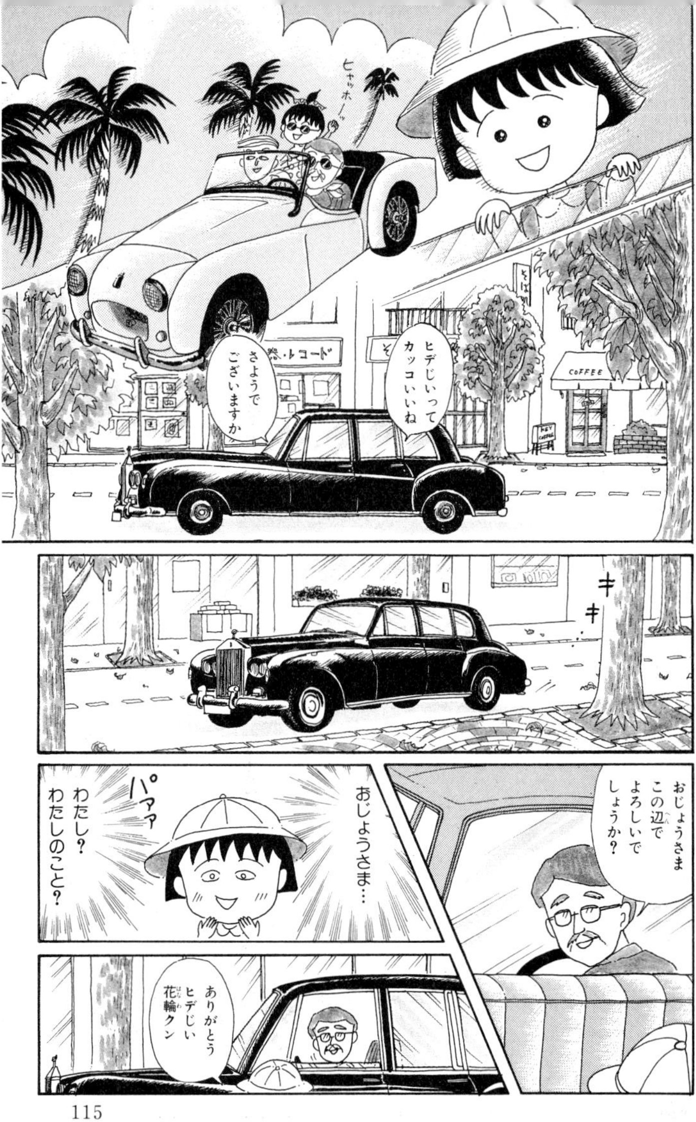
ヒャッホー
ヒデじいって
カッコいいね
さようで
ございますか
キ
キ
おじょうさま
この辺で
よろしいで
しょうか?
おじょうさま…
パァァ
わたし?
わたしのこと?
ありがとう
ヒデじい
花輪クン

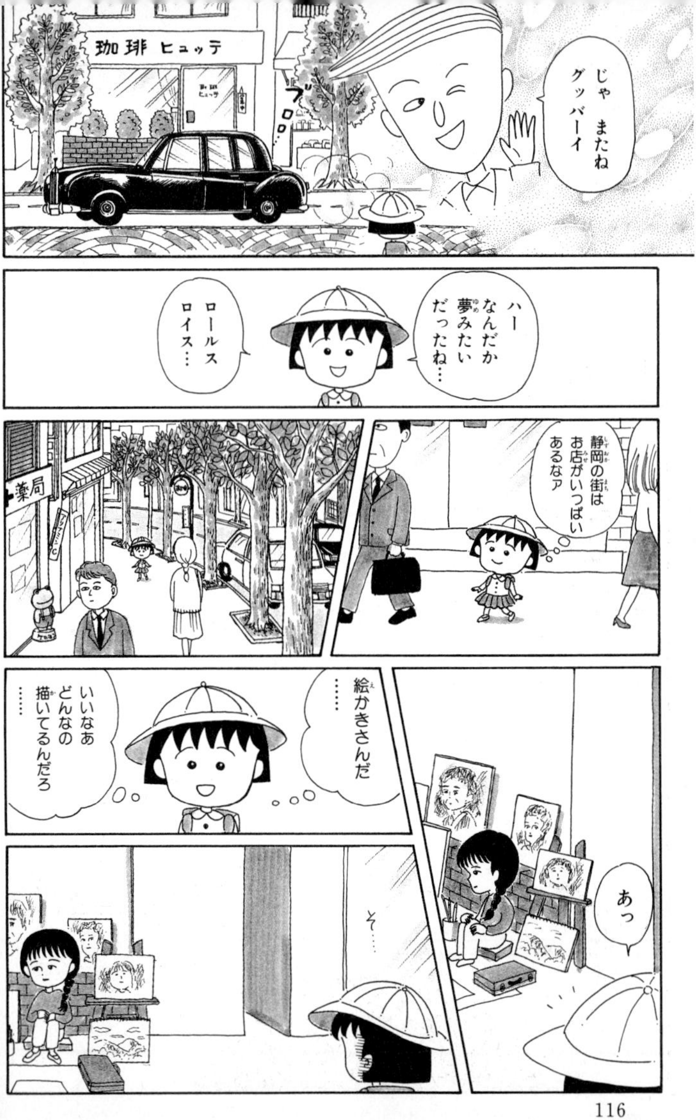
珈琲 ヒュッテ
じゃ またね
グッバーイ
ブロロ…
ハー
なんだか
夢みたい
だったね…
ロールス
ロイス…
薬局
静岡の街は
お店がいっぱい
あるなァ
絵かきさんだ
……
いいなあ
どんなの
描いてるんだろ
……
あっ
そ…

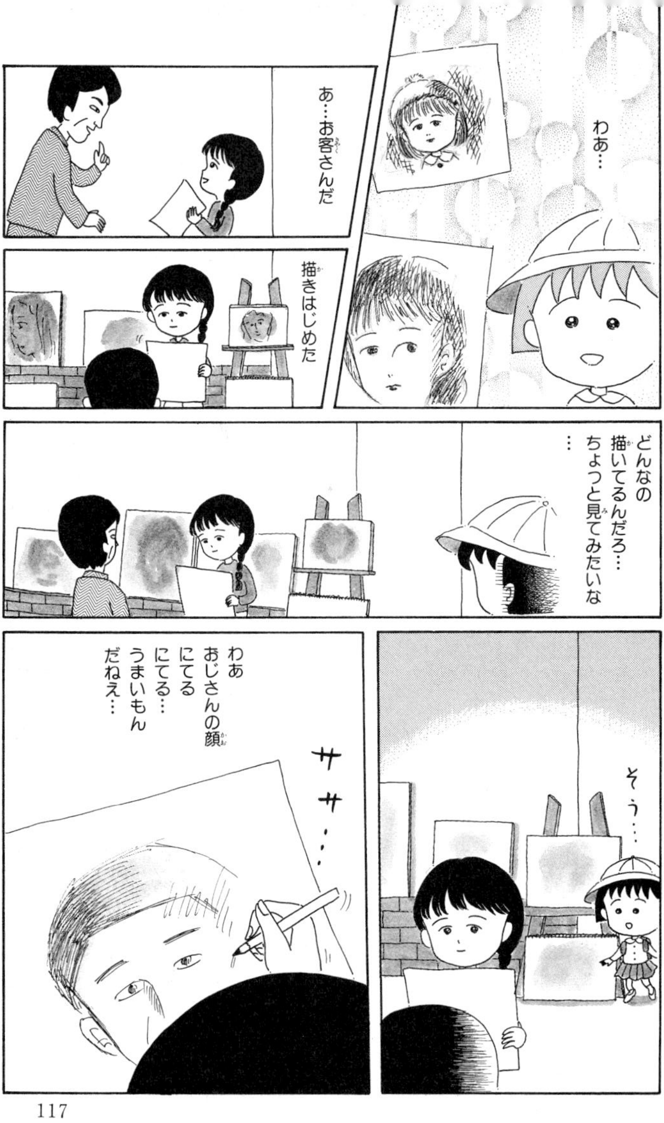
わあ…
あ…お客さんだ
描きはじめた
どんなの描いてるんだろ…ちょっと見てみたいな…
そう…
わあ
おじさんの顔
にてる
うまいもん
だねえ…
ササ…

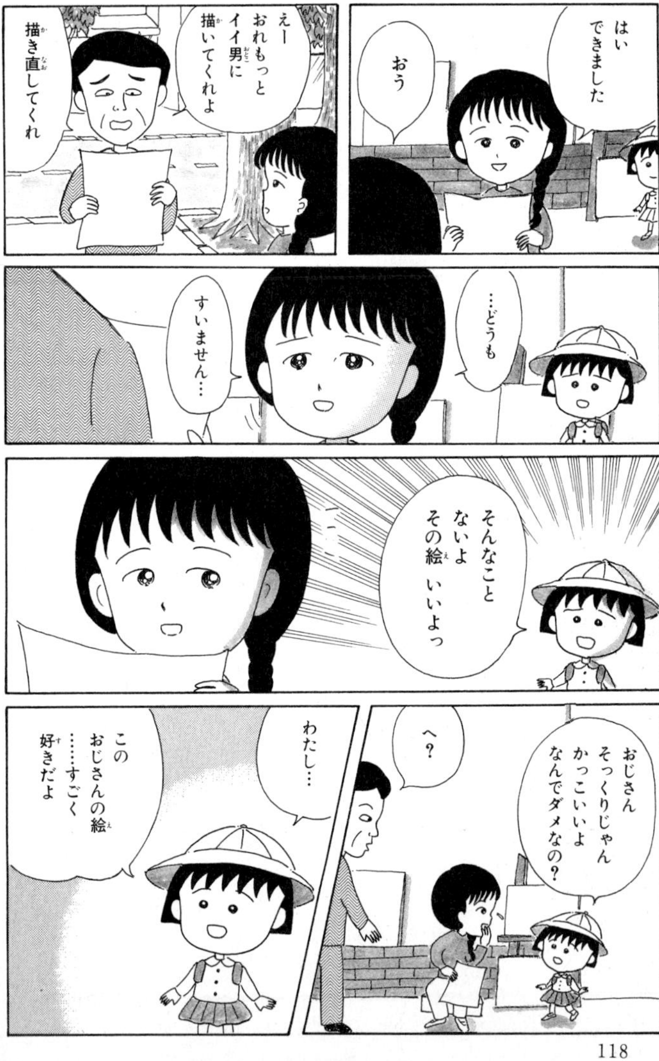
はい
できました
おう
えー
おれもっと
イイ男に
描いてくれよ
描き直してくれ
…どうも
すいません…
そんなこと
ないよ
その絵 いいよっ
おじさん
そっくりじゃん
かっこいいよ
なんでダメなの？
へ？
わたし…
この
おじさんの絵
……すごく
好きだよ

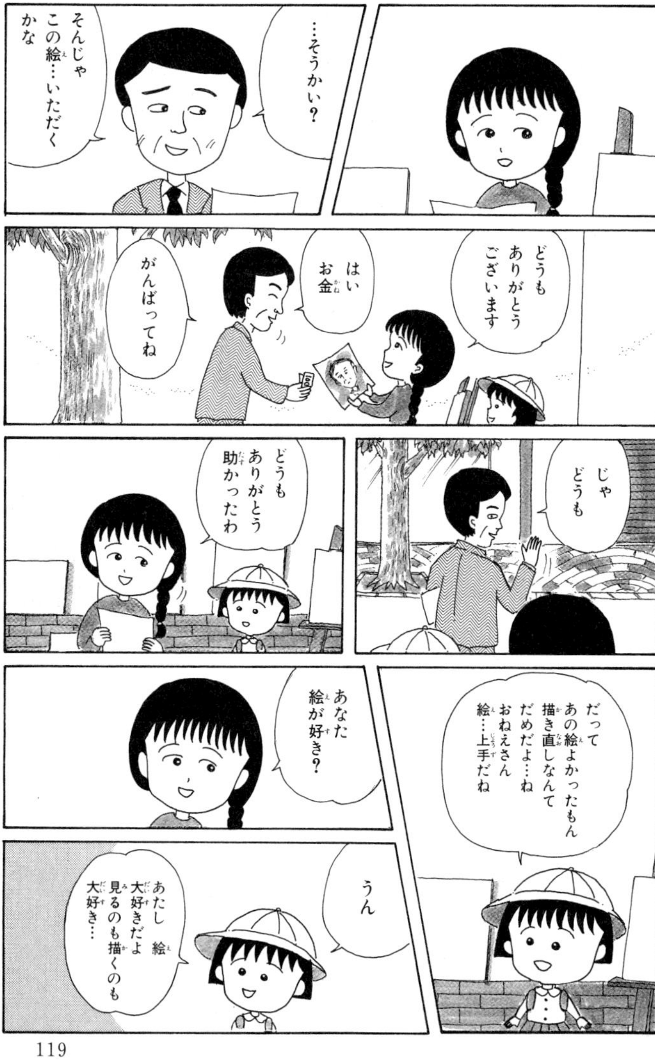
…そうかい？
そんじゃ この絵…いただく かな
どうも ありがとう ございます
はい お金
がんばってね
じゃ どうも
どうも ありがとう 助かったわ
だって あの絵よかったもん 描き直しなんて だめだよ…ね おねえさん 絵…上手だね
あなた 絵が好き？
うん
あたし 絵 大好きだよ 見るのも描くのも 大好き…

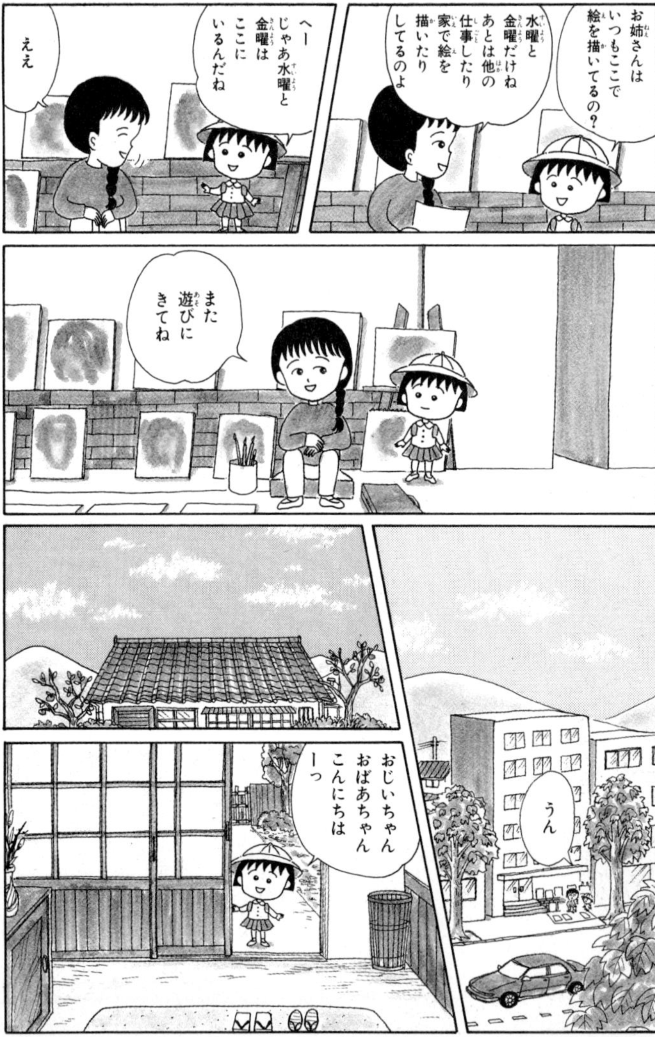
お姉さんはいつもここで絵を描いてるの？
水曜と金曜だけね あとは他の仕事したり家で絵を描いたりしてるのよ
へーじゃあ水曜と金曜はここにいるんだね
ええ
また遊びにきてね
うん
おじいちゃんおばあちゃんこんにちはーっ

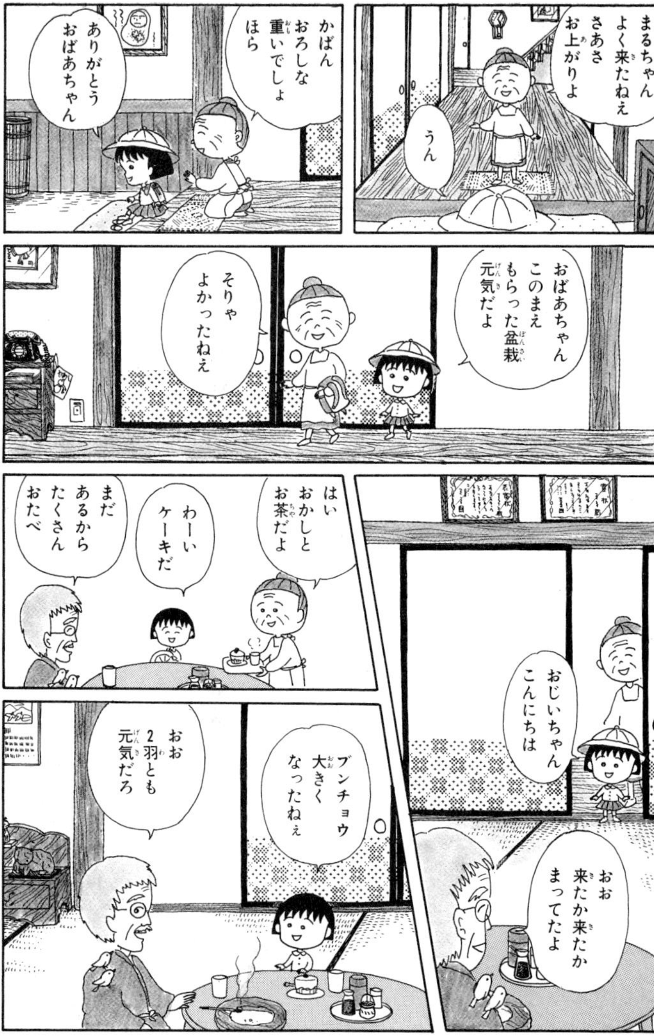
まるちゃん よく来たねえ さあさ お上がりよ
うん
かばん おろしな 重いでしょ ほら
ありがとう おばあちゃん
おばあちゃん このまえ もらった盆栽 元気だよ
そりゃ よかったねえ
おじいちゃん こんにちは
おお 来たか来たか まってたよ
はい おかしと お茶だよ
わーい ケーキだ
まだ あるから たくさん おたべ
ブンチョウ 大きく なったねぇ
おお 2羽とも 元気だろ

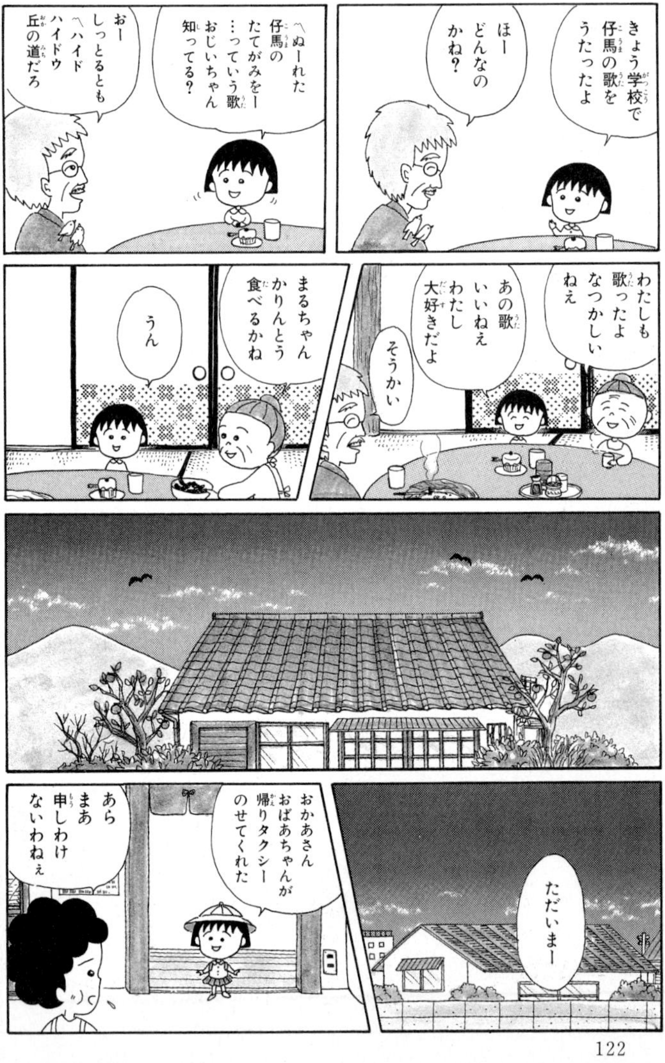
きょう学校で仔馬の歌をうたったよ
ほーどんなのかね？
〽ぬーれた仔馬のたてがみをー…っていう歌おじいちゃん知ってる？
おーしっとるとも〽ハイドハイドウ丘の道だろ
わたしも歌ったよなつかしいねえ
あの歌いいねえわたし大好きだよ
そうかい
まるちゃんかりんとう食べるかね
うん
ただいまー
おかあさんおばあちゃんが帰りタクシーのせてくれた
あらまあ申しわけないわねぇ

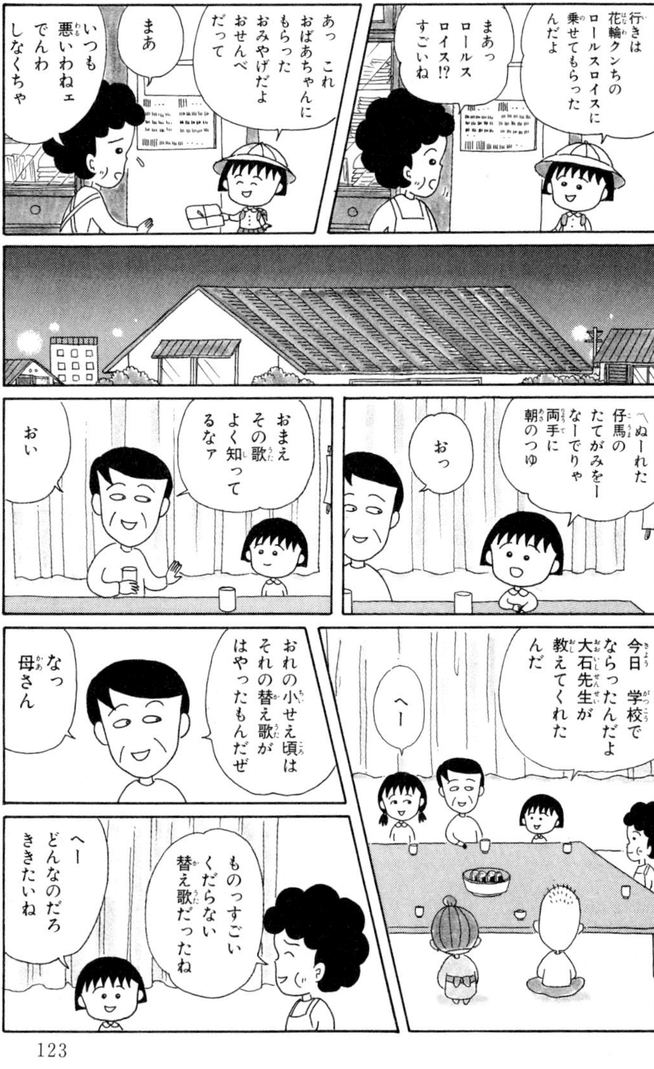
行きは
花輪クンちの
ロールスロイスに
乗せてもらった
んだよ
まあっ
ロールス
ロイス!?
すごいね
あっ　これ
おばあちゃんに
もらった
おみやげだよ
おせんべ
だって
まあ
いつも
悪いわねェ
でんわ
しなくちゃ
〽ぬーれた
仔馬の
たてがみをー
なーでりゃ
両手に
朝のつゆ
おっ
おまえ
その歌
よく知って
るなァ
おい
今日　学校で
ならったんだよ
大石先生が
教えてくれた
んだ
へー
おれの小せえ頃は
それの替え歌が
はやったもんだぜ
なっ
母さん
ものっすごい
くだらない
替え歌だったね
へー
どんなのだろ
ききたいね

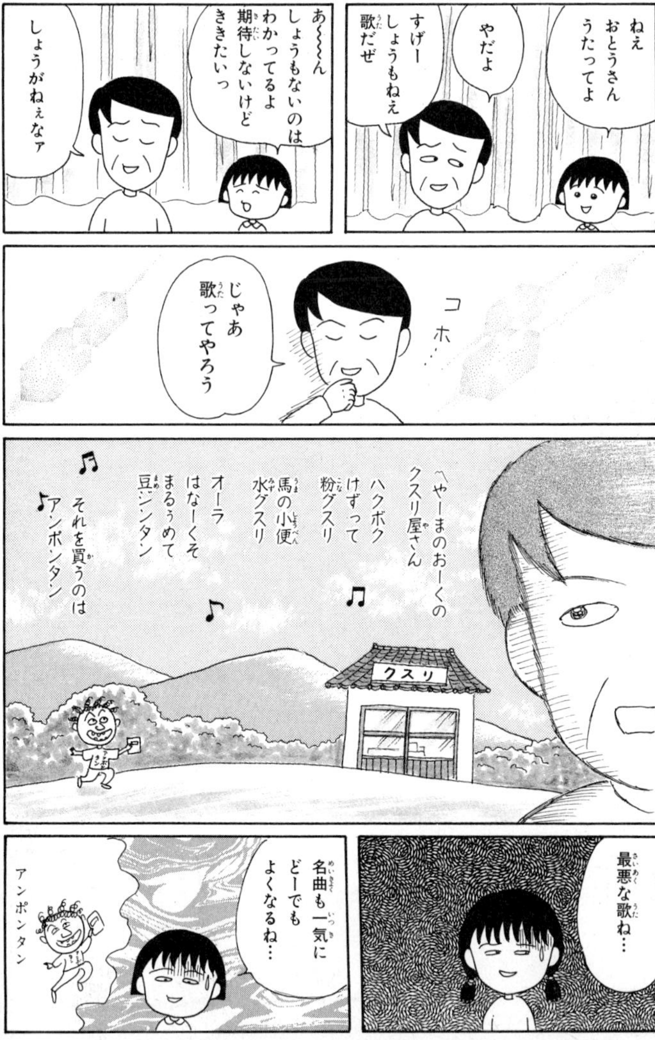
ねえ
おとうさん
うたってよ
やだよ
すげー
しょうもねえ
歌だぜ
あ〜〜〜ん
しょうもないのは
わかってるよ
期待しないけど
ききたいっ
しょうがねぇなァ
じゃあ
歌ってやろう
コホ…
〜やーまのおーくの
クスリ屋さん
ハクボク
けずって
粉グスリ
馬の小便
水グスリ
オーラ
はなーくそ
まるうめて
豆ジンタン
それを買うのは
アンポンタン
クスリ
最悪な歌ね…
名曲も一気に
どーでも
よくなるね…
アンポンタン

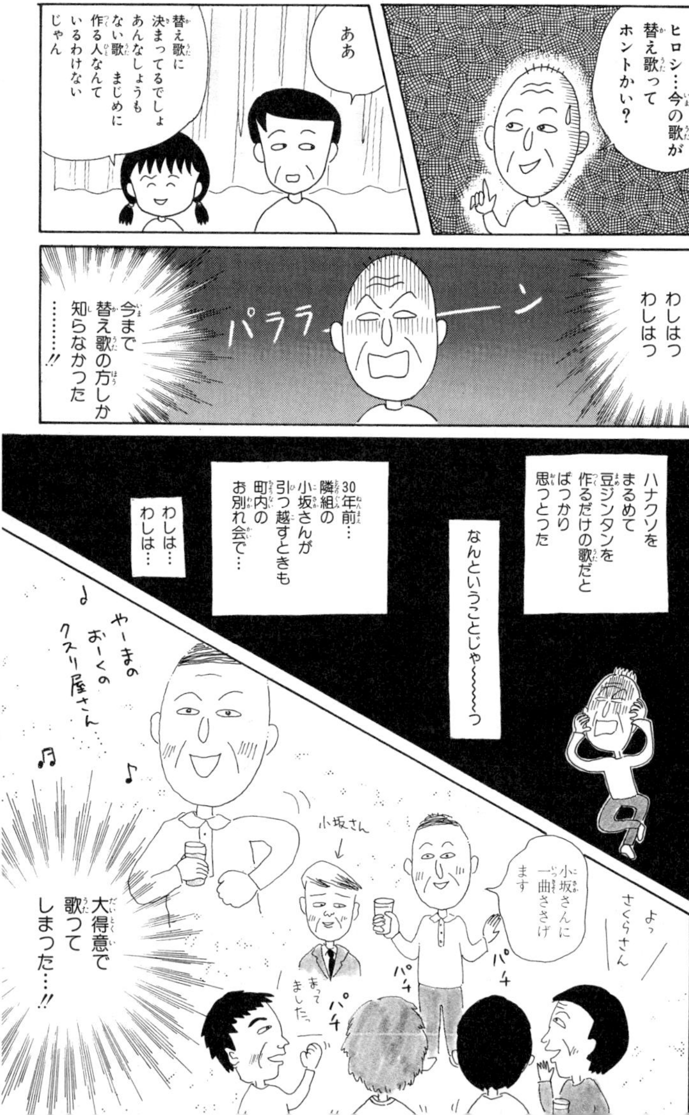

ヒロシ…今の歌が替え歌ってホントかい？
ああ
替え歌に決まってるでしょ　あんなしょうもない歌　まじめに作る人なんているわけないじゃん
わしはっ　わしはっ
パララーーン
今まで替え歌の方しか知らなかった………!!
ハナクソをまるめて豆ジンタンを作るだけの歌だとばっかり思っとった
なんということじゃ〜〜〜っ
30年前…隣組の小坂さんが引っ越すときも町内のお別れ会で…
わしは…わしは…
やーまのおーくのクスリ屋さん……
小坂さん
小坂さんに一曲ささげます
よっさくらさん
パチ
パチ
パチ
まってましたっ
大得意で歌ってしまった…!!

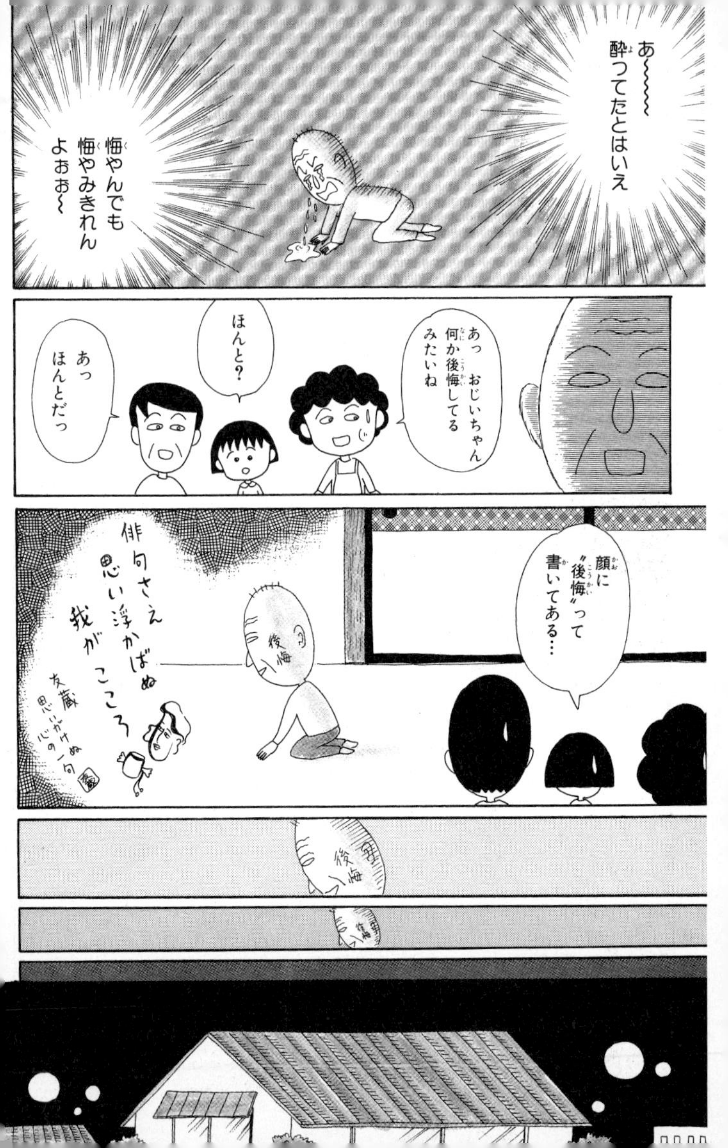
あ〜〜〜〜
酔ってたとはいえ
悔やんでも悔やみきれんよぉお〜
あっ おじいちゃん何か後悔してるみたいね
ほんと？
あっ ほんとだっ
顔に“後悔”って書いてある…
俳句さえ 思い浮かばぬ 我が こころ
友蔵 思いがけぬ心の一句
後悔
後悔
後悔

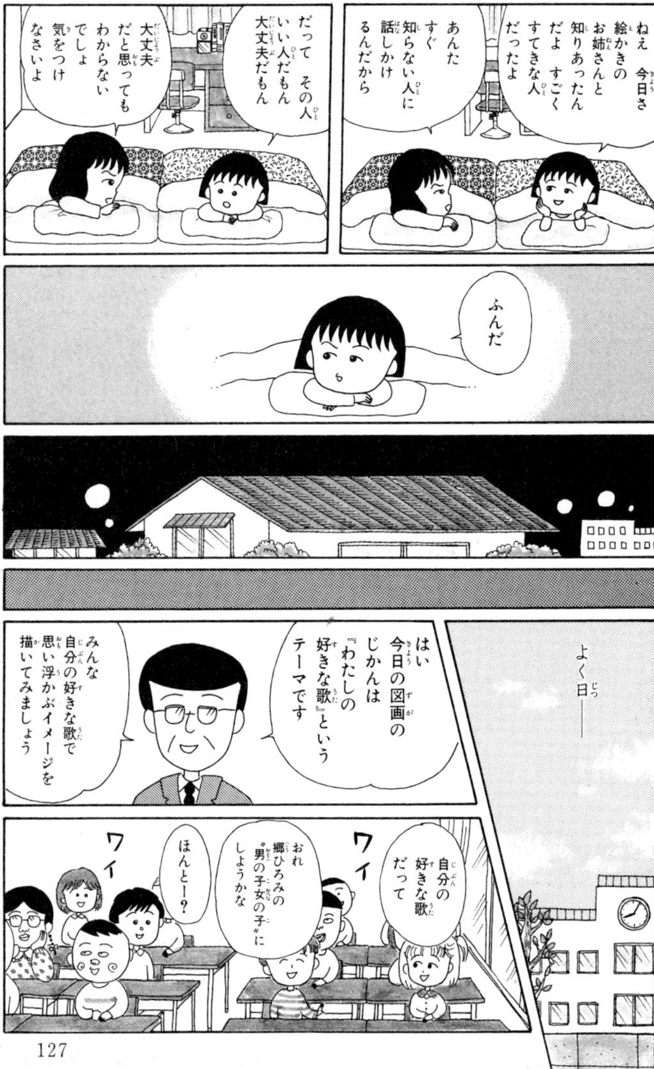
ねえ 今日さ 絵かきの お姉さんと 知りあったんだよ すごく すてきな人 だったよ
あんた すぐ 知らない人に 話しかけるんだから
だって その人 いい人だもん 大丈夫だもん
大丈夫 だと思っても わからない でしょ 気をつけ なさいよ
ふんだ
よく日――
はい 今日の図画の じかんは 『わたしの 好きな歌』という テーマです
みんな 自分の好きな歌で 思い浮かぶイメージを 描いてみましょう
自分の 好きな歌 だって
ワイ
おれ 郷ひろみの "男の子女の子"に しようかな
ほんとー?
ワイ

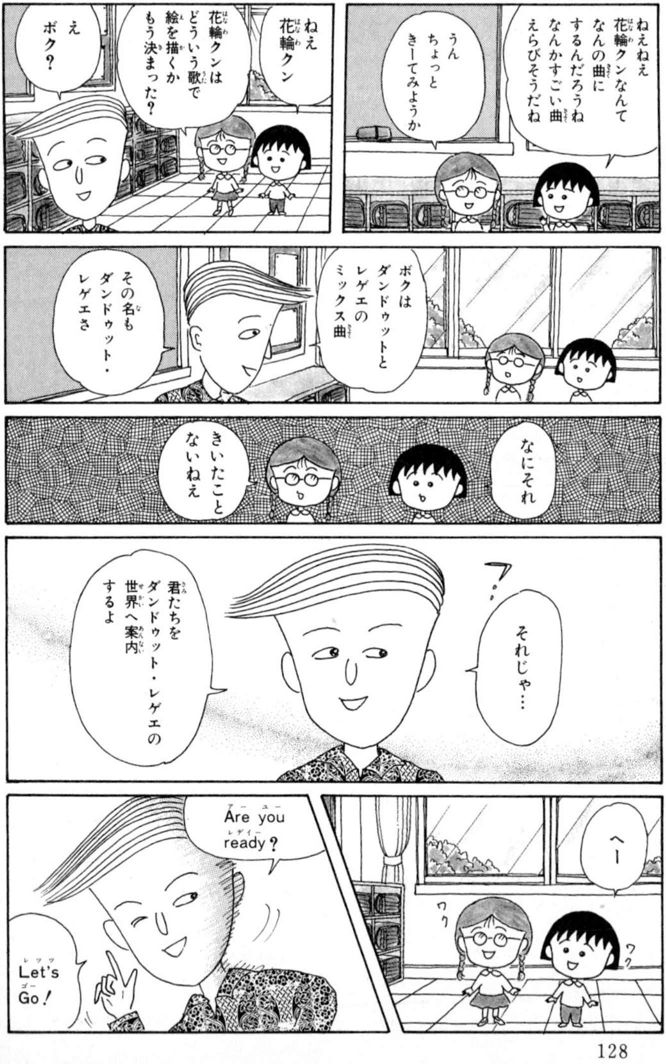
ねえねえ
花輪クンなんて
なんの曲に
するんだろうね
なんかすごい曲
えらびそうだね
うん
ちょっと
きーてみようか
ねえ
花輪クン
花輪クンは
どういう歌で
絵を描くか
もう決まった？
え
ボク？
ボクは
ダンドゥットと
レゲエの
ミックス曲
その名も
ダンドゥット・
レゲエさ
なにそれ
きいたこと
ないねえ
それじゃ…
君たちを
ダンドゥット・レゲエの
世界へ案内
するよ
へー
ワク
ワク
Are you
ready？
Let's
Go！

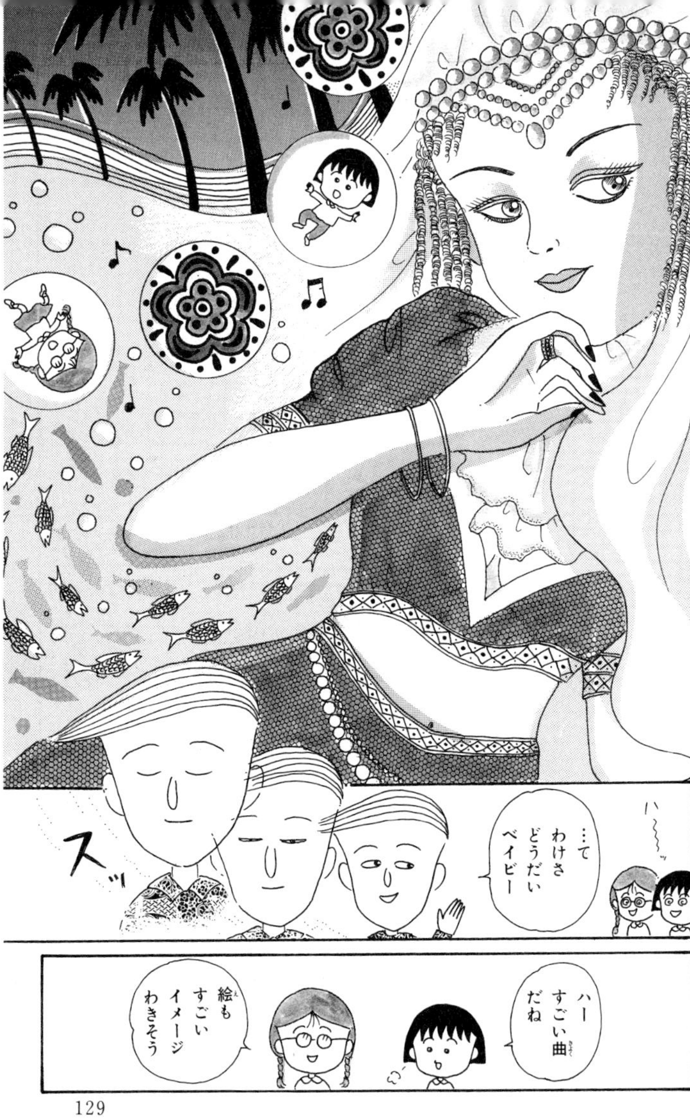
…てわけさ
どうだい
ベイビー
スッ
ハ〜〜〜ッ
ハー
すごい曲だね
絵もすごいイメージわきそう

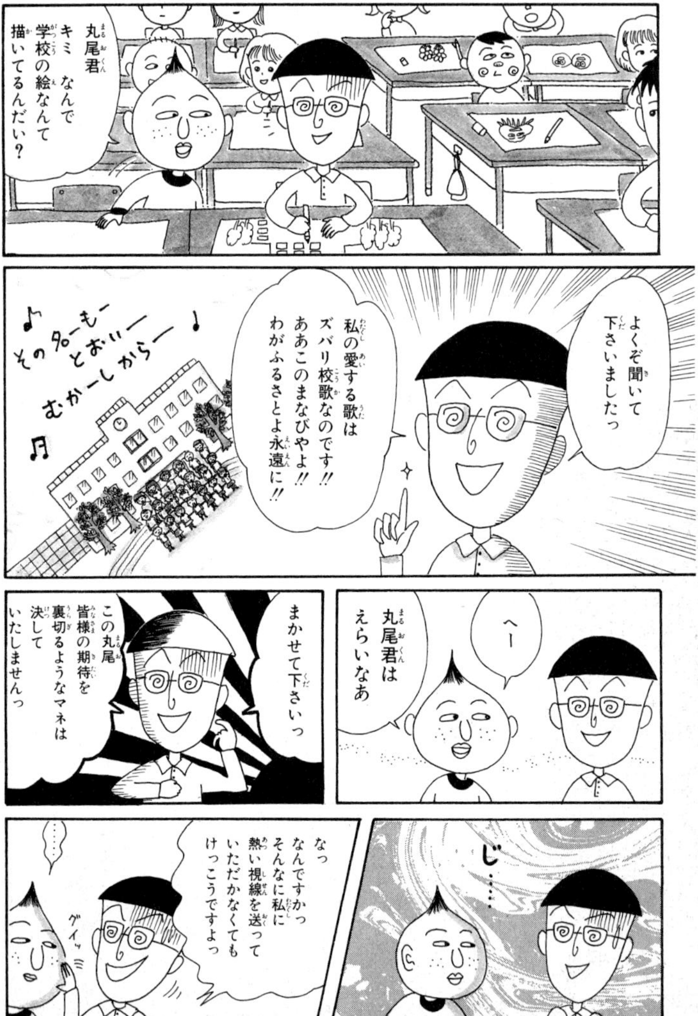
丸尾君
キミ　なんで
学校の絵なんて
描いてるんだい？
よくぞ聞いて
下さいましたっ
私の愛する歌は
ズバリ校歌なのです!!
ああこのまなびやよ!!
わがふるさとよ永遠に!!
その名ーもー
とおいー
むかーしからー
へー
丸尾君は
えらいなあ
まかせて下さいっ
この丸尾
皆様の期待を
裏切るようなマネは
決して
いたしませんっ
じ……
なっ
なんですかっ
そんなに私に
熱い視線を送って
いただかなくても
けっこうですよっ
グイッ
……

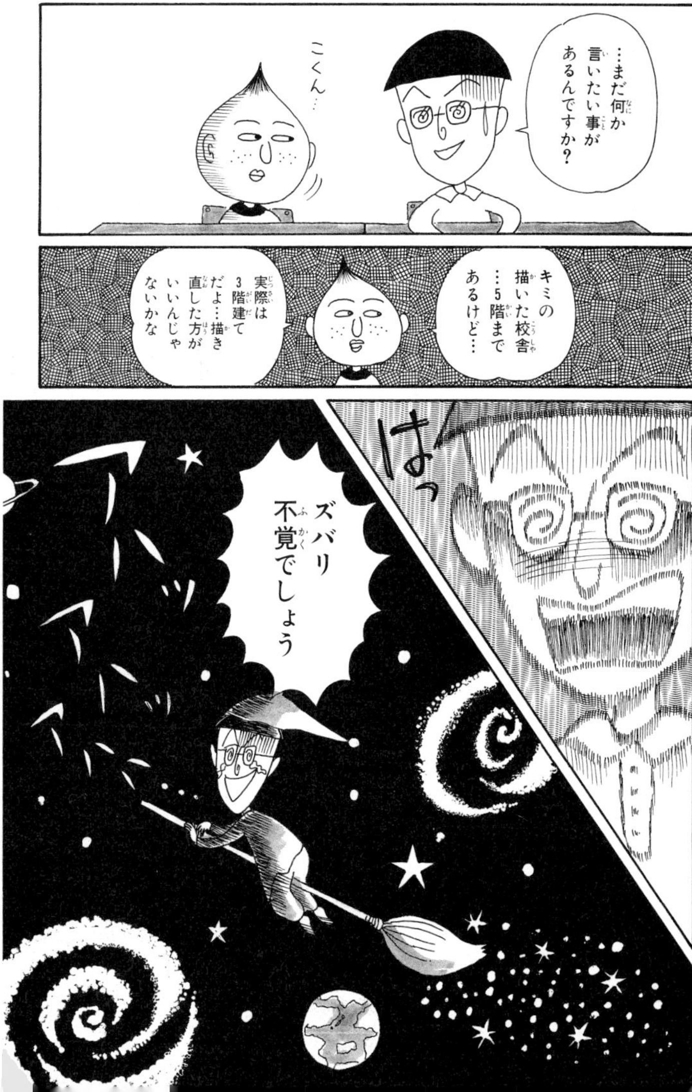
…まだ何か言いたい事があるんですか？
こくん…
キミの描いた校舎…5階まであるけど…
実際は3階建てだよ…描き直した方がいいんじゃないかな
はっ
ズバリ不覚でしょう

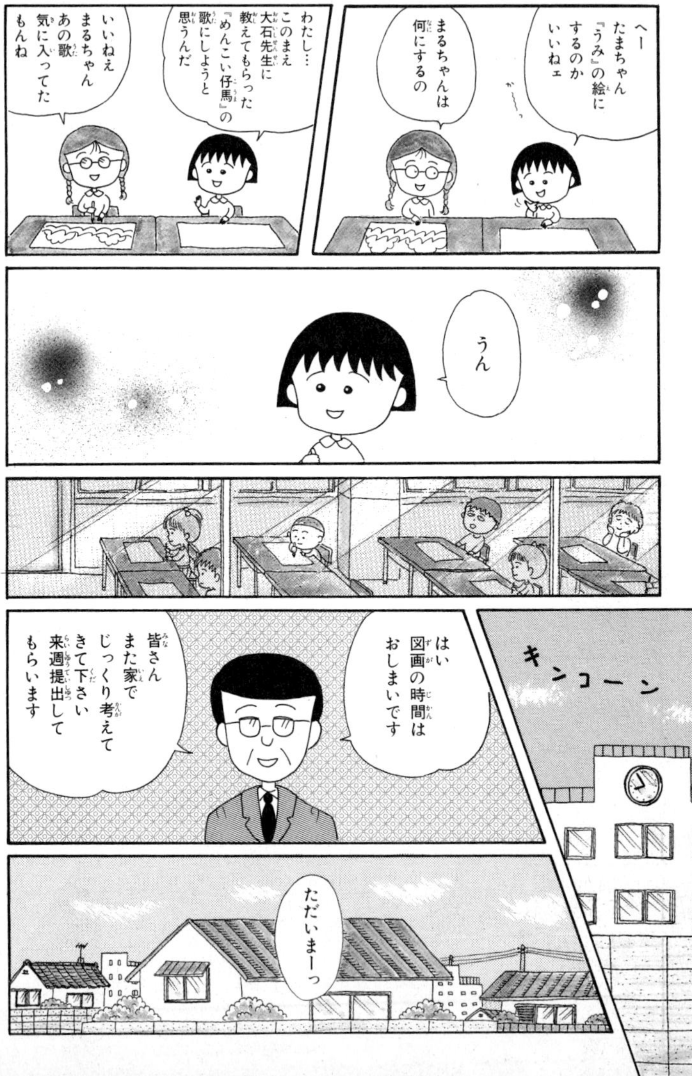
へー
たまちゃん
『うみ』の絵に
するのか
いいねェ
かー…っ
まるちゃんは
何にするの
わたし…
このまえ
大石先生に
教えてもらった
『めんこい仔馬』の
歌にしようと
思うんだ
いいねえ
まるちゃん
あの歌
気に入ってた
もんね
うん
キンコーン
はい
図画の時間は
おしまいです
皆さん
また家で
じっくり考えて
きて下さい
来週提出して
もらいます
ただいまーっ

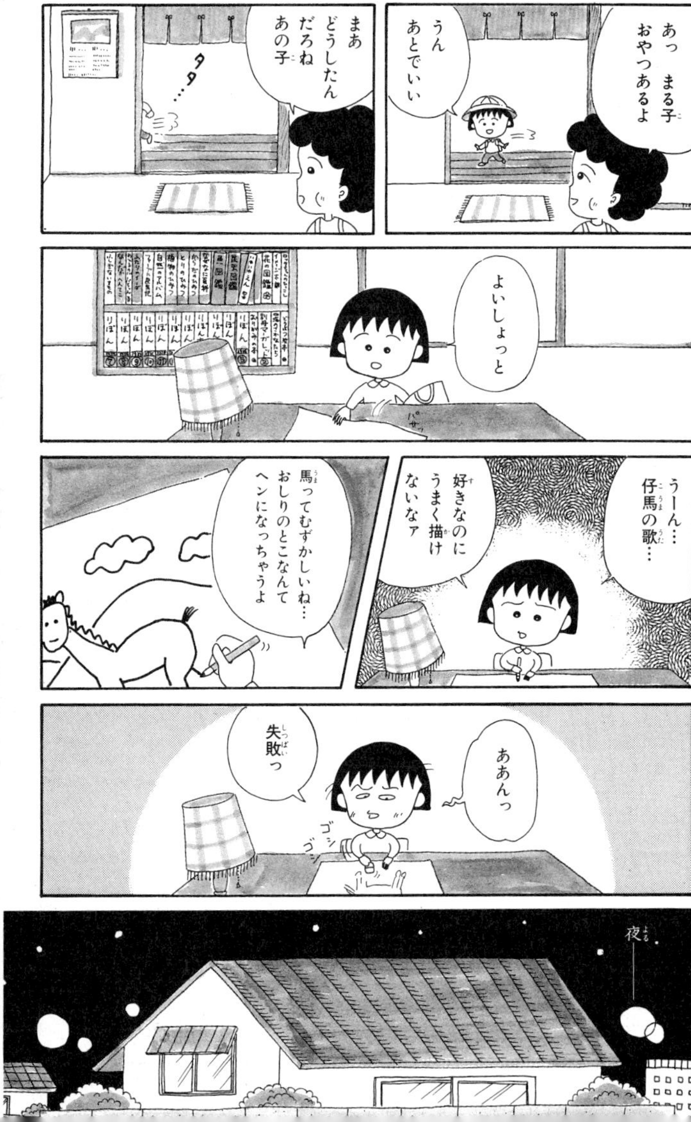
あっ まる子 おやつあるよ
うん あとでいい
まあ どうしたん だろね あの子
タタ…
よいしょっと
パサッ
うーん… 仔馬の歌…
好きなのに うまく描けないなァ
馬ってむずかしいね… おしりのとこなんて ヘンになっちゃうよ
ああんっ
失敗っ
ゴシ ゴシ
夜——

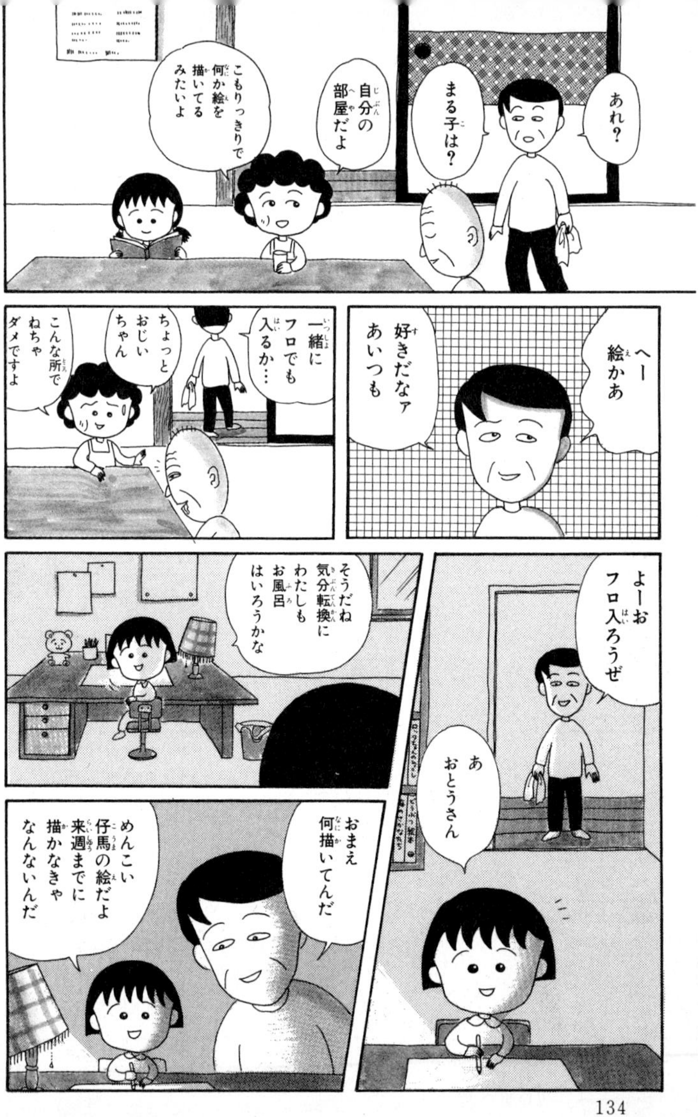

あれ？
まる子は？
自分の部屋だよ
こもりっきりで何か絵を描いてるみたいよ
へー絵かあ
好きだなァあいつも
一緒にフロでも入るか…
ちょっとおじいちゃん
こんな所でねちゃダメですよ
よーおフロ入ろうぜ
あおとうさん
そうだね気分転換にわたしもお風呂はいろうかな
おまえ何描いてんだ
めんこい仔馬の絵だよ来週までに描かなきゃなんないんだ

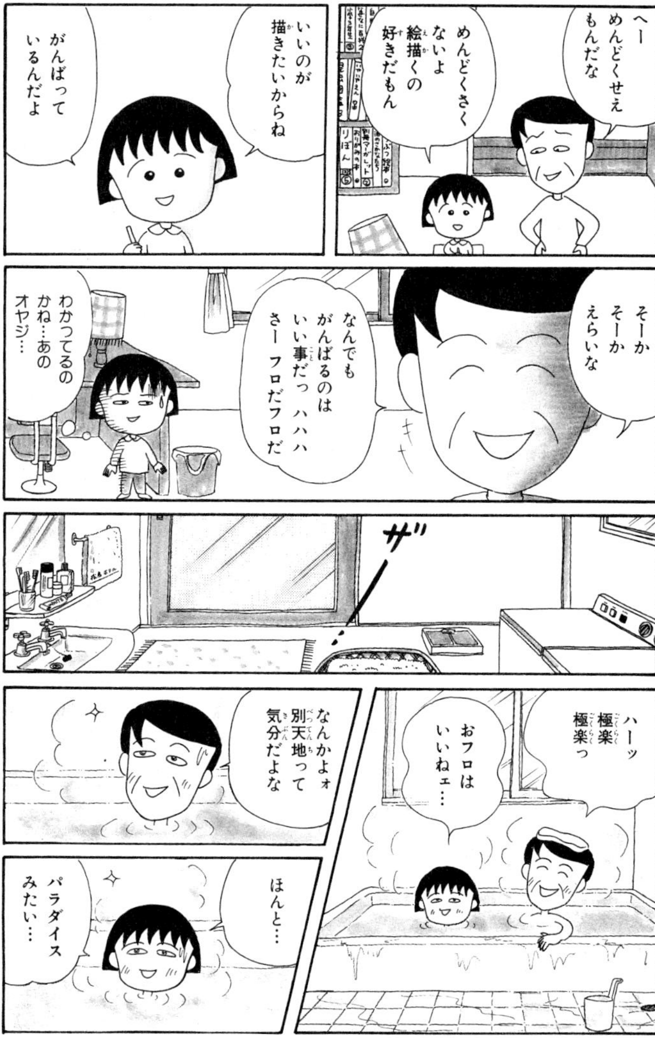
へー
めんどくせえもんだな
めんどくさくないよ
絵描くの好きだもん
いいのが描きたいからね
がんばっているんだよ
そーかそーか
えらいな
なんでも
がんばるのは
いい事だっ　ハハハ
さー　フロだフロだ
わかってるのかね…あのオヤジ…
ザッ
ハーッ
極楽極楽っ
おフロはいいねェ…
なんかよォ
別天地って
気分だよな
ほんと…
パラダイスみたい…

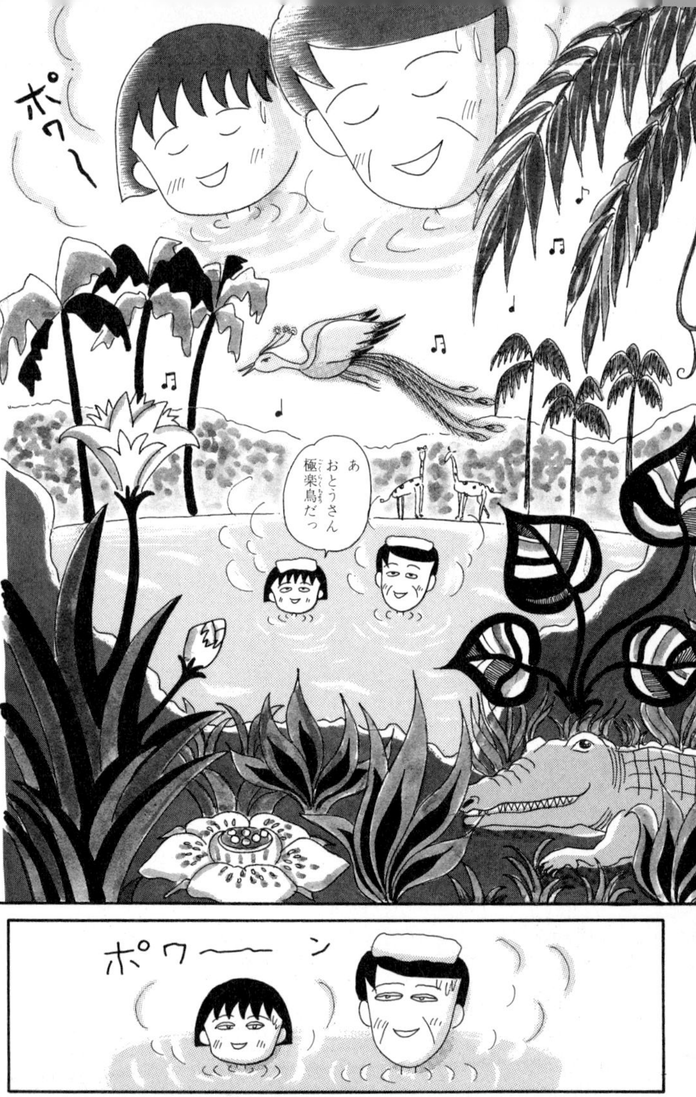
ポワ〜〜
あ　おとうさん　極楽鳥だっ
ポワーーン

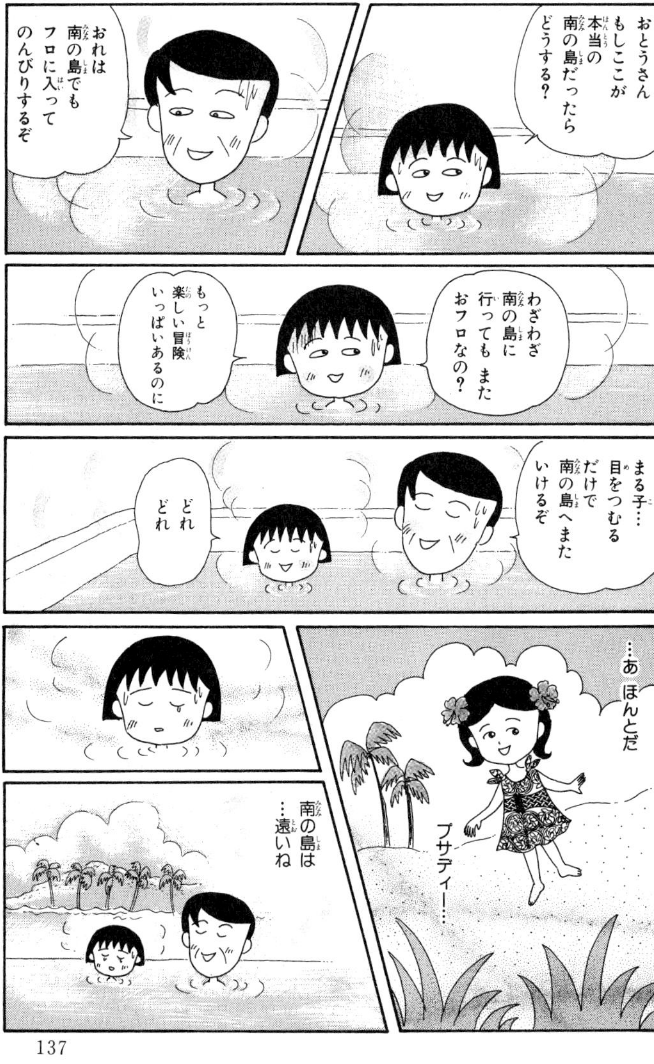
おとうさん もしここが 本当の 南の島だったら どうする?
おれは 南の島でも フロに入って のんびりするぞ
わざわざ 南の島に 行っても また おフロなの?
もっと 楽しい冒険 いっぱいあるのに
まる子… 目をつむる だけで 南の島へまた いけるぞ
どれ どれ
…あ ほんとだ
プサディー…
南の島は …遠いね

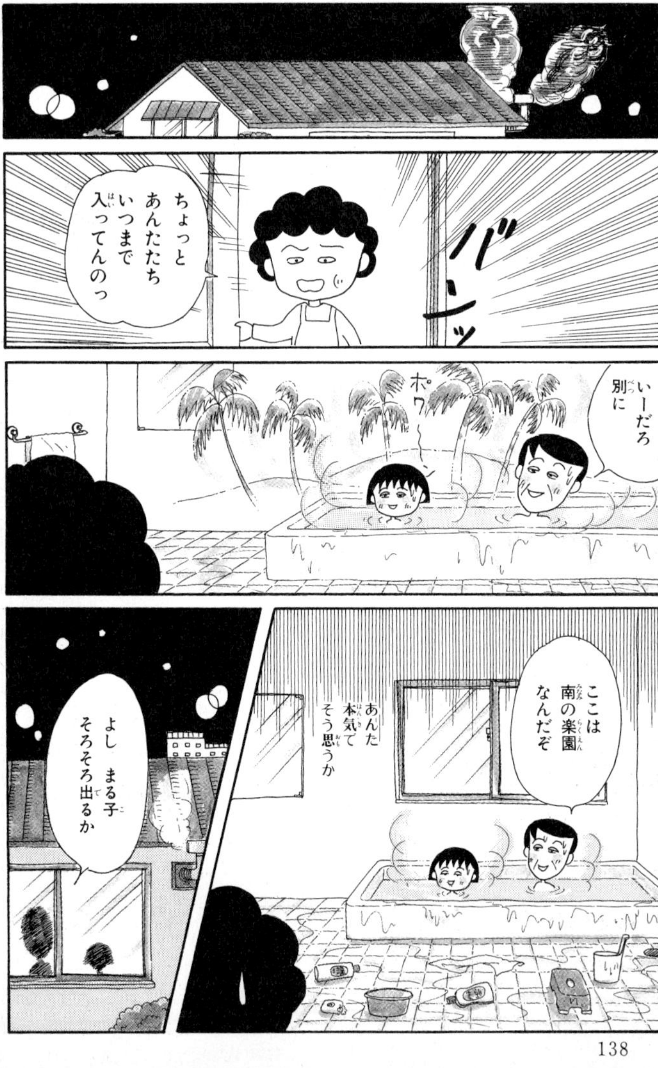

ちょっと
あんたたち
いつまで
入ってんのっ
バーンッ
別に
いーだろ
ポワ～
ここは
南の楽園
なんだぞ
あんた
本気で
そう思うか
よし まる子
そろそろ出るか

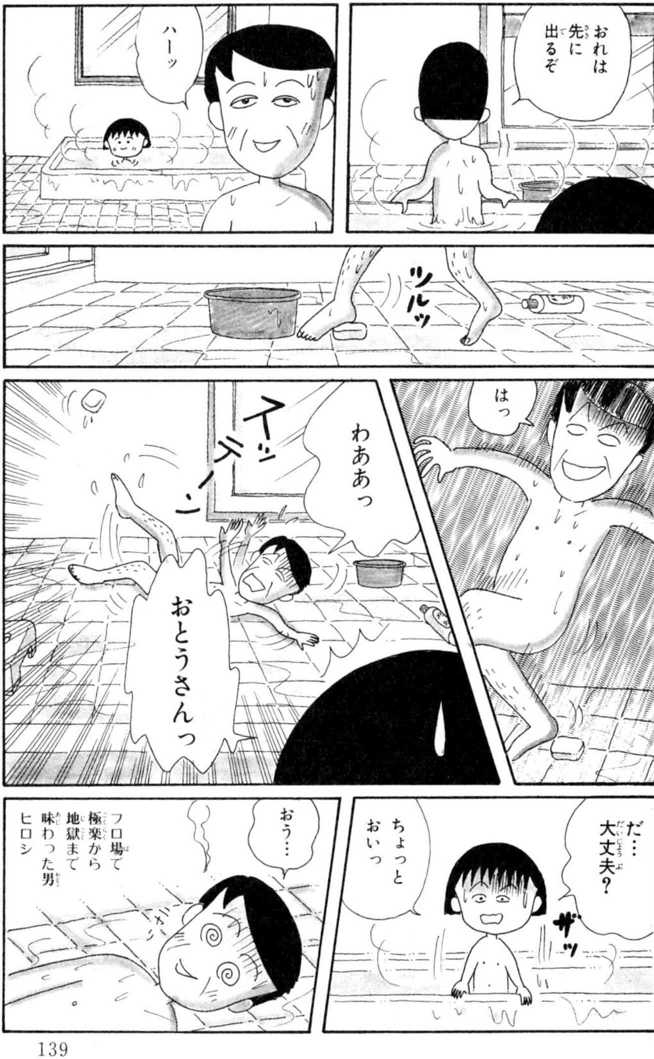
おれは先に出るぞ
ハーッ
ツルッ
はっ
わああっ
ステーンッ
おとうさんっ
だ…大丈夫？
ザッ
ちょっとおいっ
おう…
フロ場で極楽から地獄まで味わった男ヒロシ

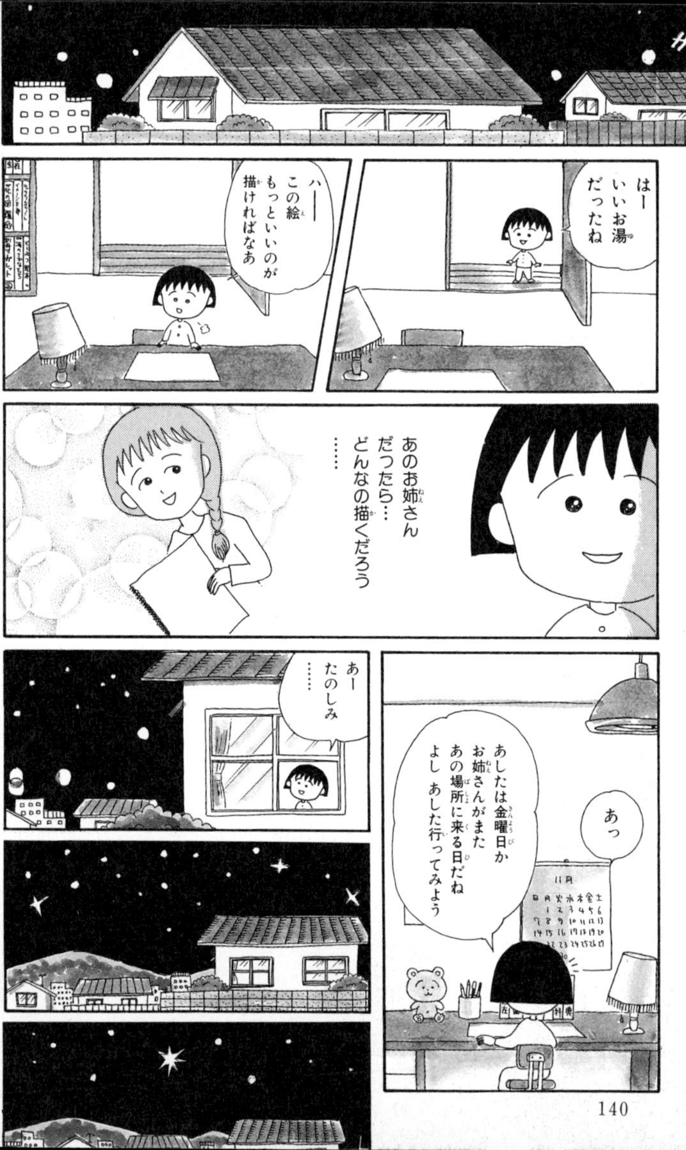
はー
いいお湯
だったね
ハーー
この絵
もっといいのが
描ければなあ
あのお姉さん
だったら…
どんなの描くだろう
……
あっ
あしたは金曜日か
お姉さんがまた
あの場所に来る日だね
よし あした行ってみよう
あー
たのしみ
……

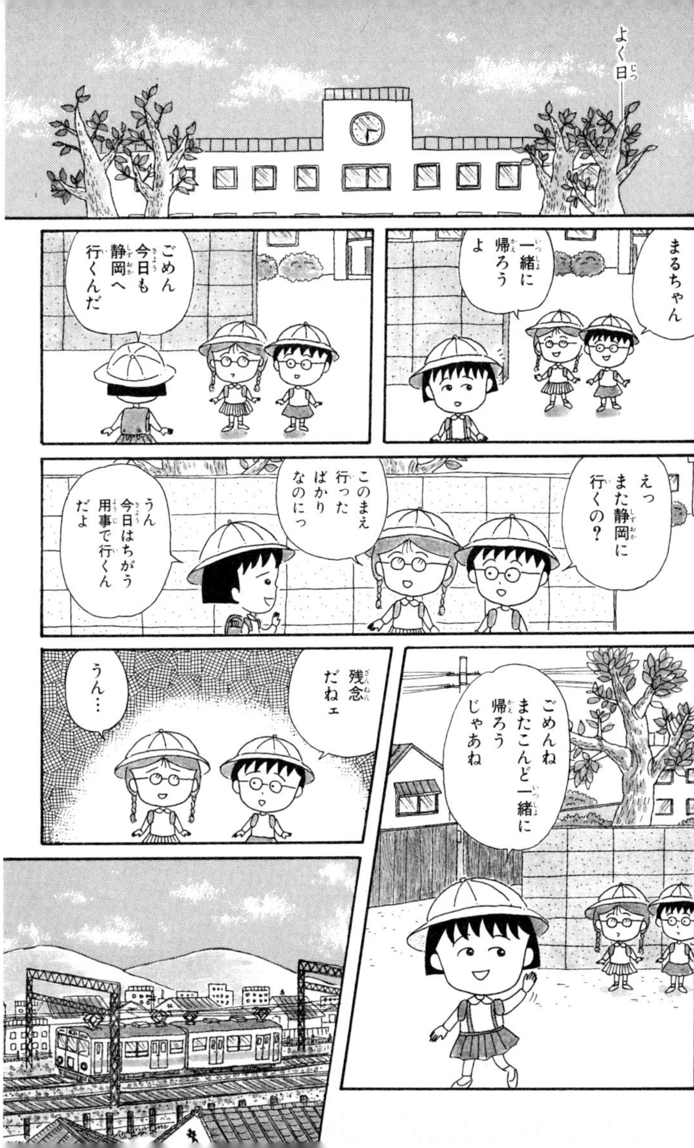
よく日
まるちゃん
一緒に帰ろうよ
ごめん 今日も静岡へ行くんだ
えっ また静岡に行くの？
このまえ行ったばかりなのにっ
うん 今日はちがう用事で行くんだよ
ごめんね またこんど一緒に帰ろう じゃあね
残念だねェ
うん…

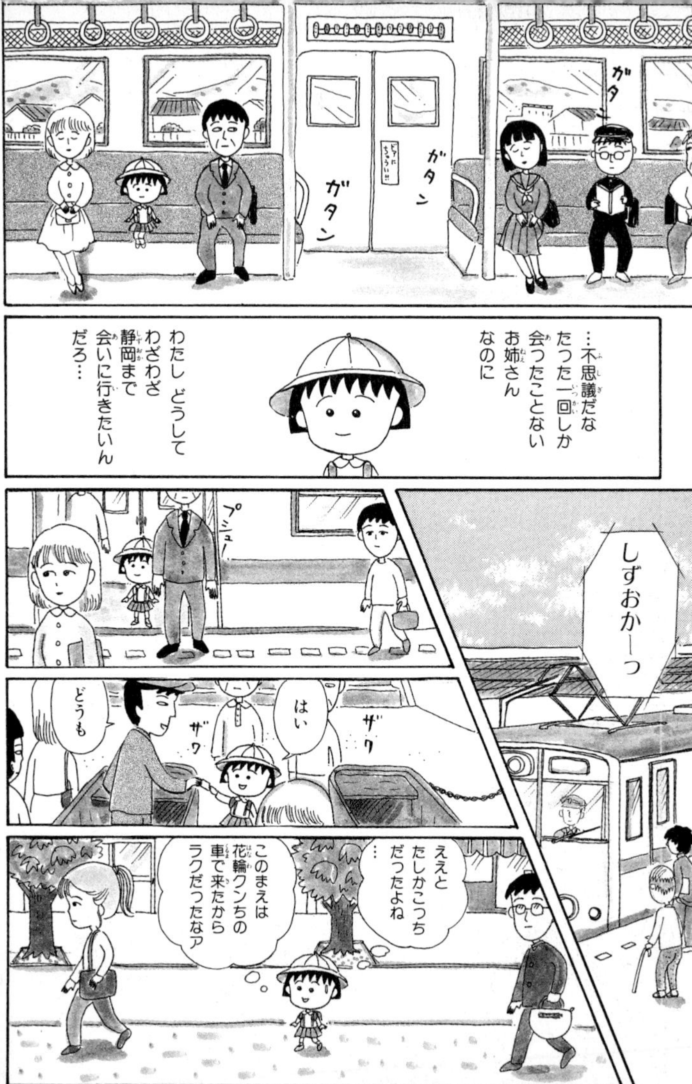
ガタ
ガタン
ドアにちゅうい!!
ガタン
…不思議だな
たった一回しか
会ったことない
お姉さん
なのに
わたし どうして
わざわざ
静岡まで
会いに行きたいん
だろ…
しずおかーっ
プシュー
ザワ
ザワ
はい
どうも
ええと
たしかこっち
だったよね
…
このまえは
花輪クンちの
車で来たから
ラクだったなア

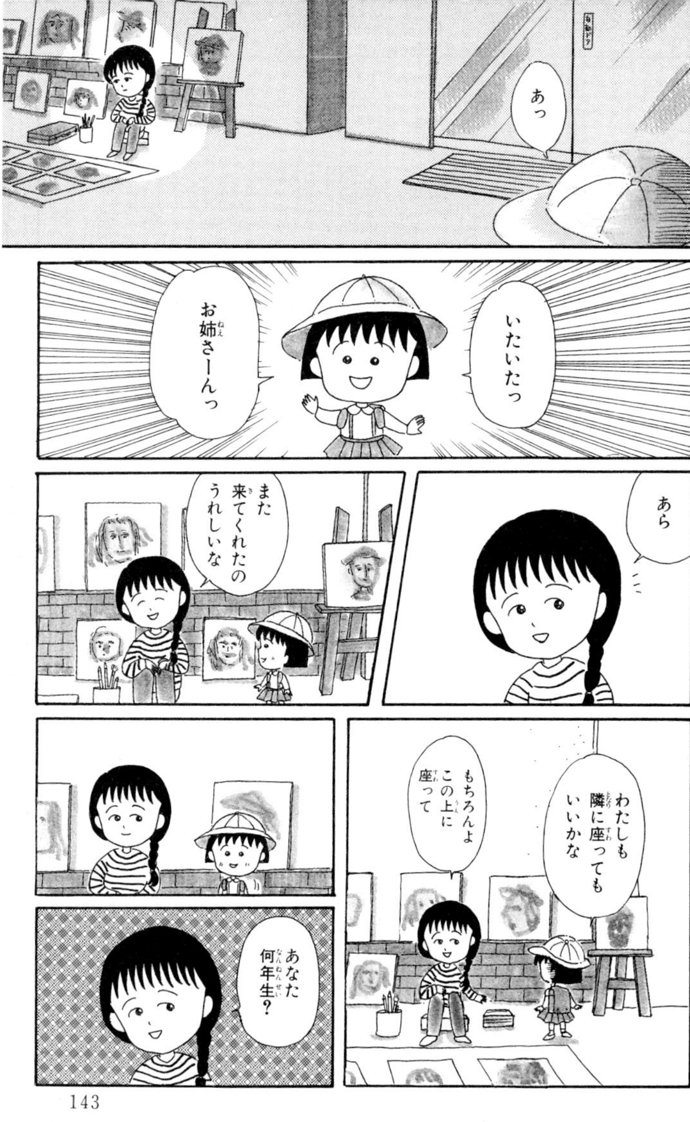
あっ
いたいたっ
お姉さーんっ
あら
また来てくれたのうれしいな
わたしも隣に座ってもいいかな
もちろんよこの上に座って
あなた何年生?

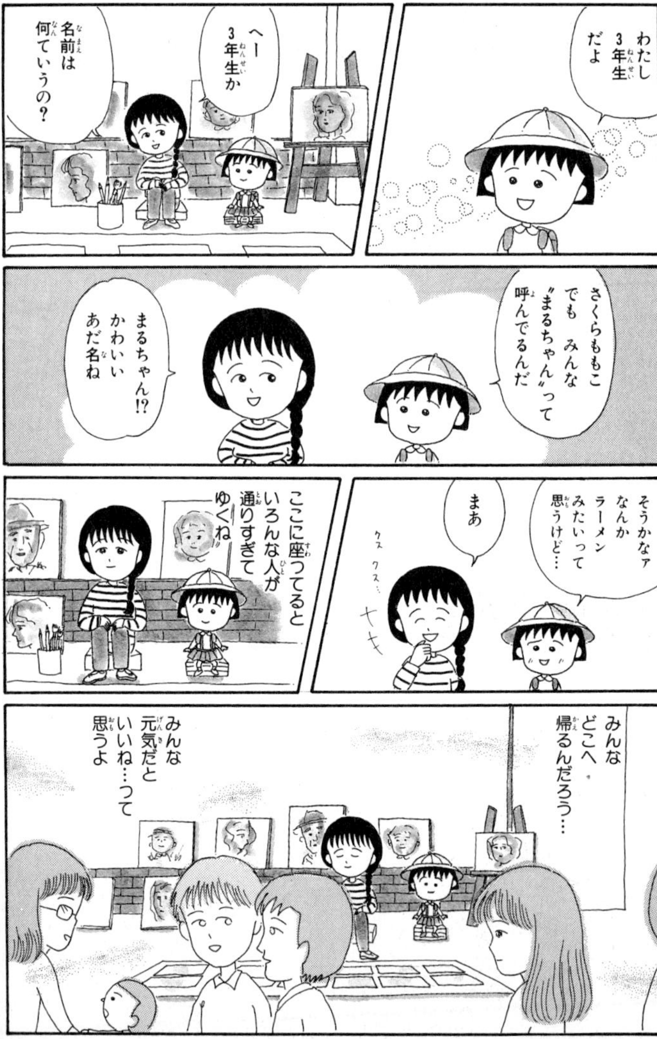
わたし3年生だよ
へー3年生か
名前は何ていうの？
さくらももこでもみんな〝まるちゃん〟って呼んでるんだ
まるちゃん!?かわいいあだ名ね
そうかなァなんかラーメンみたいって思うけど…
まあ
クスクス…
ここに座ってるといろんな人が通りすぎてゆくね
みんなどこへ帰るんだろう…
みんな元気だといいね…って思うよ

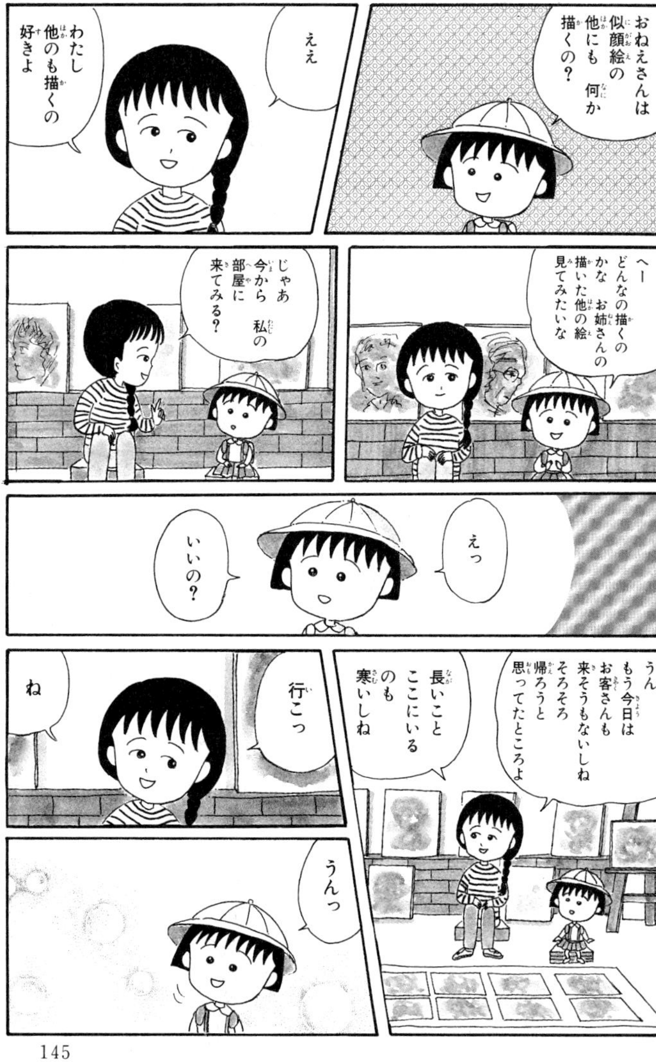
おねえさんは似顔絵の他にも　何か描くの？
ええ
わたし他のも描くの好きよ
へー　どんなの描くのかな　お姉さんの描いた他の絵見てみたいな
じゃあ　今から　私の部屋に来てみる？
えっ
いいの？
うん　もう今日はお客さんも来そうもないしね　そろそろ帰ろうと思ってたところよ
長いことここにいるのも寒いしね
行こっ
ね
うんっ

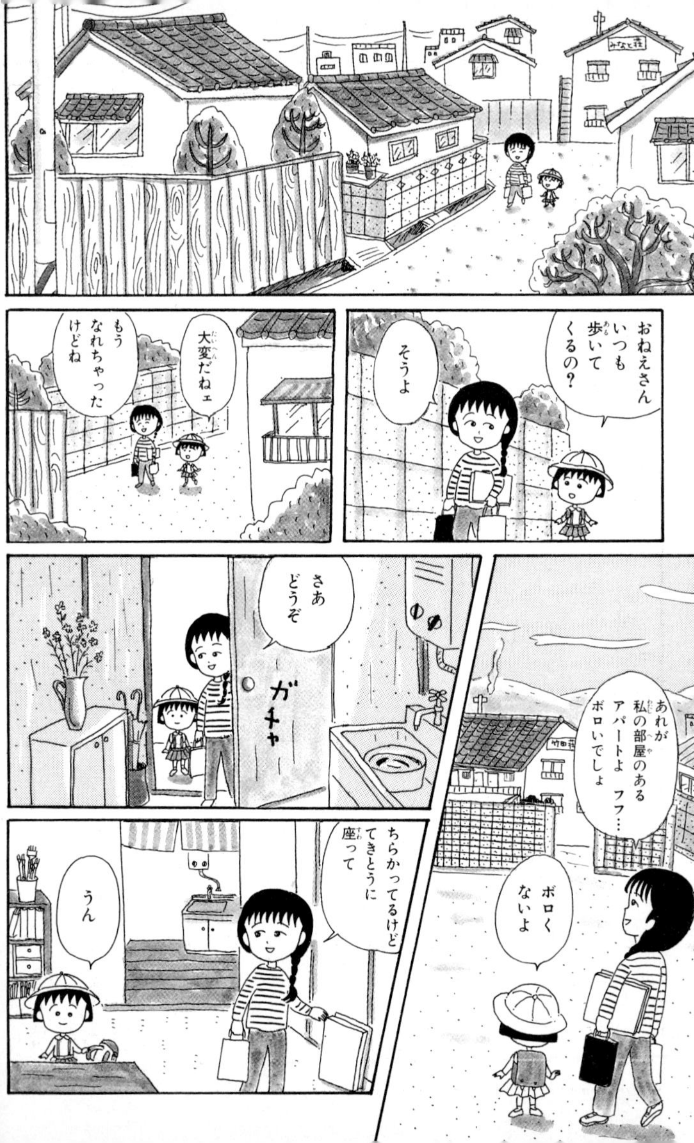
みなと荘
おねえさん いつも 歩いて くるの?
そうよ
大変だねェ
もう なれちゃった けどね
あれが 私の部屋のある アパートよ フフ…
竹田荘
ボロいでしょ
ボロく ないよ
さあ どうぞ
ガチャ
ちらかってるけど てきとうに 座って
うん

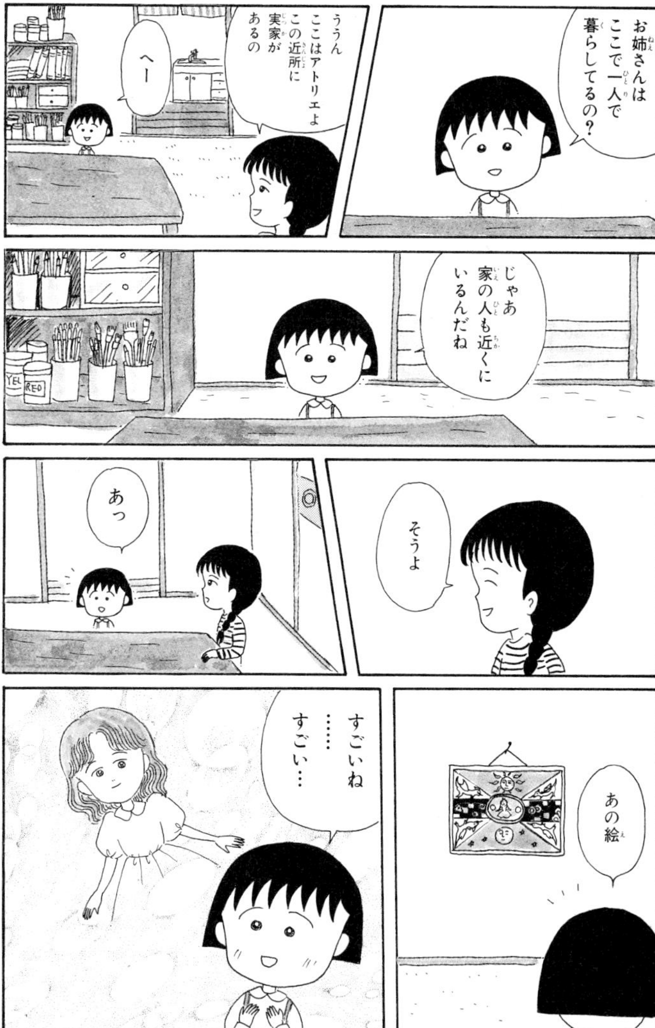
お姉さんはここで一人で暮らしてるの?
ううんここはアトリエよこの近所に実家があるの
へー
じゃあ家の人も近くにいるんだね
そうよ
あっ
あの絵
すごいね……すごい…

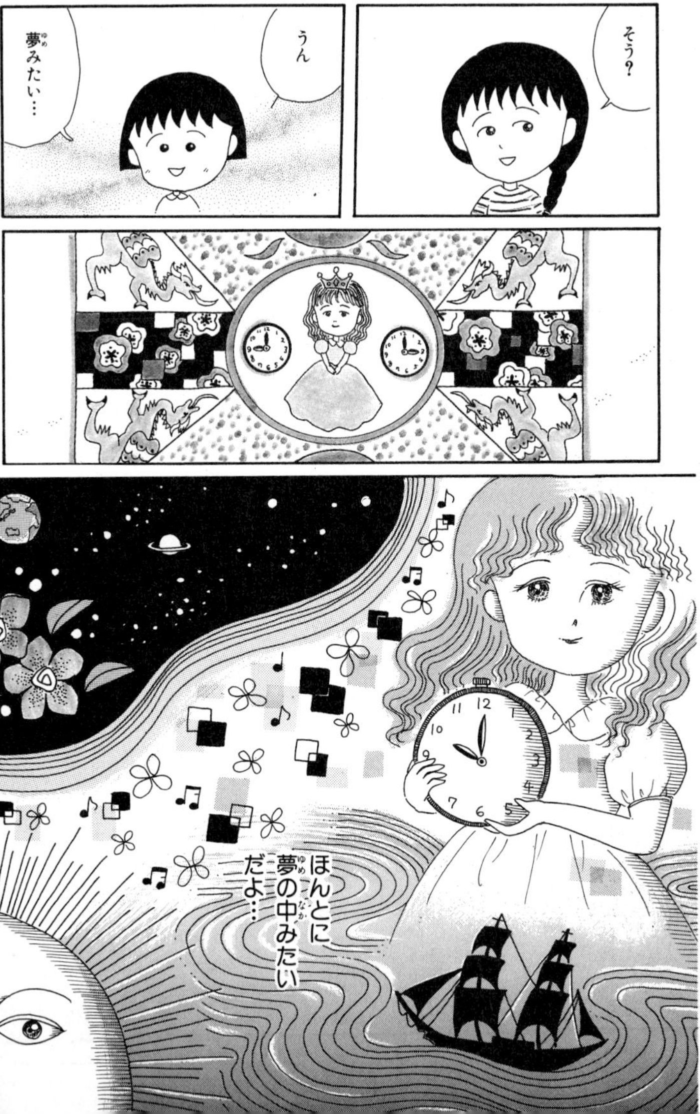
そう?
うん
夢みたい…
ほんとに夢の中みたいだよ…

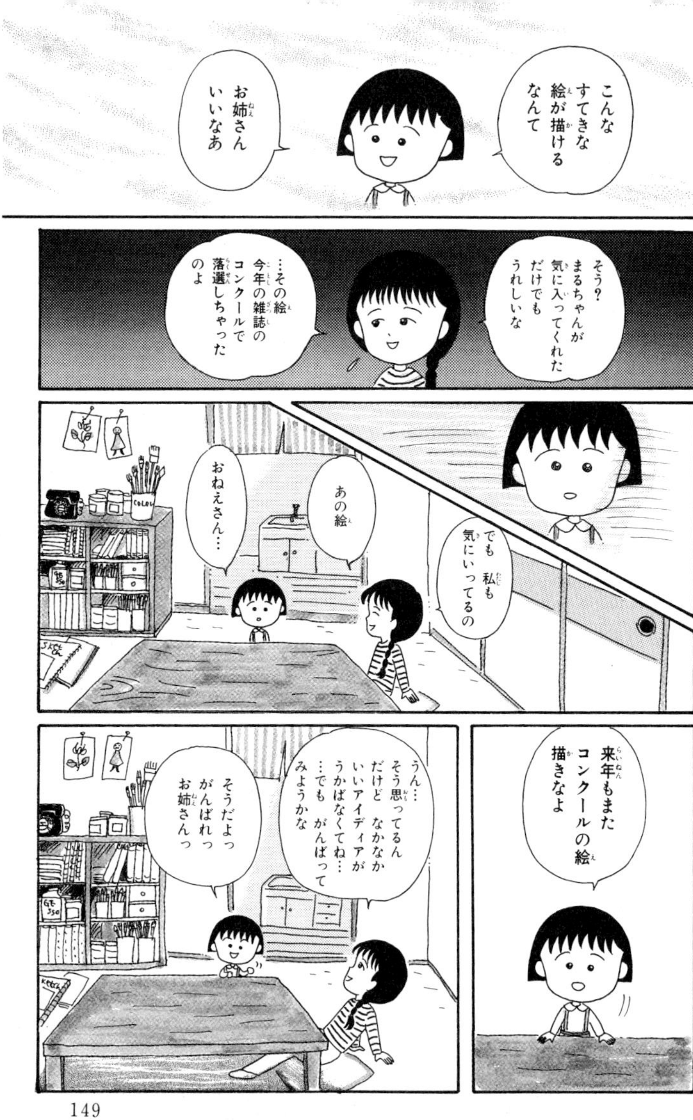
こんなすてきな絵が描けるなんて
お姉さんいいなあ
そう? まるちゃんが気に入ってくれただけでもうれしいな
…その絵 今年の雑誌のコンクールで落選しちゃったのよ
でも 私も気にいってるの
あの絵
おねえさん…
来年もまたコンクールの絵描きなよ
うん… そう思ってるん だけど なかなかいいアイディアがうかばなくてね… …でも がんばってみようかな
そうだよっ がんばれっ お姉さんっ

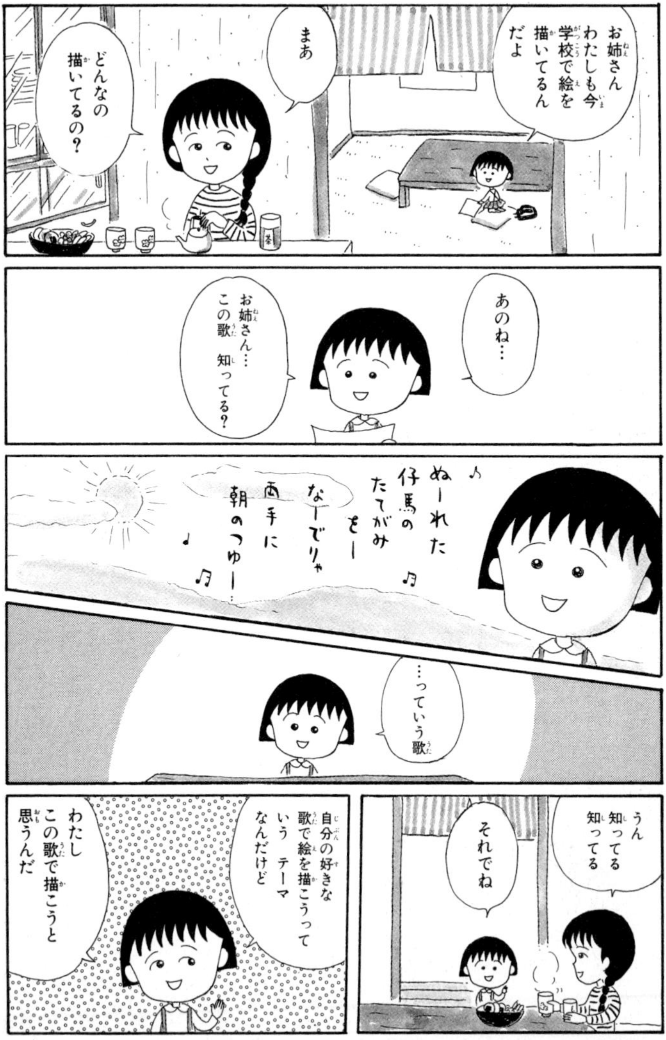
お姉さん　わたしも今学校で絵を描いてるんだよ
まあ
どんなの描いてるの？
あのね…
お姉さん…この歌　知ってる？
♪ぬーれた仔馬のたてがみをーなーでりゃ両手に朝のつゆー…
…っていう歌
うん　知ってる知ってる
それでね
自分の好きな歌で絵を描こうっていう　テーマなんだけど
わたし　この歌で描こうと思うんだ

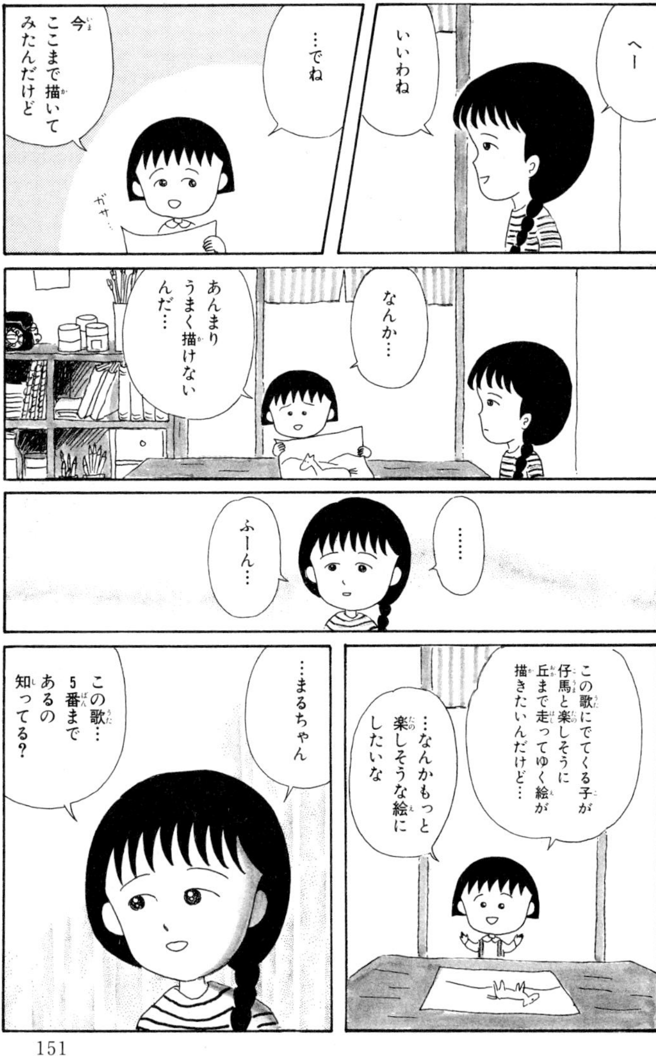
へー
いいわね
…でね
今ここまで描いてみたんだけど
ガサ…
なんか…
あんまりうまく描けないんだ…
……
ふーん…
この歌にでてくる子が仔馬と楽しそうに丘まで走ってゆく絵が描きたいんだけど…
…なんかもっと楽しそうな絵にしたいな
…まるちゃん
この歌…5番まであるの知ってる?

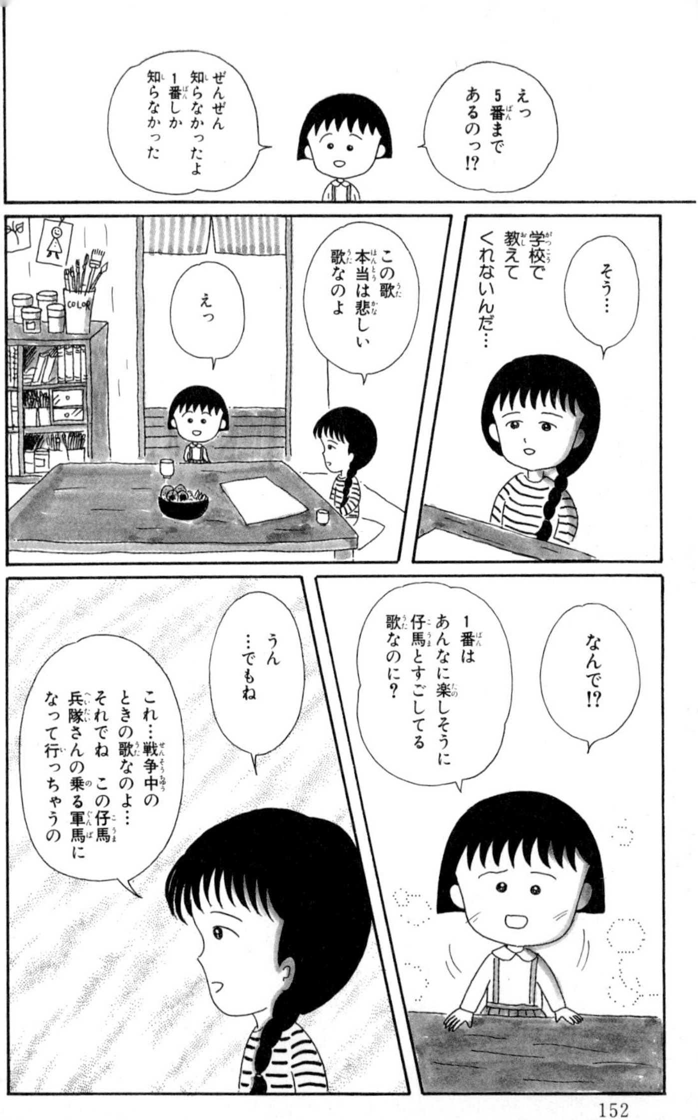
えっ 5番まであるのっ!?
ぜんぜん知らなかったよ 1番しか知らなかった
そう…
学校で教えてくれないんだ…
この歌本当は悲しい歌なのよ
えっ
なんで!?
1番はあんなに楽しそうに仔馬とすごしてる歌なのに?
うん…でもね
これ…戦争中のときの歌なのよ… それでね この仔馬兵隊さんの乗る軍馬になって行っちゃうの

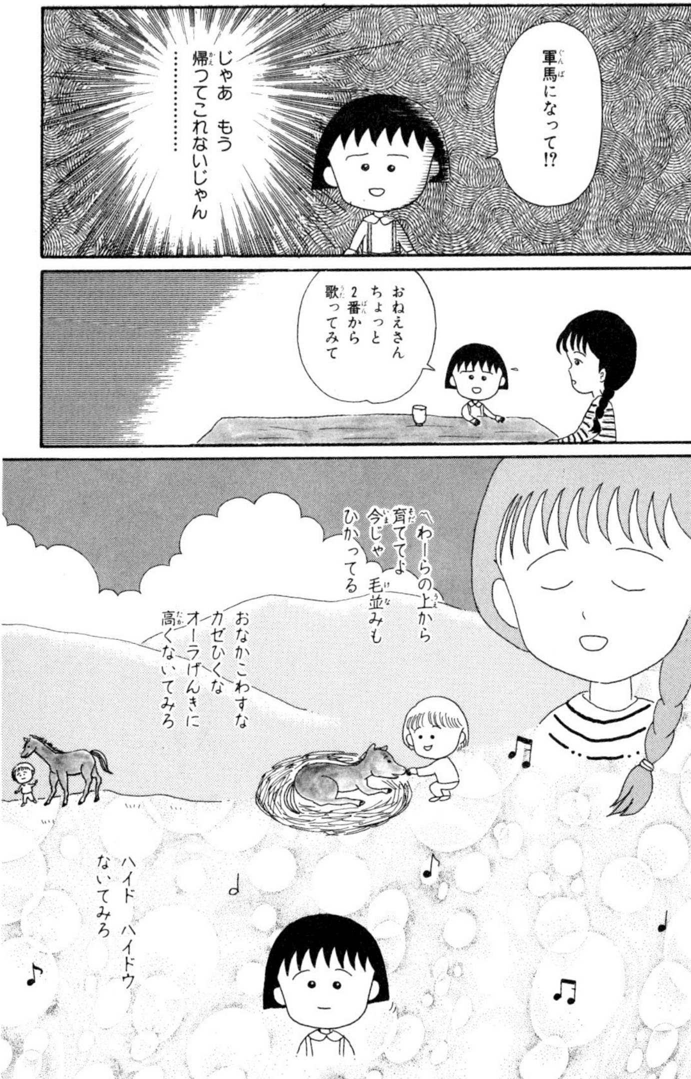
軍馬になって!?
じゃあ　もう
帰ってこれないじゃん
……………
おねえさん
ちょっと
2番から
歌ってみて
〜わーらの上から
育ててよ
今じゃ　毛並みも
ひかってる
おなかこわすな
カゼひくな
オーラげんきに
高くないてみろ
ハイド　ハイドウ
ないてみろ

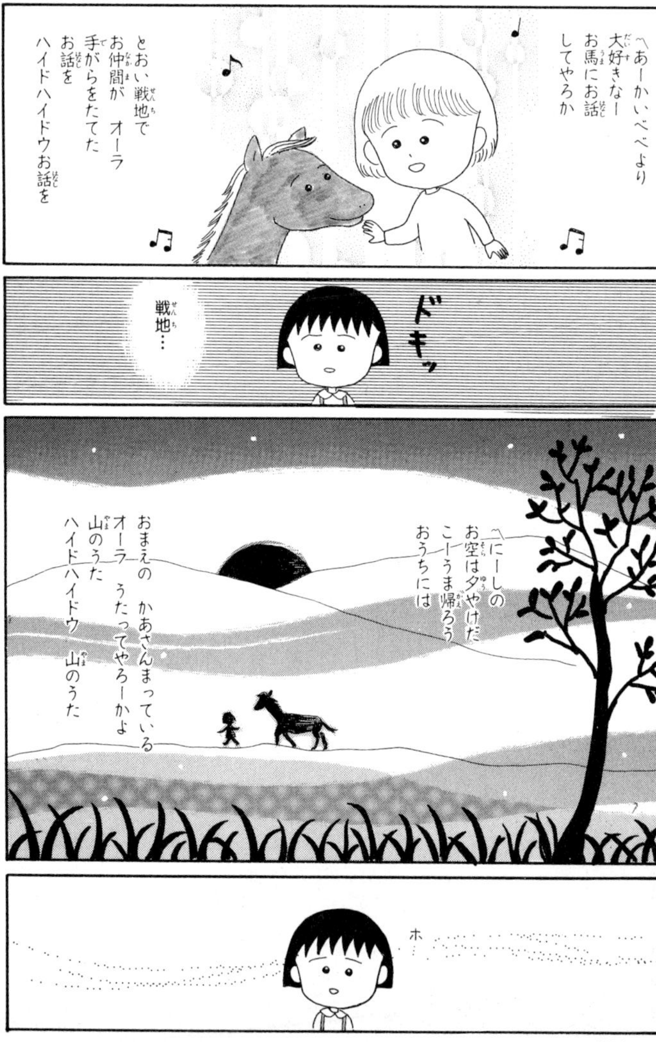
〽あーかいべべより
大好きなー
お馬にお話
してやろか
とおい戦地で
お仲間が　オーラ
手がらをたてた
お話を
ハイドハイドウお話を
ドキッ
戦地…
〽にーしの
お空は夕やけだ
こーうま帰ろう
おうちには
おまえの　かあさんまっている
オーラ　うたってやろーかよ
山のうた
ハイドハイドウ　山のうた
ホ…

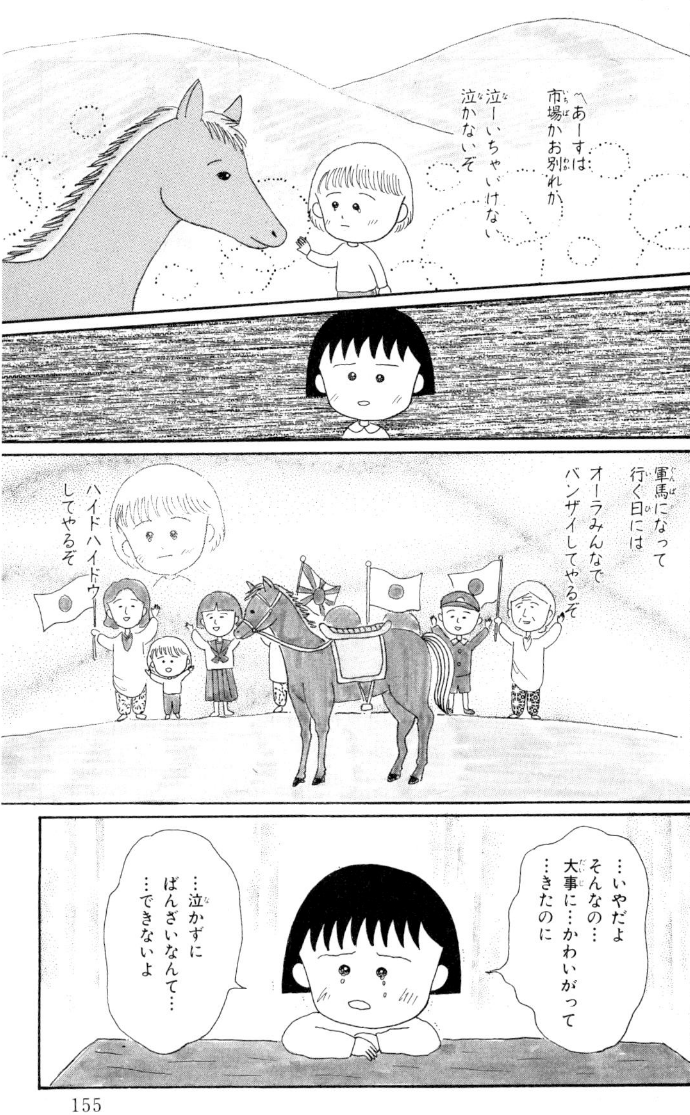
〜あーすは
市場かお別れか
泣ーいちゃいけない
泣かないぞ
軍馬になって
行く日には
オーラみんなで
バンザイしてやるぞ
ハイドハイドウー
してやるぞ
…いやだよ
そんなの…
大事に…かわいがって
…きたのに
…泣かずに
ばんざいなんて…
…できないよ

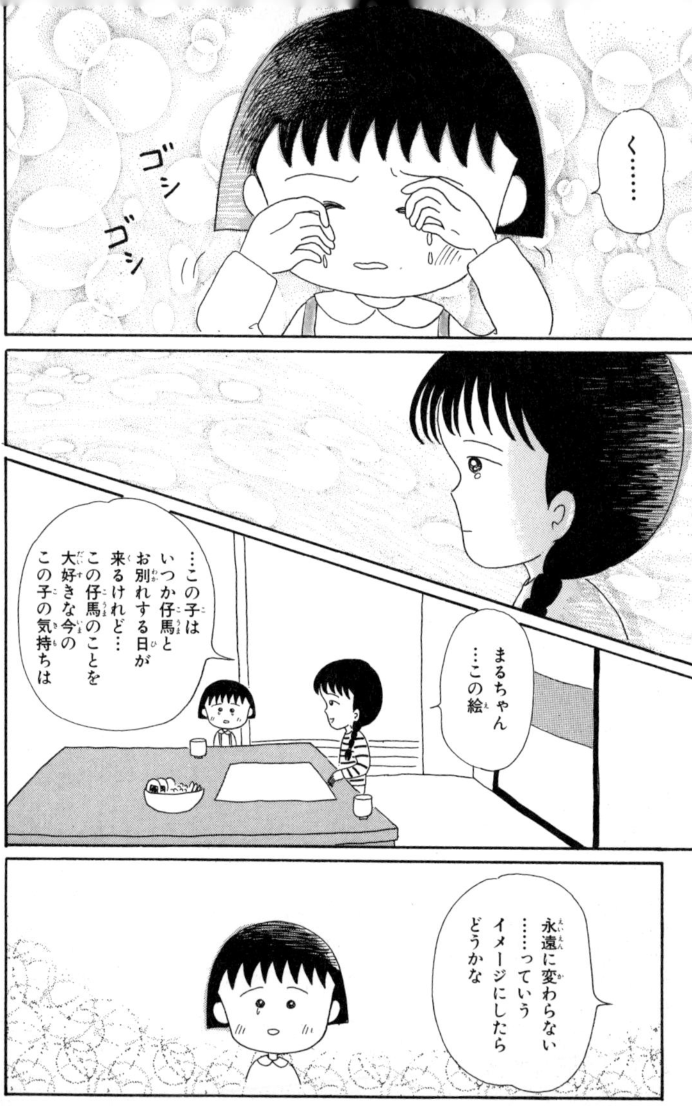
く……
ゴシ
ゴシ
まるちゃん
…この絵
…この子は
いつか仔馬と
お別れする日が
来るけれど…
この仔馬のことを
大好きな今の
この子の気持ちは
永遠に変わらない
……っていう
イメージにしたら
どうかな

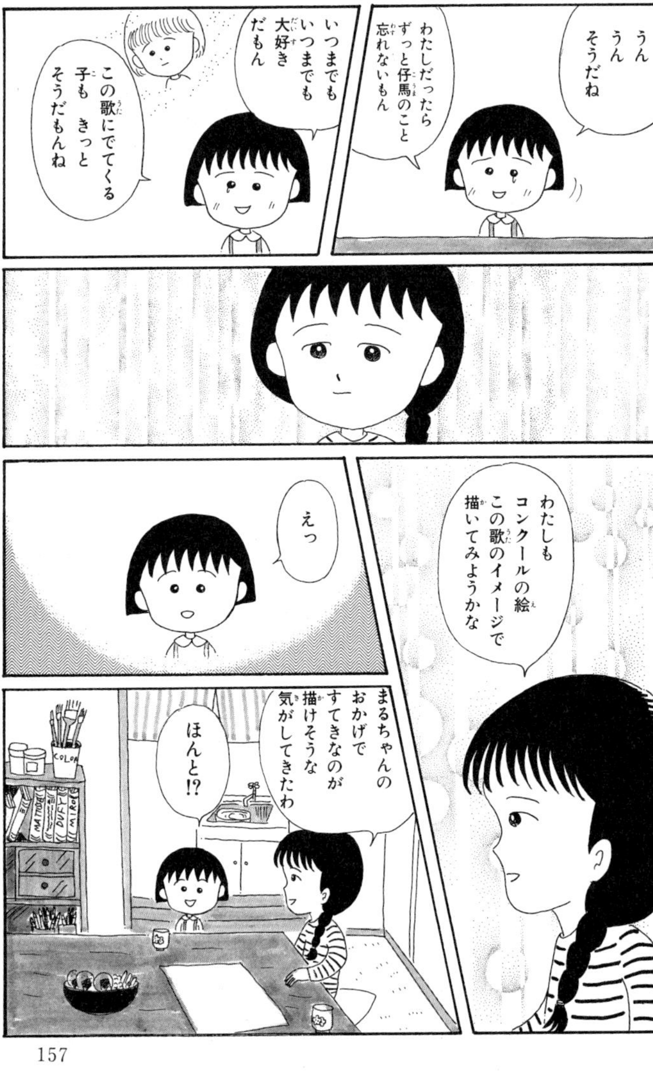
うん　うん　そうだね
わたしだったら　ずっと仔馬のこと　忘れないもん
いつまでも　いつまでも　大好きだもん
この歌にでてくる子も　きっとそうだもんね
わたしも　コンクールの絵　この歌のイメージで　描いてみようかな
えっ
まるちゃんの　おかげで　すてきなのが　描けそうな　気がしてきたわ
ほんと!?

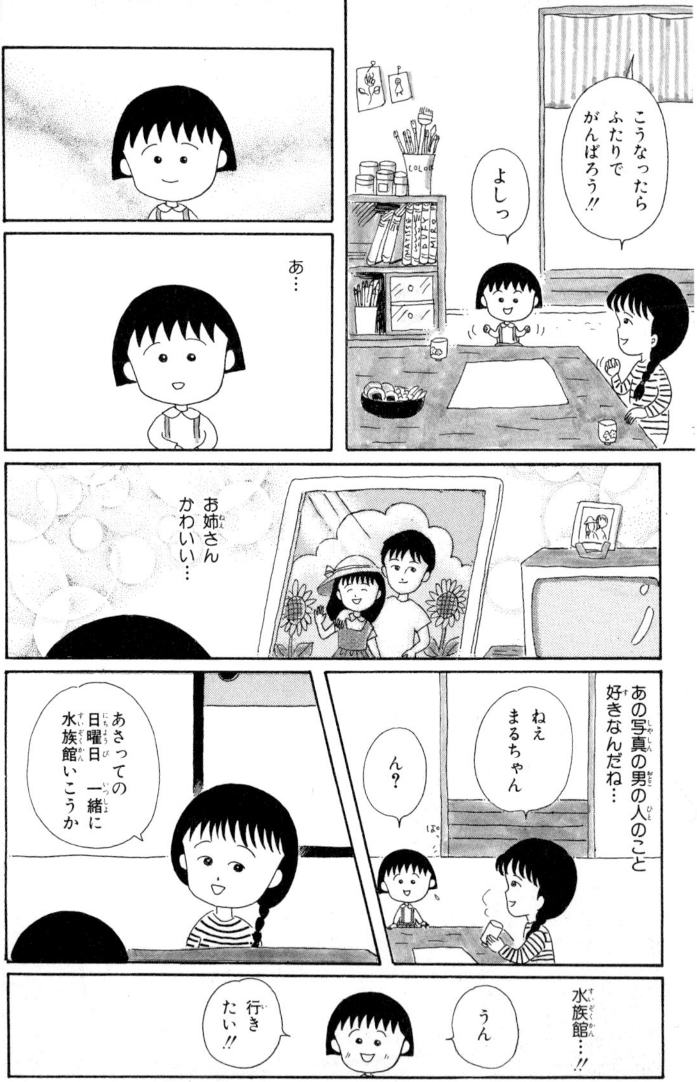
こうなったらふたりでがんばろう!!
よしっ
あ…
お姉さんかわいい…
あの写真の男の人のこと好きなんだね…
ねぇまるちゃん
ん?
ぱっ
あさっての日曜日一緒に水族館いこうか
水族館…!!
うん
行きたい!!

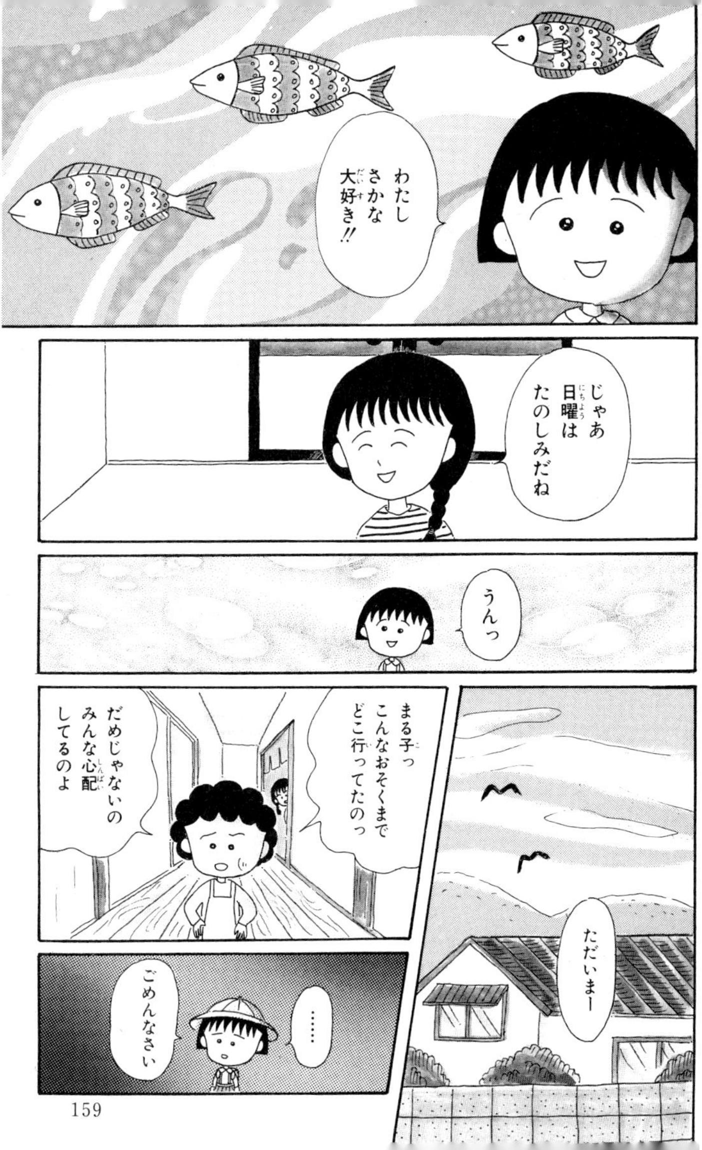
わたし
さかな
大好き!!
じゃあ
日曜は
たのしみだね
うんっ
ただいまー
まる子っ
こんなおそくまで
どこ行ってたのっ
だめじゃないの
みんな心配
してるのよ
……
ごめんなさい

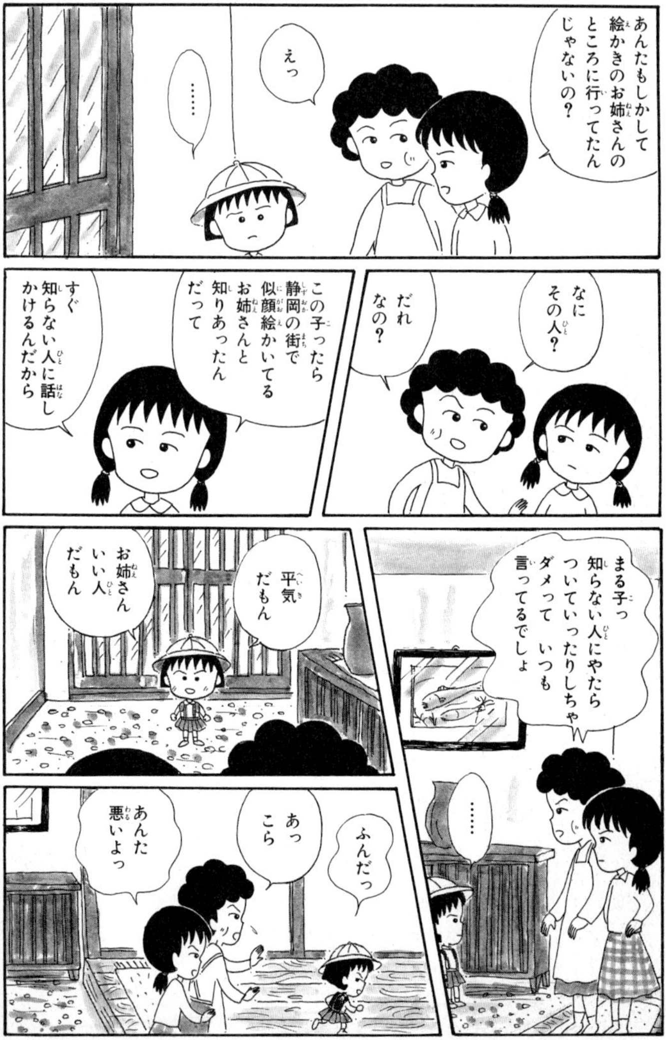
あんたもしかして絵かきのお姉さんのところに行ってたんじゃないの？
えっ
……
なにその人？
だれなの？
この子ったら静岡の街で似顔絵かいてるお姉さんと知りあったんだって
すぐ知らない人に話しかけるんだから
まる子っ知らない人にやたらついていったりしちゃダメっていつも言ってるでしょ
平気だもん
お姉さんいい人だもん
……
ふんだっ
あっこら
あんた悪いよっ

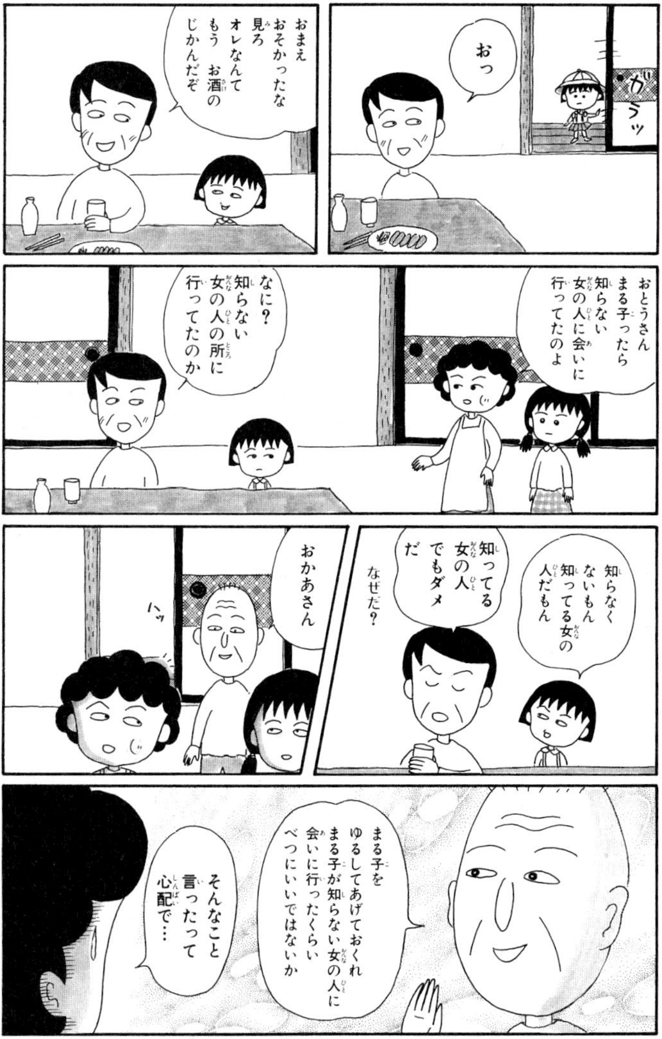
ガラッ
おっ
おまえ
おそかったな
見ろ
オレなんて
もう お酒の
じかんだぞ
おとうさん
まる子ったら
知らない
女の人に会いに
行ってたのよ
なに?
知らない
女の人の所に
行ってたのか
知らなく
ないもん
知ってる女の
人だもん
知ってる
女の人
でもダメ
だ
なぜだ?
おかあさん
ハッ
まる子を
ゆるしてあげておくれ
まる子が知らない女の人に
会いに行ったくらい
べつにいいではないか
そんなこと
言ったって
心配で…

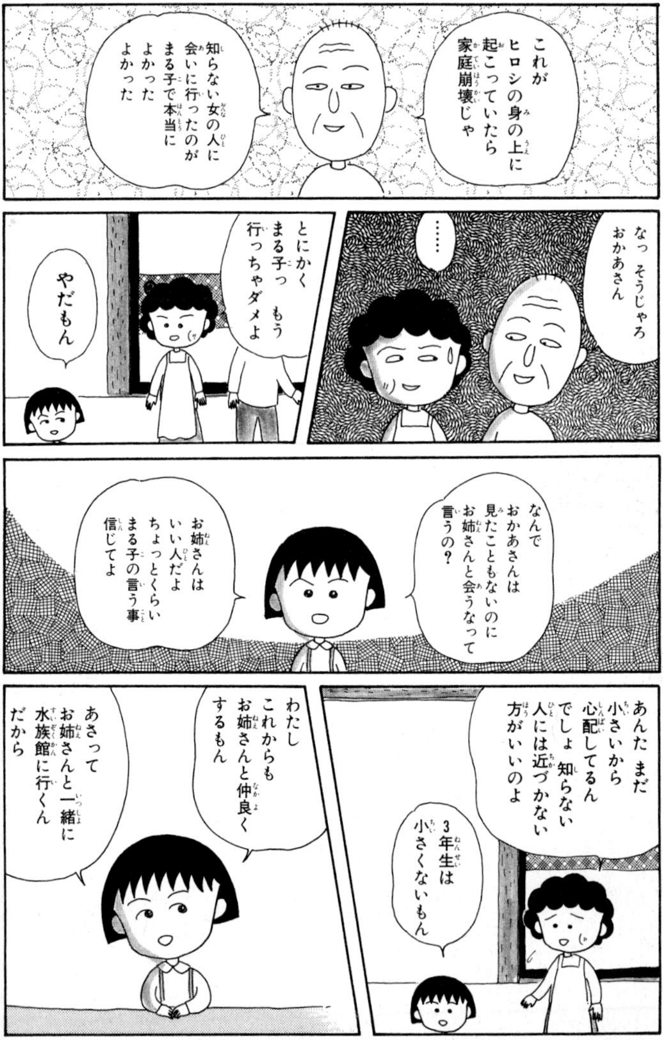
これが ヒロシの身の上に 起こっていたら 家庭崩壊じゃ
知らない女の人に 会いに行ったのが まる子で本当に よかった よかった
なっ そうじゃろ おかあさん
……
とにかく まる子っ もう 行っちゃダメよ
やだもん
なんで おかあさんは 見たこともないのに お姉さんと会うなって 言うの？
お姉さんは いい人だよ ちょっとくらい まる子の言う事 信じてよ
あんた まだ 小さいから 心配してるんでしょ 知らない 人には近づかない 方がいいのよ
3年生は 小さくないもん
わたし これからも お姉さんと仲良く するもん
あさって お姉さんと一緒に 水族館に行くんだから

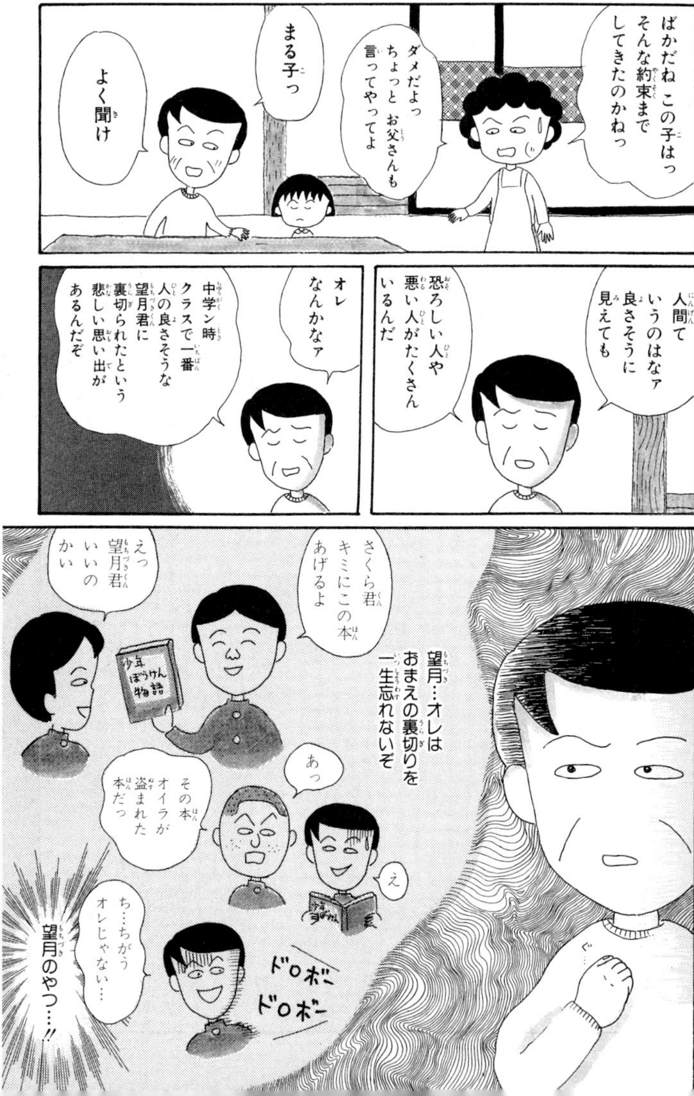
ばかだね この子はっ そんな約束までしてきたのかねっ
ダメだよっ ちょっと お父さんも言ってやってよ
まる子っ
よく聞け
人間ていうのはなァ 良さそうに見えても
恐ろしい人や悪い人がたくさんいるんだ
オレなんかなァ
中学ン時 クラスで一番人の良さそうな望月君に裏切られたという悲しい思い出があるんだぞ
さくら君 キミにこの本あげるよ
えっ 望月君 いいのかい
少年ぼうけん物語
望月…オレはおまえの裏切りを一生忘れないぞ
あっ
その本オイラが盗まれた本だっ
え
ち…ちがう オレじゃない…
ドロボー
ドロボー
望月のやつ…!!
ぐ…

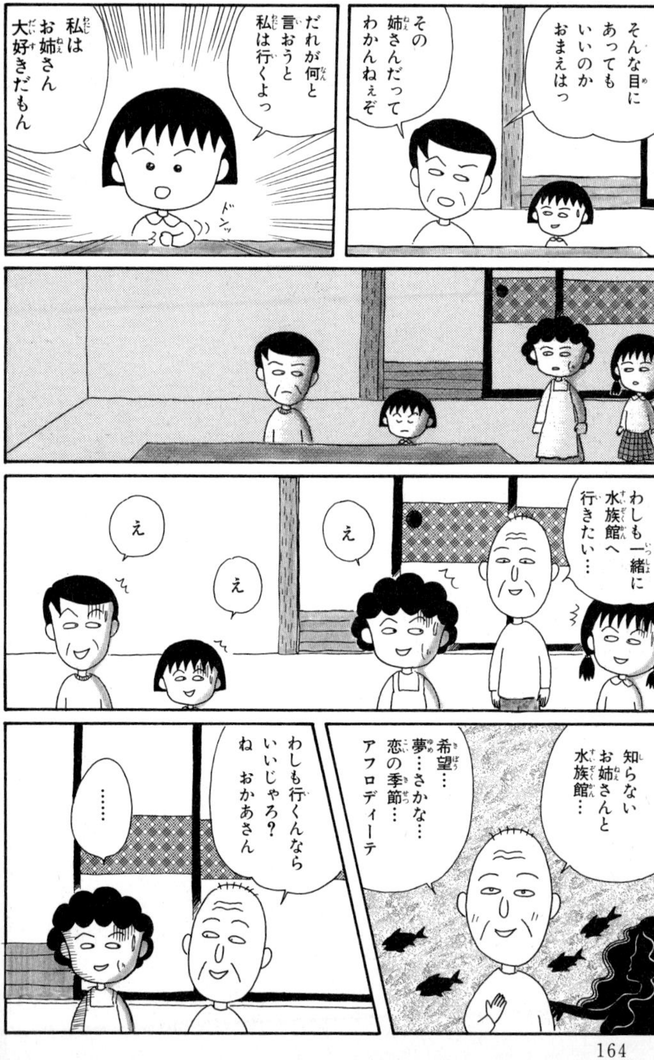
そんな目にあってもいいのかおまえはっ
その姉さんだってわかんねぇぞ
だれが何と言おうと私は行くよっ
私はお姉さん大好きだもん
ドンッ
わしも一緒に水族館へ行きたい…
え
え
え
知らないお姉さんと水族館…
希望…夢…さかな…恋の季節…アフロディーテ
わしも行くんならいいじゃろ？ね　おかあさん
……

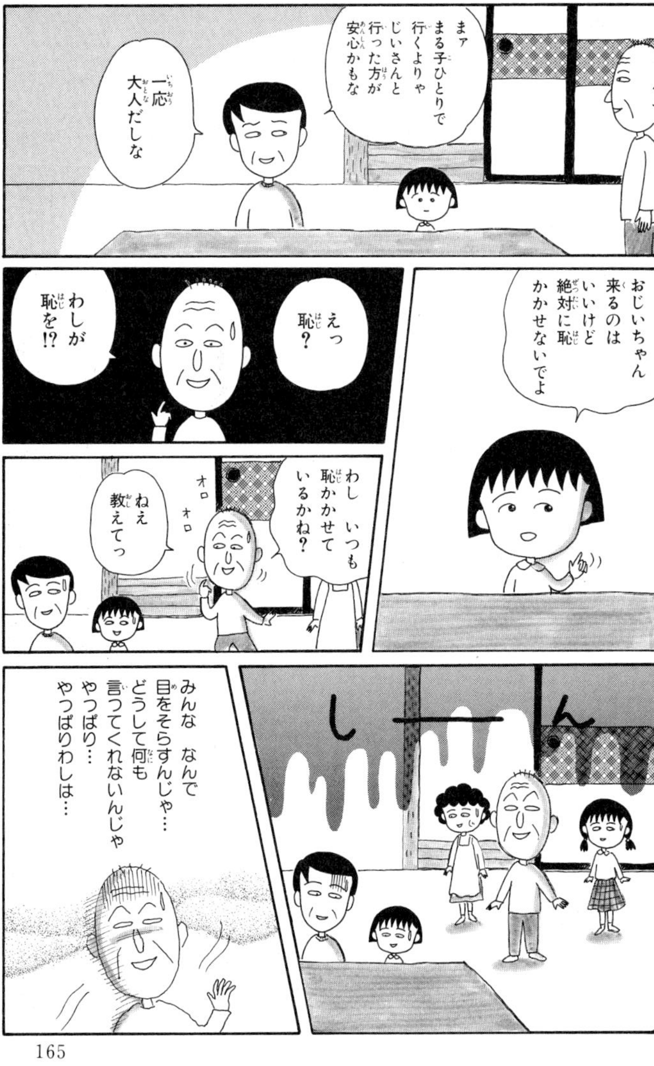
まァ まる子ひとりで 行くよりゃ じいさんと 行った方が 安心かもな
一応 大人だしな
おじいちゃん 来るのは いいけど 絶対に恥 かかせないでよ
えっ 恥？
わしが 恥を!?
わし いつも 恥かかせて いるかね？
オロ オロ
ねえ 教えてっ
し――ん
みんな なんで 目をそらすんじゃ… どうして何も 言ってくれないんじゃ やっぱり… やっぱりわしは…

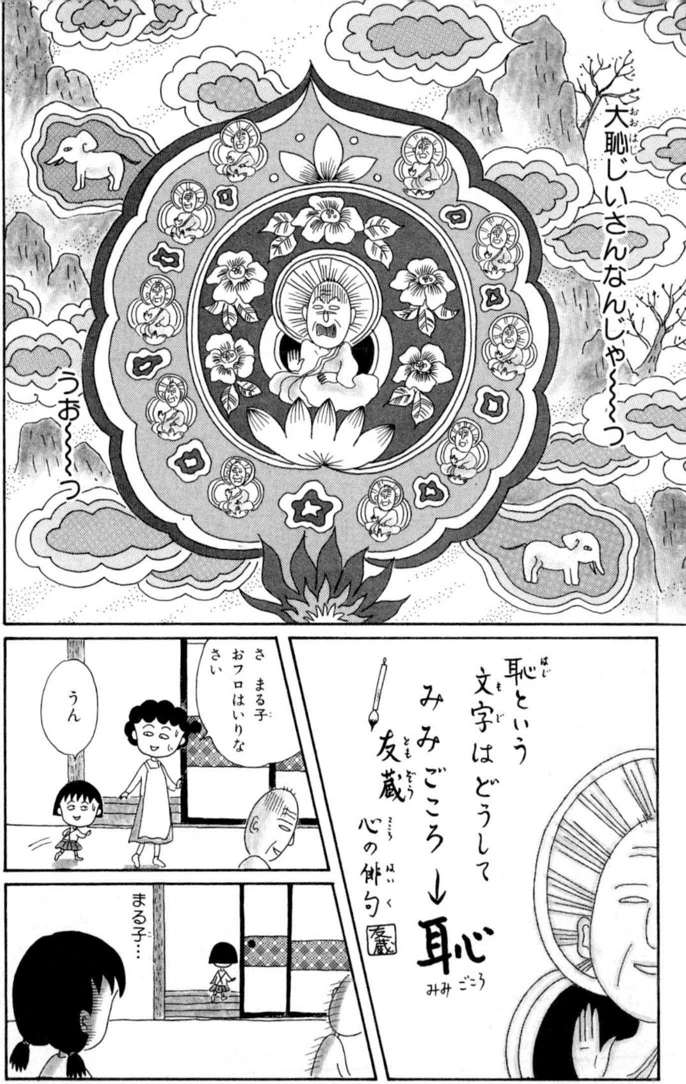
大恥じいさんなんじゃ〜〜っ
うお〜〜っ
耻という
文字はどうして
みみごころ→耻
友蔵
心の俳句
友蔵
さ まる子
おフロはいりな
さい
うん
まる子…

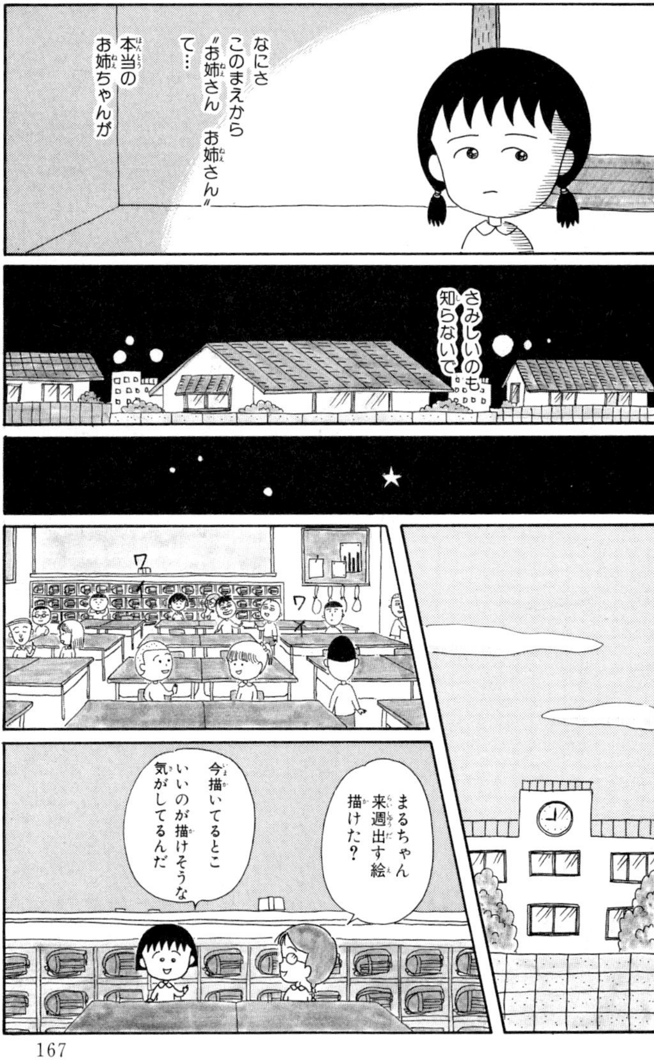
なにさ
このまえから
〝お姉さん　お姉さん〟
て…
本当の
お姉ちゃんが
さみしいのも
知らないで
ワ
ワ
まるちゃん
来週出す絵
描けた？
今描いてるとこ
いいのが描けそうな
気がしてるんだ

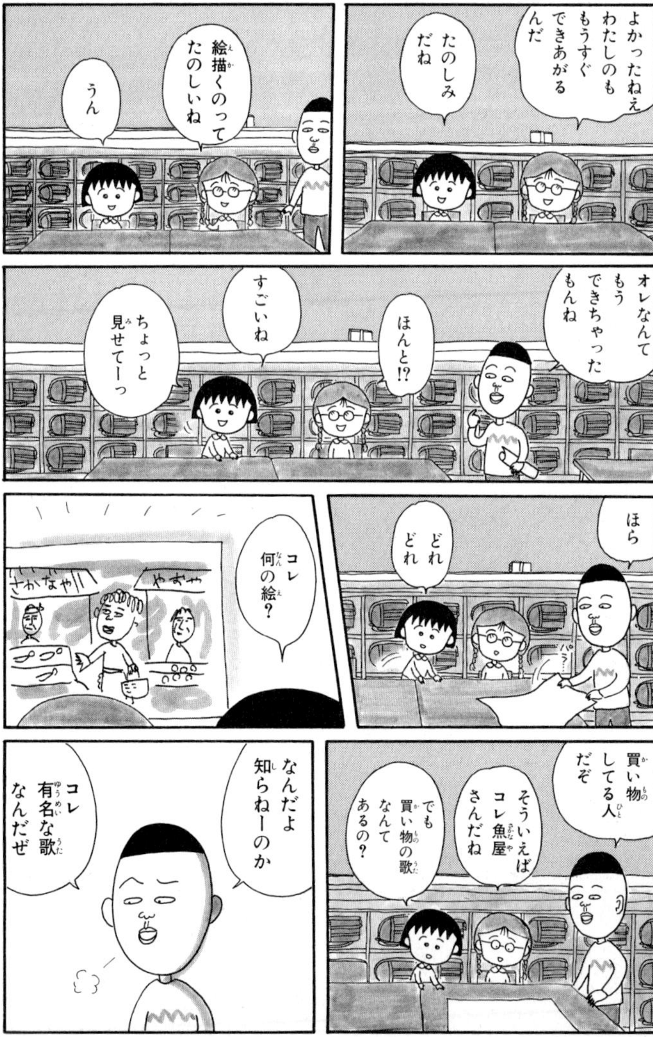
よかったねえ わたしのも もうすぐ できあがるんだ
たのしみだね
絵描くのって たのしいね
うん
オレなんて もう できちゃった もんね
ほんと!?
すごいね
ちょっと 見せてーっ
ほら
どれ どれ
パラ…
コレ 何の絵?
さかなや
やおや
買い物 してる人 だぞ
そういえば コレ魚屋 さんだね
でも 買い物の歌 なんて あるの?
なんだよ 知らねーのか
コレ 有名な歌 なんだぜ

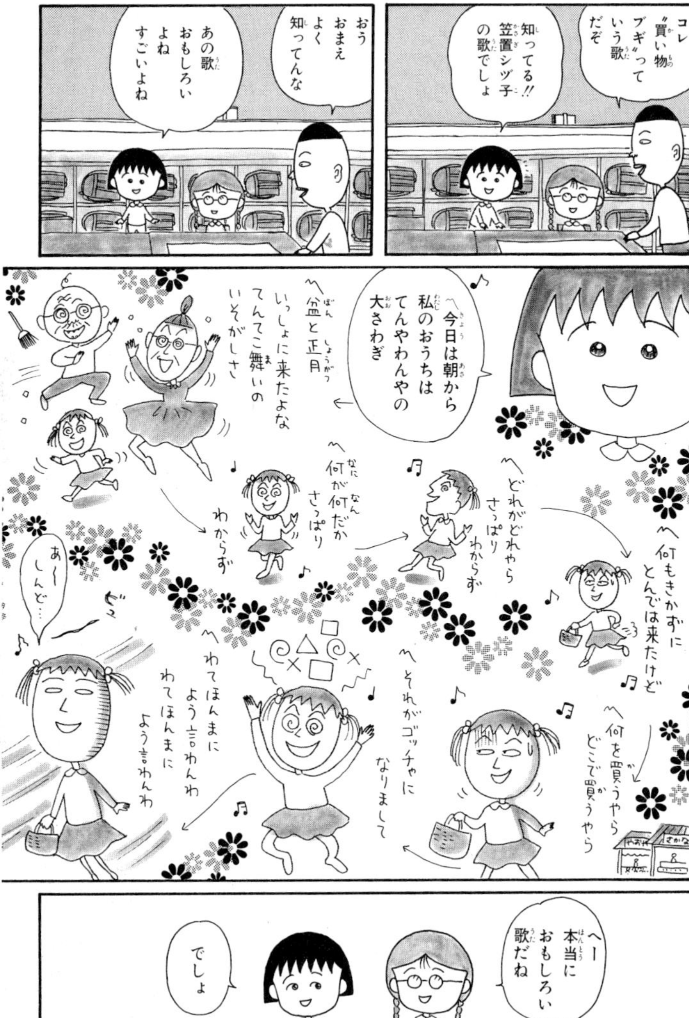
コレ "買い物ブギ"っていう歌だぞ
知ってる!! 笠置シヅ子の歌でしょ
おう おまえよく知ってんな
あの歌 おもしろいよね すごいよね
〽今日は朝から私のおうちはてんやわんやの大さわぎ
〽盆と正月いっしょに来たよなてんてこ舞いのいそがしさ
〽何もきかずにとんでは来たけど
〽どれがどれやらさっぱりわからず
〽何が何だかさっぱりわからず
〽何を買うやらどこで買うやら
〽それがゴッチャになりまして
〽わてほんまによう言わんわ わてほんまによう言わんわ
あ〜しんど…
やおや
さかな
へー 本当におもしろい歌だね
でしょ

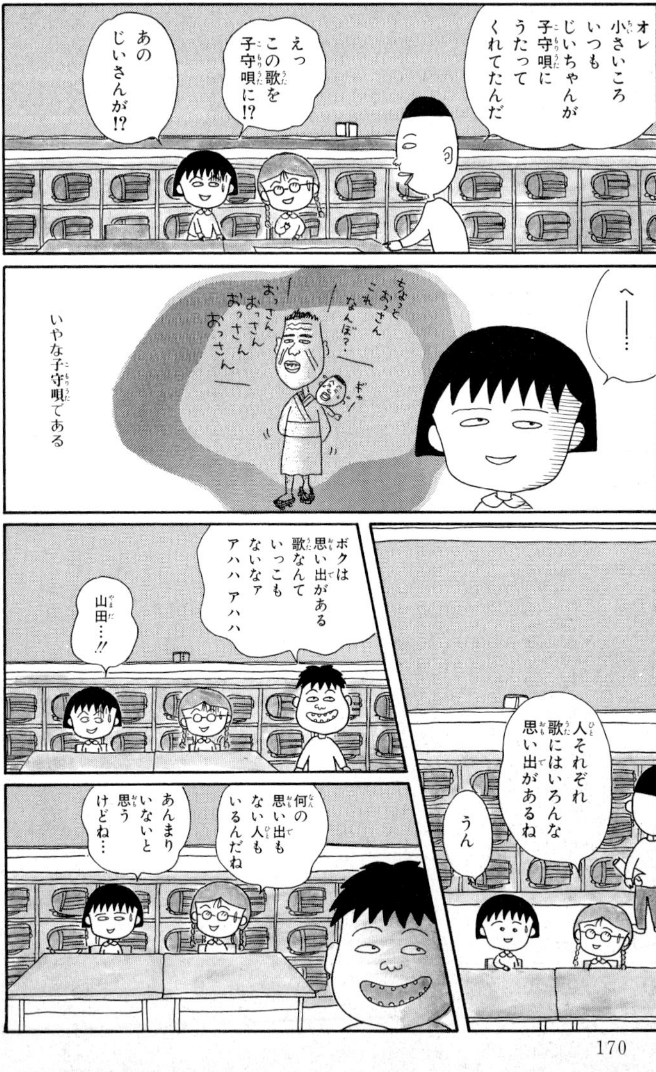
オレ小さいころいつもじいちゃんが子守唄にうたってくれてたんだ
えっこの歌を子守唄に!?
あのじいさんが!?
へ——…
ちょっとおっさんこれなんぼ?
おっさんおっさんおっさんおっさん
いやな子守唄である
ボクは思い出がある歌なんていっこもないなァアハハアハハ
山田…!!
人それぞれ歌にはいろんな思い出があるね
うん
何の思い出もない人もいるんだね
あんまりいないと思うけどね…

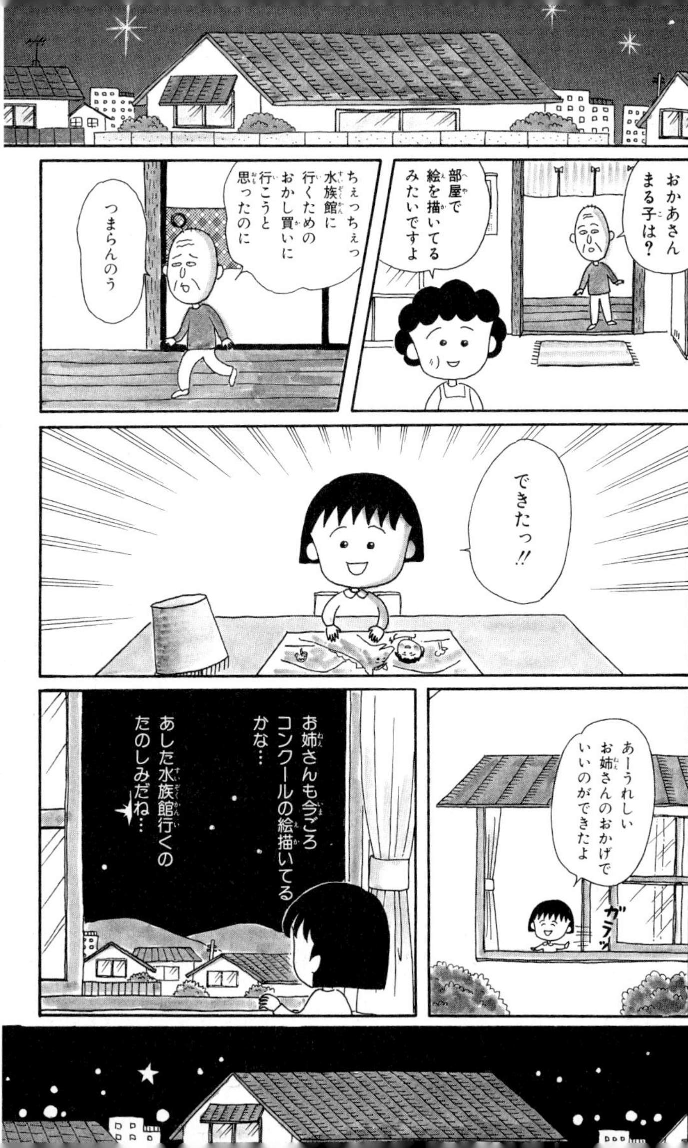
おかあさん
まる子は？
部屋で
絵を描いてる
みたいですよ
ちぇっちぇっ
水族館に
行くための
おかし買いに
行こうと
思ったのに
つまらんのう
できたっ!!
あーうれしい
お姉さんのおかげで
いいのができたよ
ガラッ
お姉さんも今ごろ
コンクールの絵描いてる
かな…
あした水族館行くの
たのしみだね…

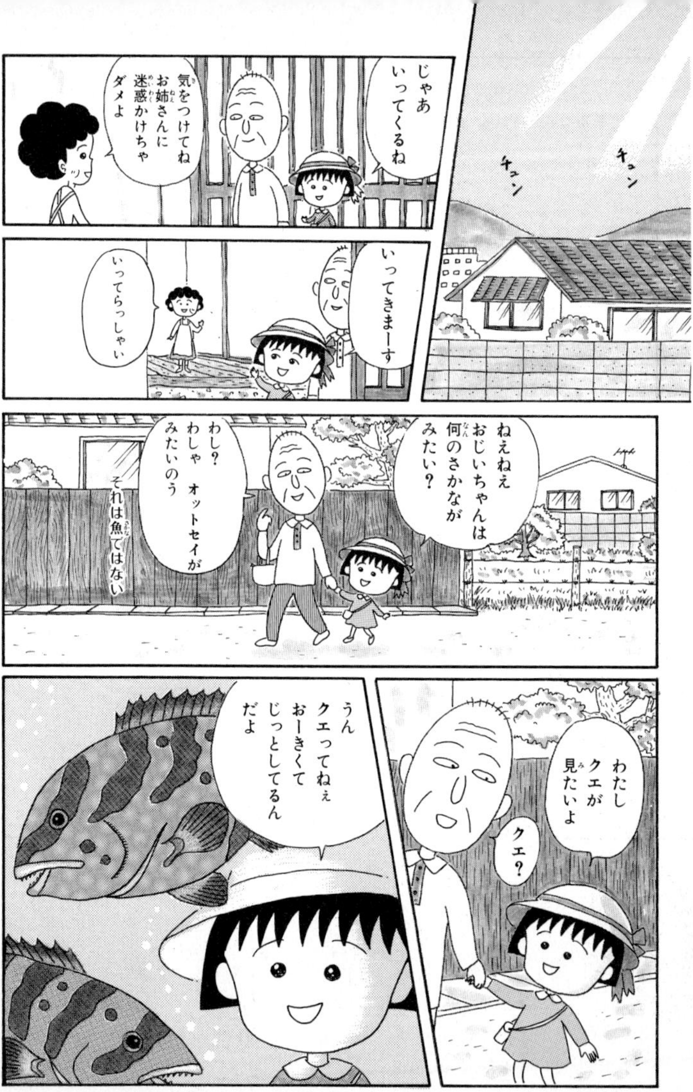
チュン
チュン
じゃあ いってくるね
気をつけてね お姉さんに迷惑かけちゃダメよ
いってきまーす
いってらっしゃい
ねえねえ おじいちゃんは何のさかながみたい？
わし？ わしゃ オットセイがみたいのう
それは魚ではない
わたし クエが見たいよ
クエ？
うん クエってねぇ おーきくて じっとしてるんだよ

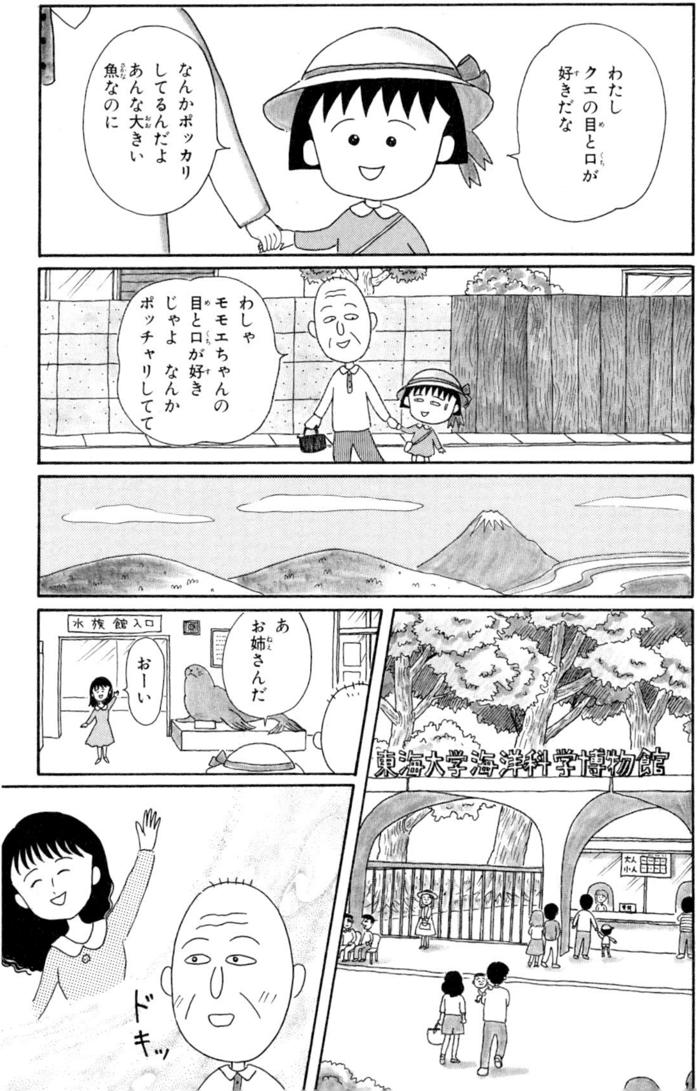
わたし
クエの目と口が
好きだな
なんかポッカリ
してるんだよ
あんな大きい
魚なのに
わしゃ
モモエちゃんの
目と口が好き
じゃよ　なんか
ポッチャリしてて
水族館入口
お姉さんだ
おーい
東海大学海洋科学博物館
大人
小人
ドキッ

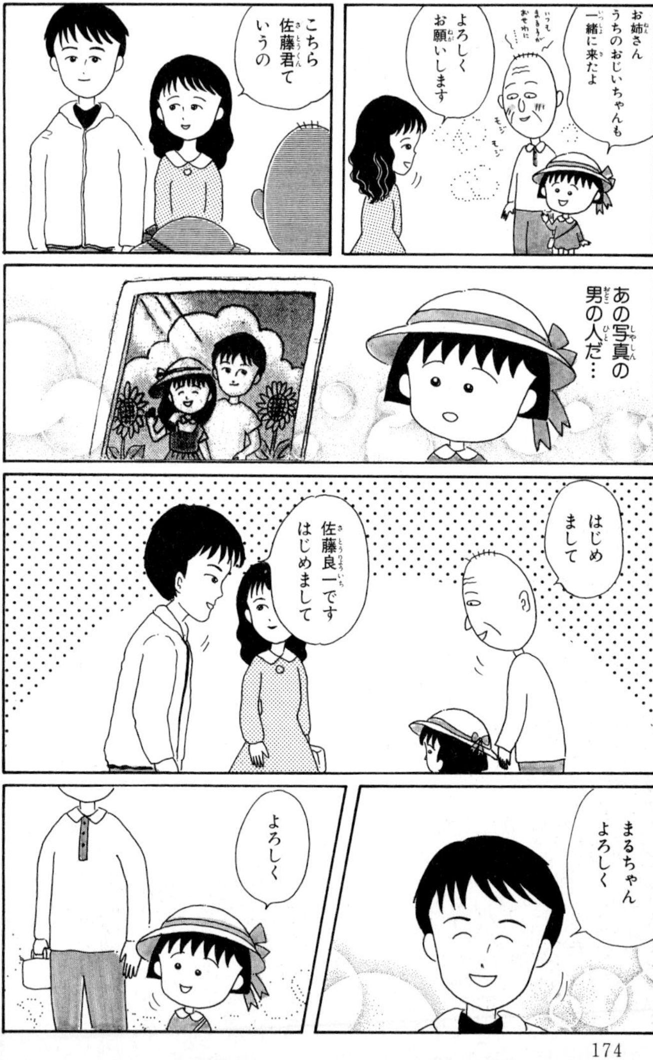
お姉さん
うちのおじいちゃんも
一緒に来たよ
いつもまる子がおせわに……
モジ
モジ
よろしく
お願いします
こちら
佐藤君て
いうの
あの写真の
男の人だ…
はじめ
まして
佐藤良一です
はじめまして
まるちゃん
よろしく
よろしく

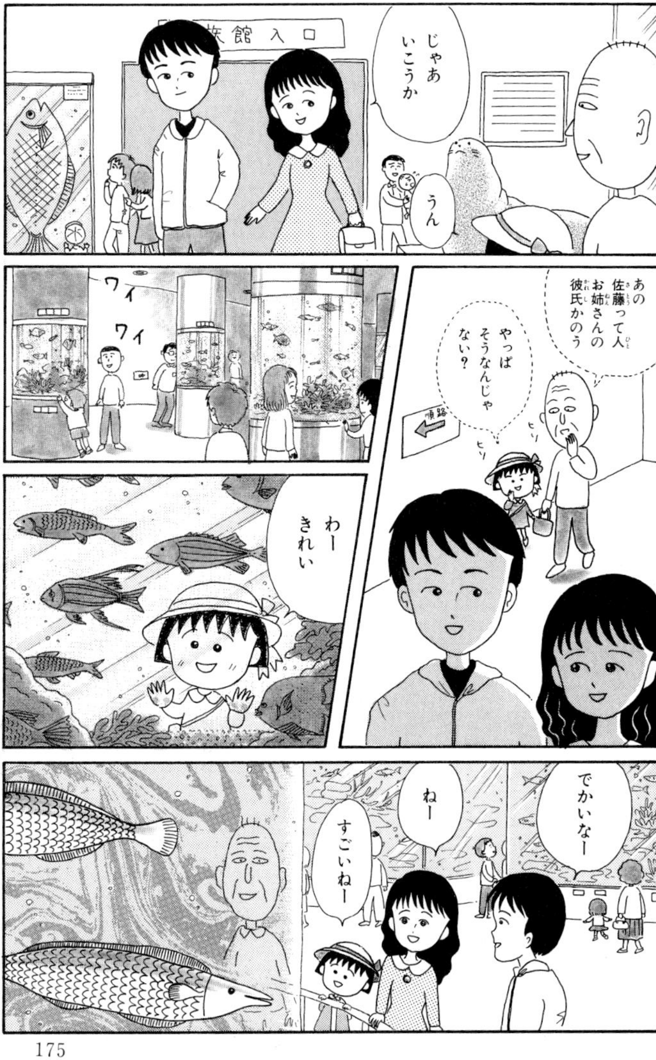
族館入口
じゃあ いこうか
うん
ワイ
ワイ
あの 佐藤って人 お姉さんの 彼氏かのう
やっぱ そうなんじゃ ない？
ヒソ
ヒソ
順路
わー きれい
でかいなー
ねー
すごいねー

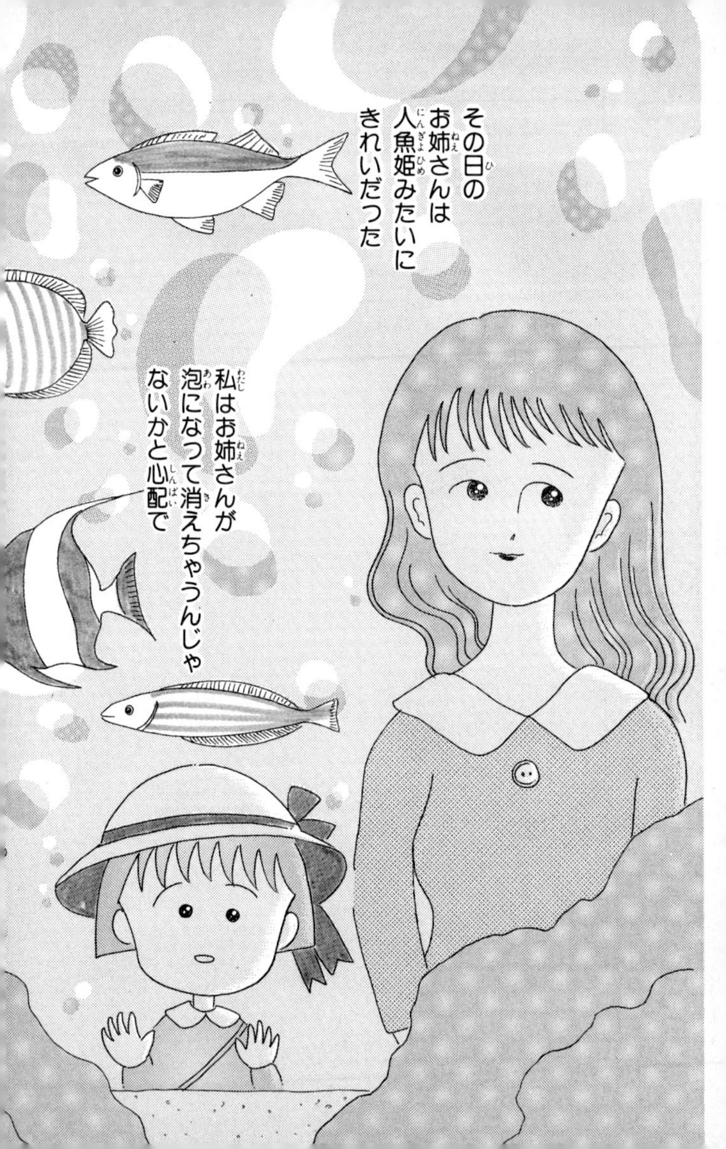
その日のお姉さんは人魚姫みたいにきれいだった
私はお姉さんが泡になって消えちゃうんじゃないかと心配で

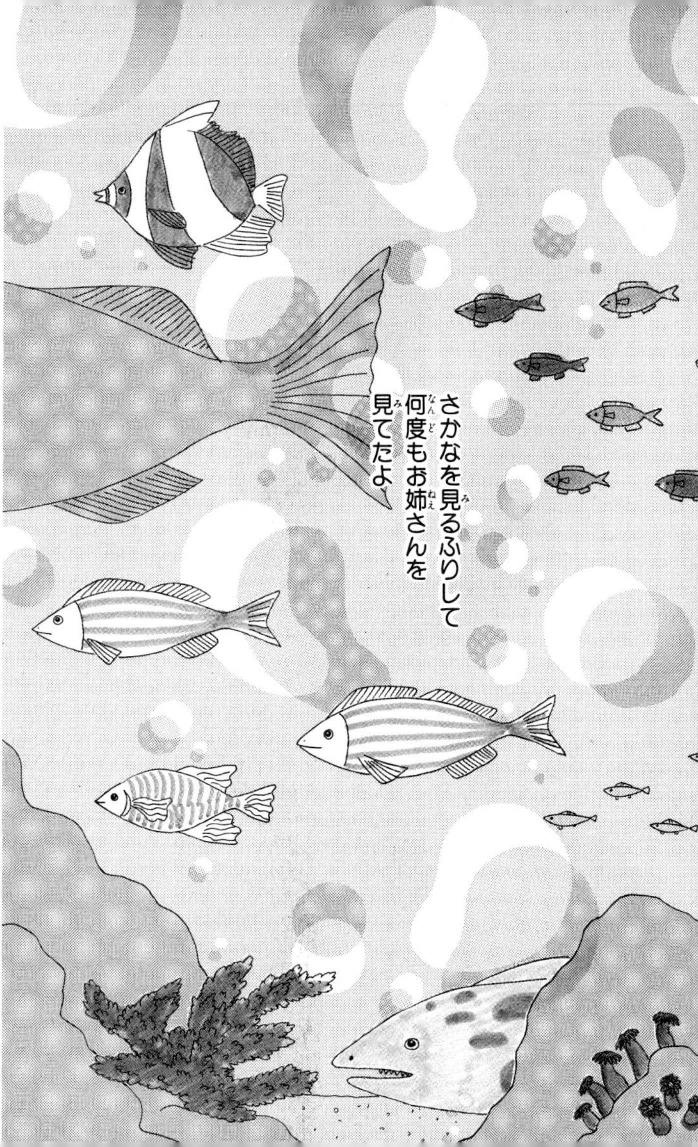
さかなを見るふりして
何度もお姉さんを
見てたよ

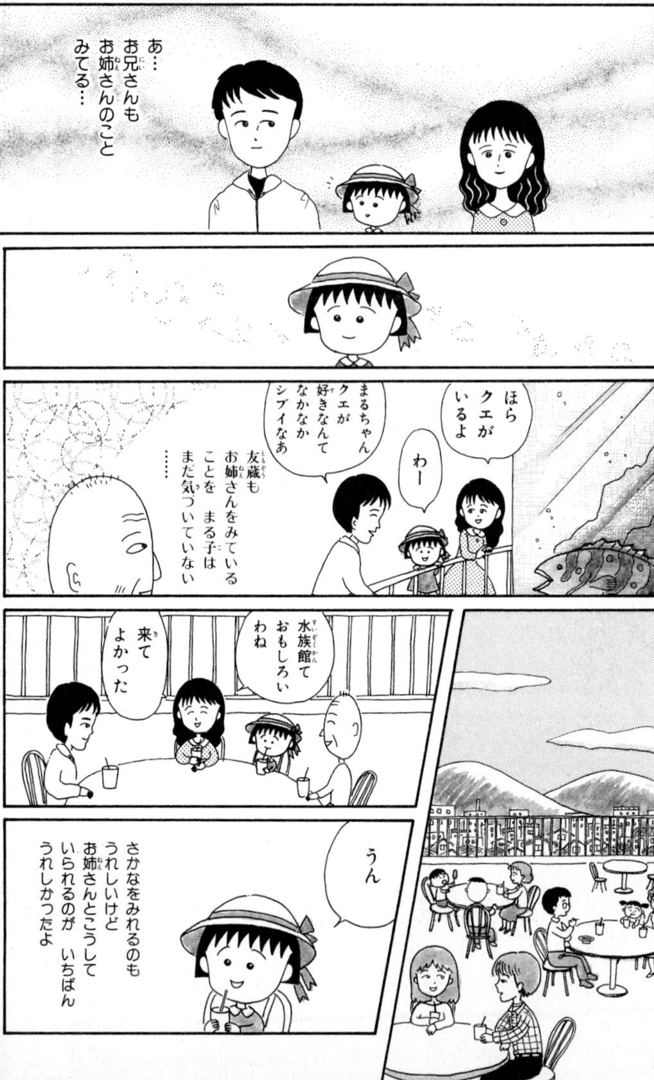
あ…
お兄さんも
お姉さんのこと
みてる…
ほら
クエが
いるよ
わー
まるちゃん
クエが
好きなんて
なかなか
シブイなあ
友蔵も
お姉さんをみている
ことを　まる子は
まだ気づいていない
……
水族館て
おもしろい
わね
来て
よかった
うん
さかなをみれるのも
うれしいけど
お姉さんとこうして
いられるのが　いちばん
うれしかったよ

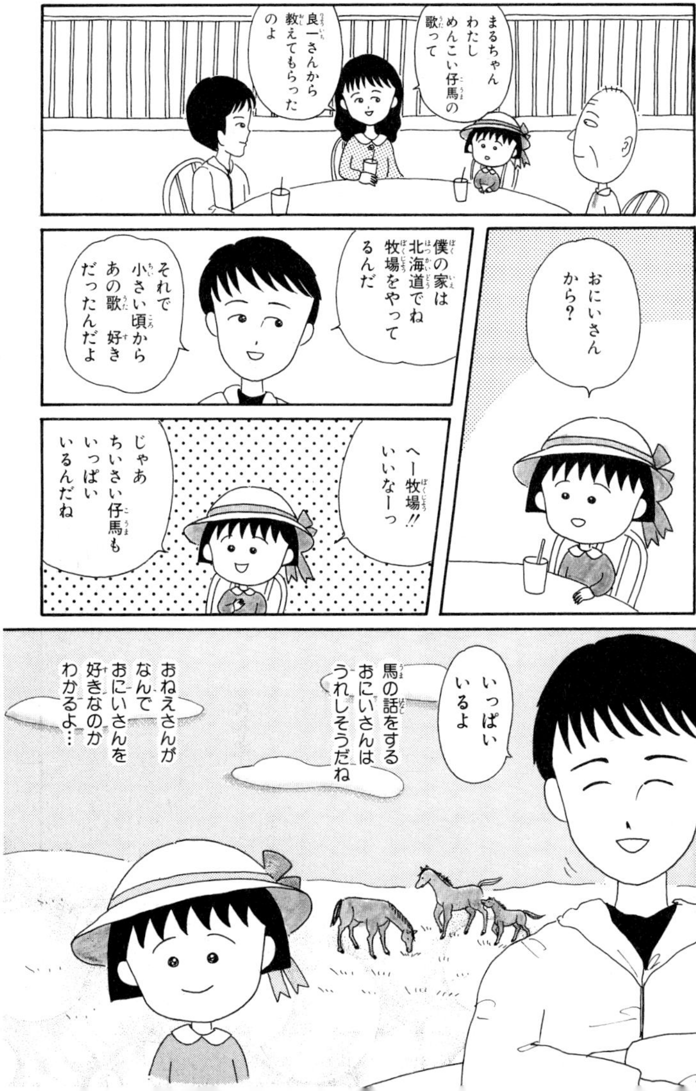
まるちゃん わたし めんこい仔馬の歌って
良一さんから教えてもらったのよ
おにいさんから？
僕の家は北海道でね 牧場をやってるんだ
それで小さい頃から あの歌 好きだったんだよ
へー牧場!! いいなーっ
じゃあ ちいさい仔馬も いっぱい いるんだね
いっぱい いるよ
馬の話をする おにいさんは うれしそうだね
おねえさんが なんで おにいさんを 好きなのか わかるよ…

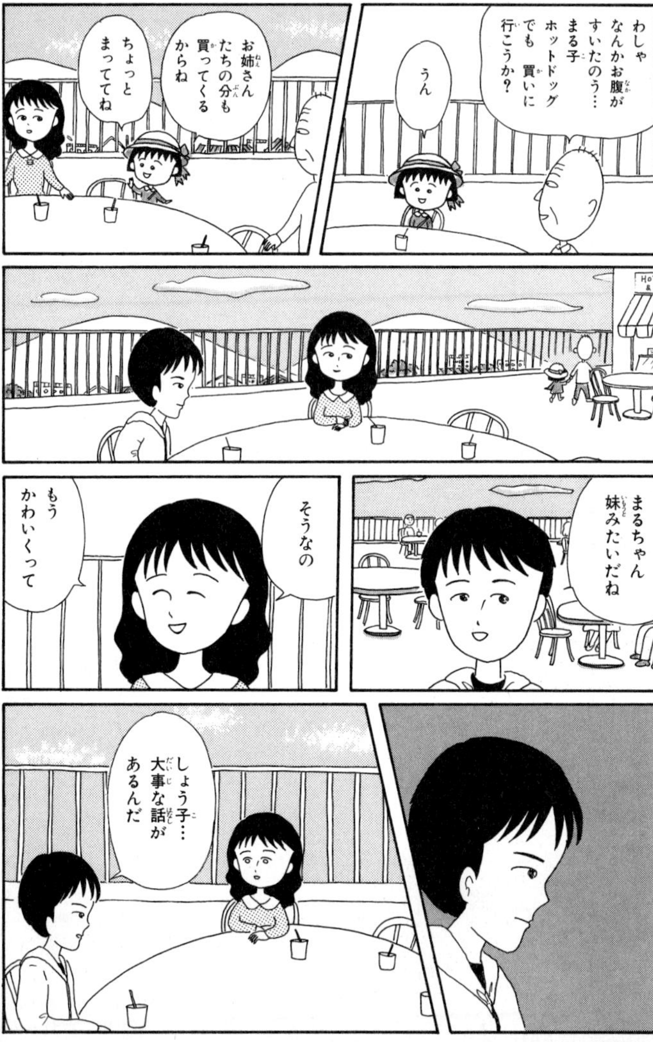
わしゃ なんかお腹がすいたのう… まる子 ホットドッグでも 買いに行こうか？
うん
お姉さんたちの分も買ってくるからね
ちょっとまっててね
HOT
まるちゃん 妹みたいだね
そうなの
もう かわいくって
しょう子… 大事な話があるんだ

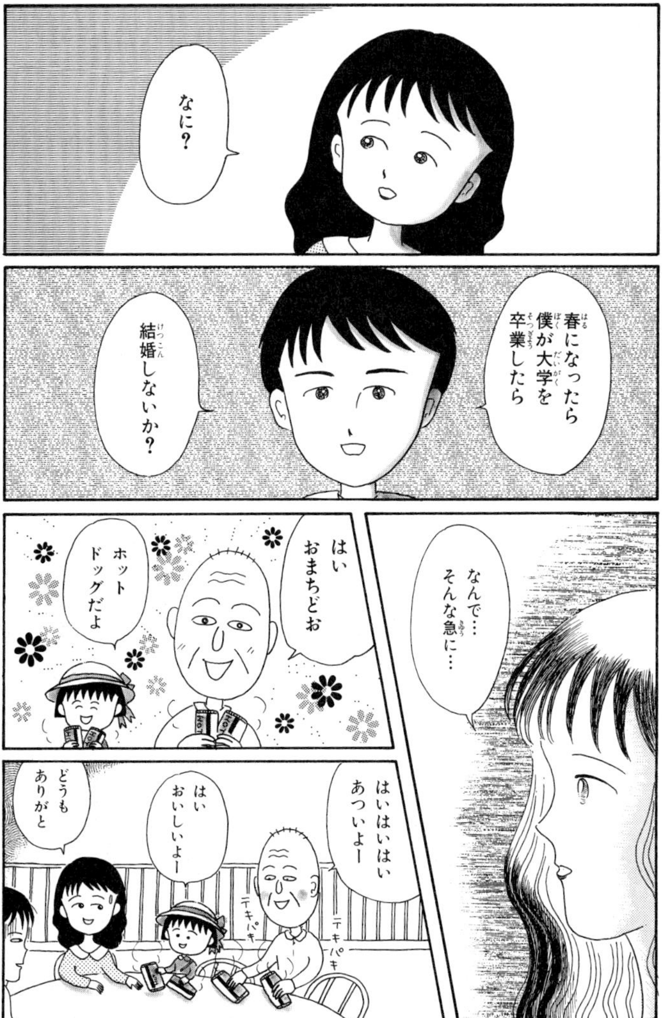
なに?
春になったら僕が大学を卒業したら
結婚しないか?
なんで…そんな急に…
はいおまちどお
ホットドッグだよ
はいはいはいあついよー
はいおいしいよー
テキパキ
テキパキ
どうもありがと

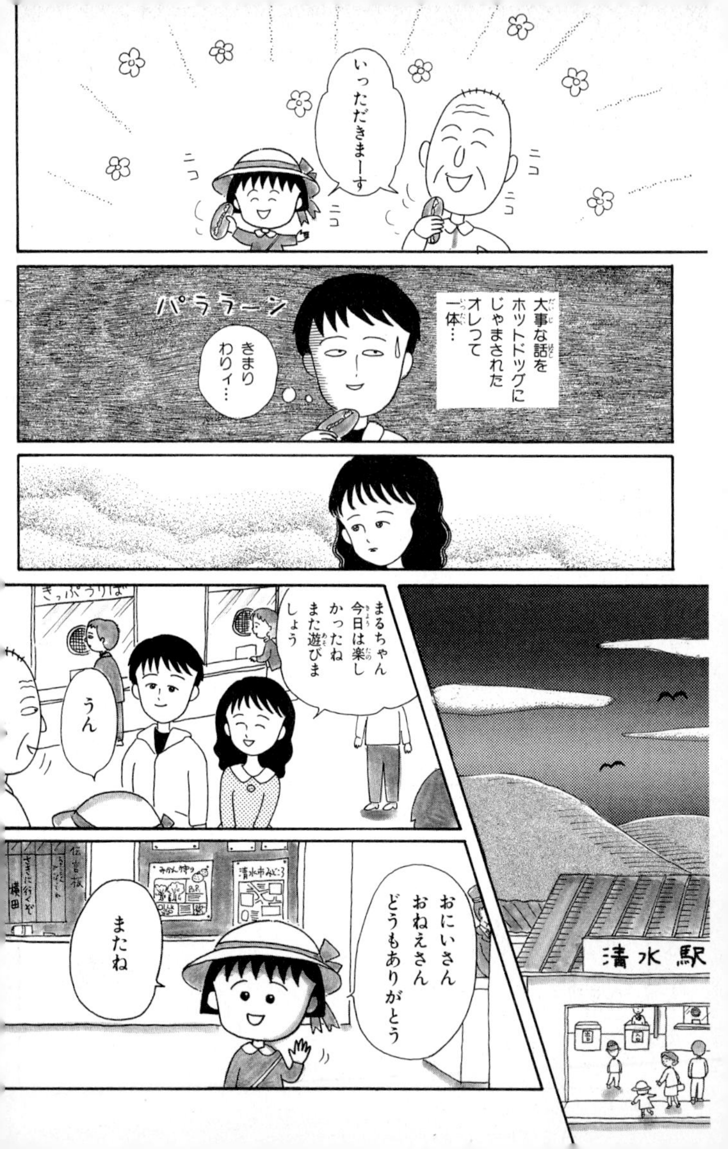
ニコ
ニコ
いっただきまーす
ニコ
ニコ
大事な話を
ホットドッグに
じゃまされた
オレって
一体…
パラララーン
きまり
わりィ…
まるちゃん
今日は楽し
かったね
また遊びま
しょう
うん
きっぷうりば
清水駅
おにいさん
おねえさん
どうもありがとう
またね
伝言板
みかん狩り
清水市みどころ

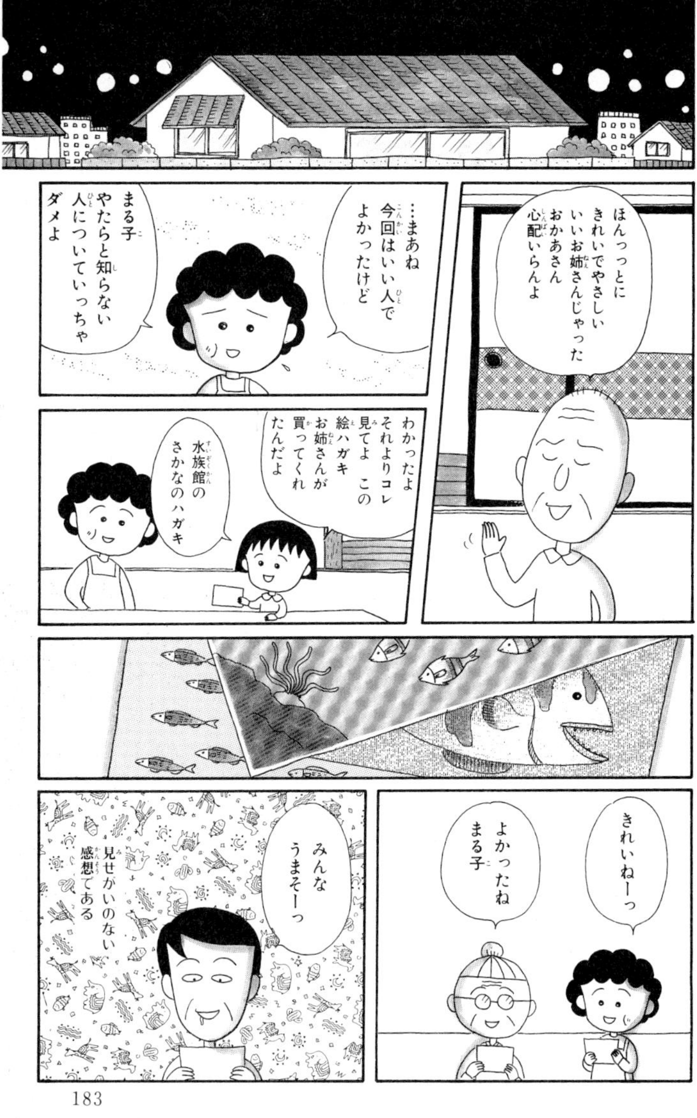
ほんっとに
きれいでやさしい
いいお姉さんじゃった
おかあさん
心配いらんよ
…まあね
今回はいい人で
よかったけど
まる子
やたらと知らない
人についていっちゃ
ダメよ
わかったよ
それよりコレ
見てよ　この
絵ハガキ
お姉さんが
買ってくれ
たんだよ
水族館の
さかなのハガキ
きれいねーっ
よかったね
まる子
みんな
うまそーっ
見せがいのない
感想である

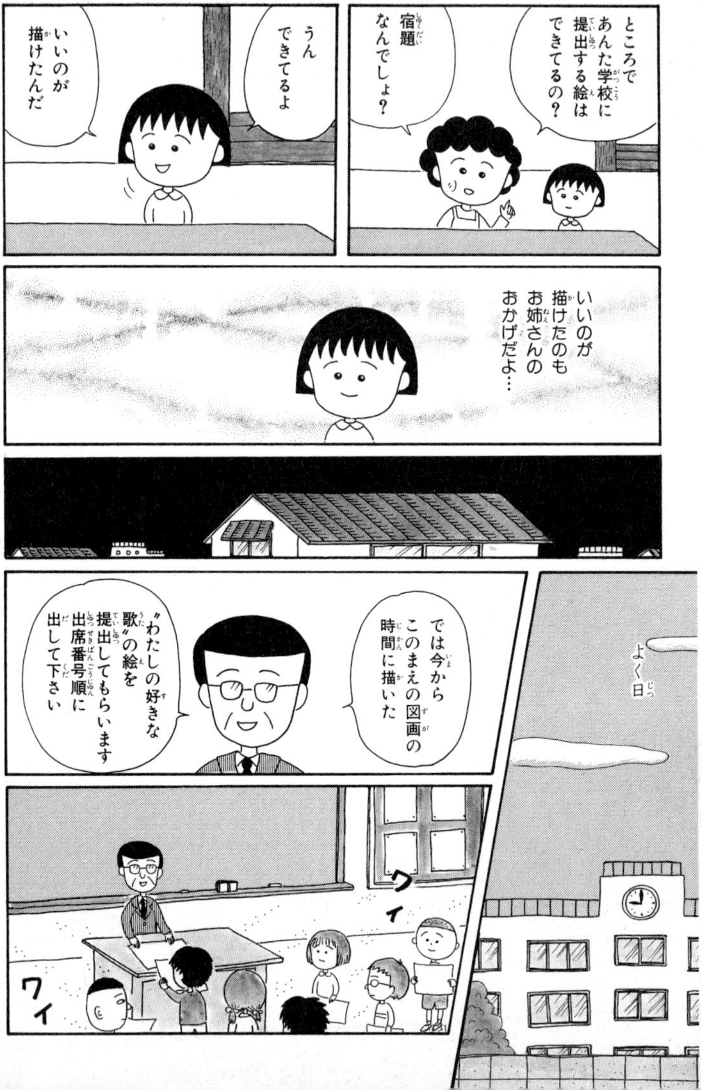
ところで あんた学校に 提出する絵は できてるの?
宿題 なんでしょ?
うん できてるよ
いいのが 描けたんだ
いいのが 描けたのも お姉さんの おかげだよ…
よく日
では今から このまえの図画の 時間に描いた
〝わたしの好きな 歌〟の絵を 提出してもらいます 出席番号順に 出して下さい
ワイ
ワイ

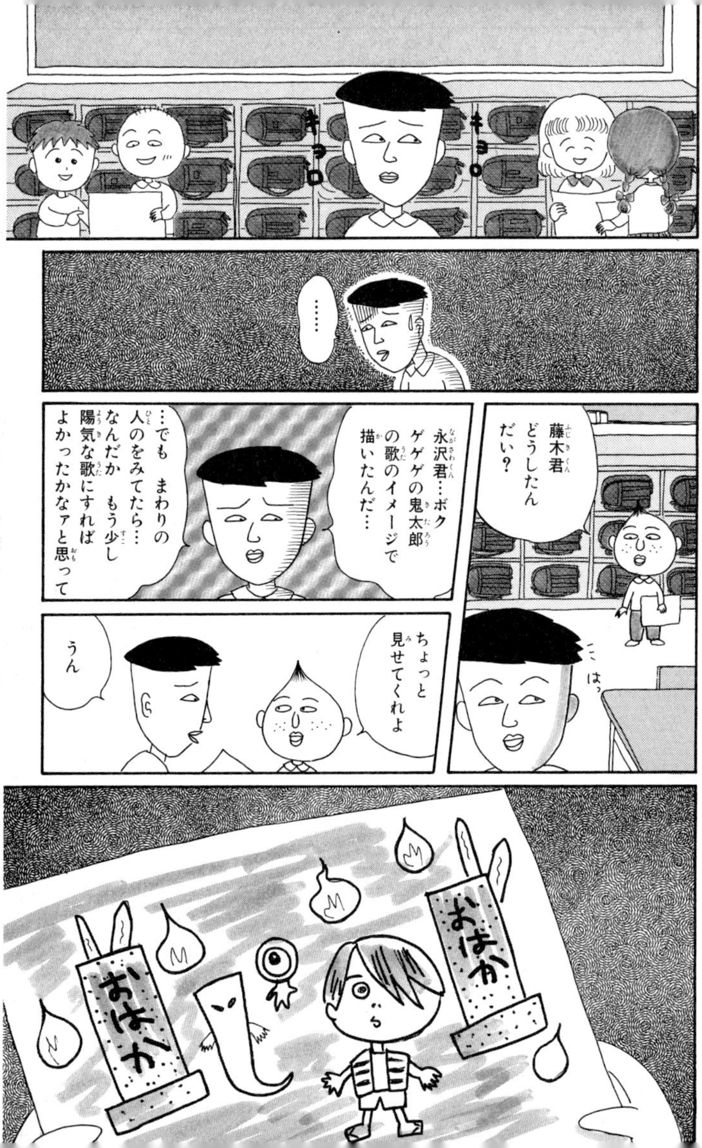
キョロ
キョロ
……
藤木君どうしたんだい？
はっ
永沢君…ボク　ゲゲゲの鬼太郎の歌のイメージで描いたんだ…
…でも　まわりの人のをみてたら…なんだか　もう少し陽気な歌にすればよかったかなァと思って
ちょっと見せてくれよ
うん
おはか
おはか

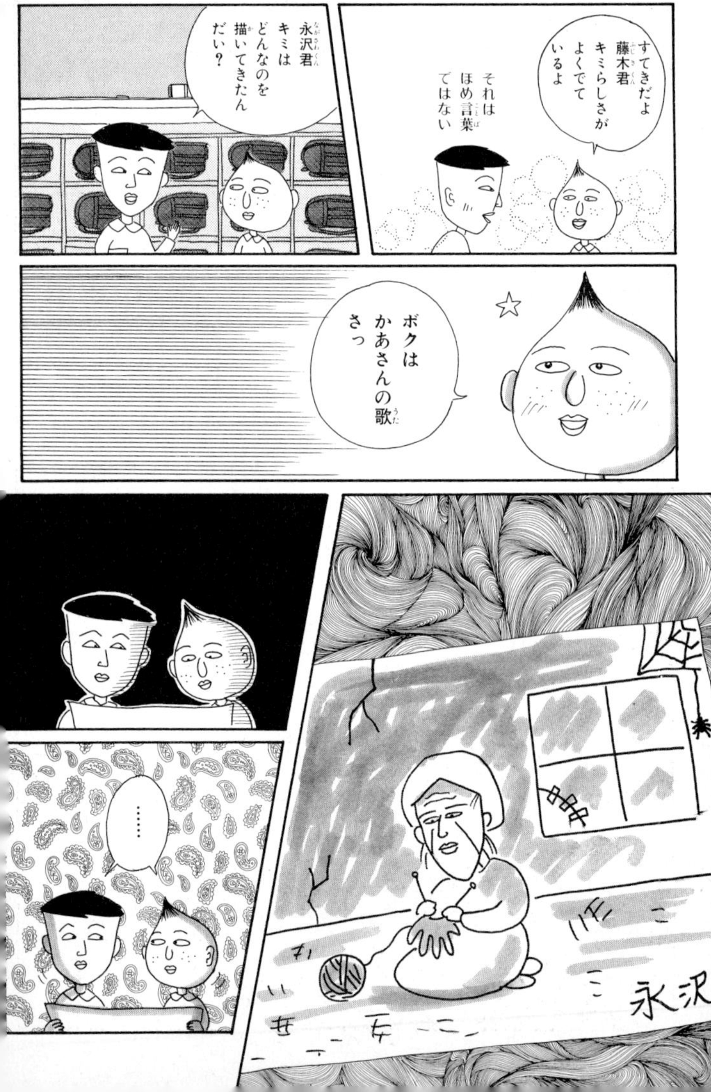
すてきだよ
藤木君
キミらしさが
よくでて
いるよ
それは
ほめ言葉
ではない
永沢君
キミは
どんなのを
描いてきたん
だい？
ボクは
かあさんの歌
さっ
……
永沢

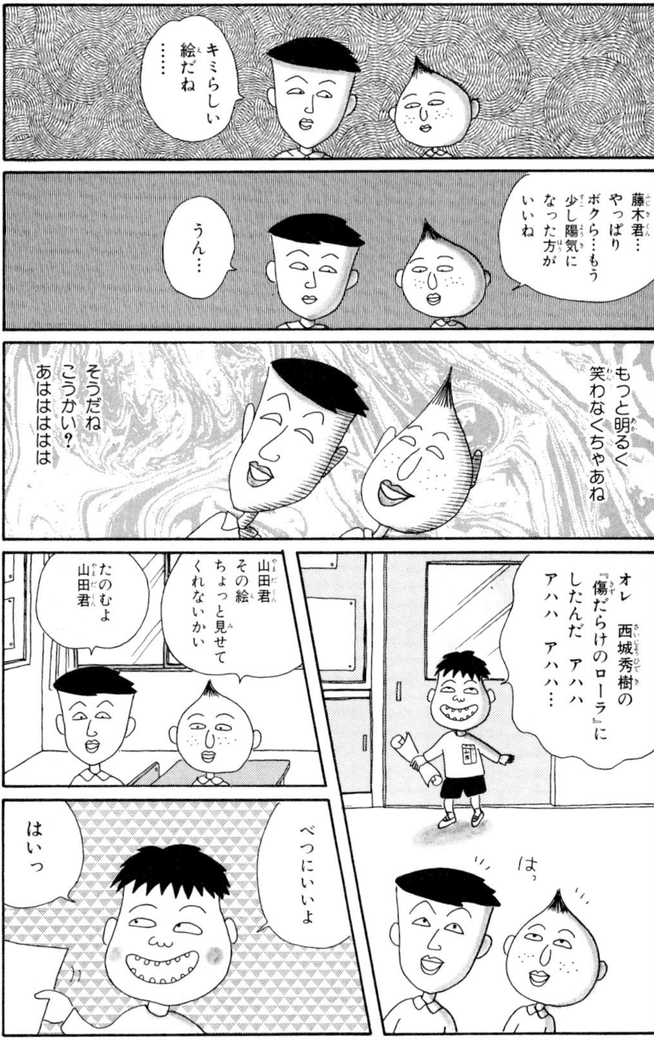
キミらしい
絵だね
……
藤木君…
やっぱり
ボクら…もう
少し陽気に
なった方が
いいね
うん…
もっと明るく
笑わなくちゃあね
そうだね
こうかい？
あははははは
オレ　西城秀樹の
『傷だらけのローラ』に
したんだ　アハハ
アハハ　アハハ…
山田君
その絵
ちょっと見せて
くれないかい
たのむよ
山田君
は
はいっ
べつにいいよ

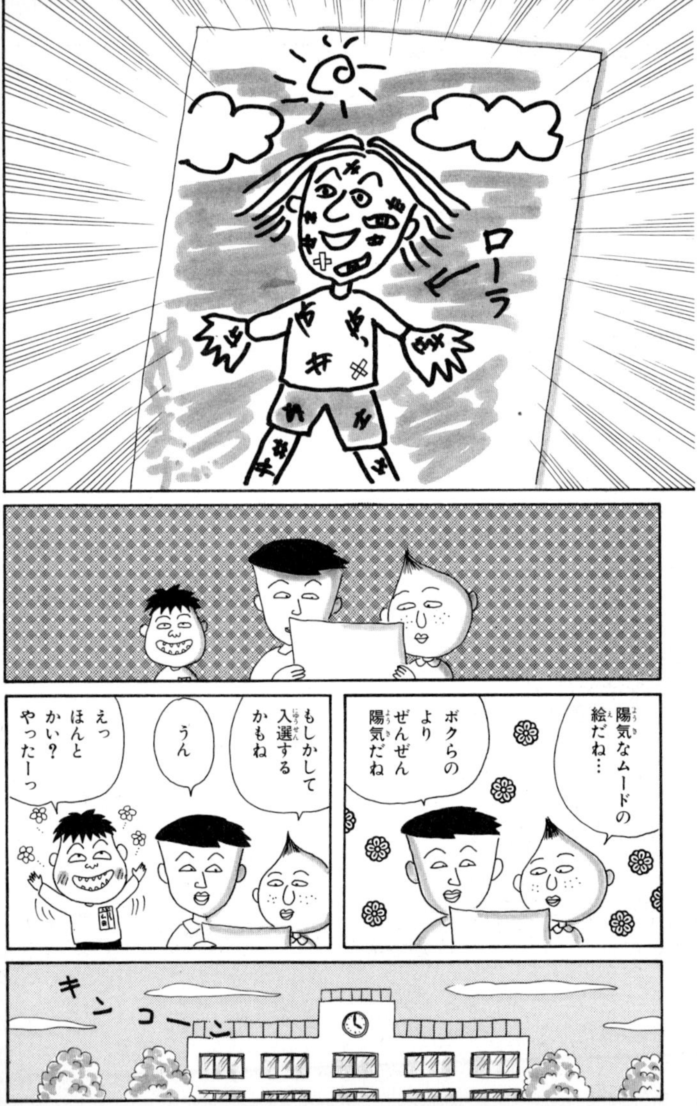
ローラ
陽気なムードの絵だね…
ボクらのよりぜんぜん陽気だね
もしかして入選するかもね
うん
えっほんとかい？やったーっ
キンコーン

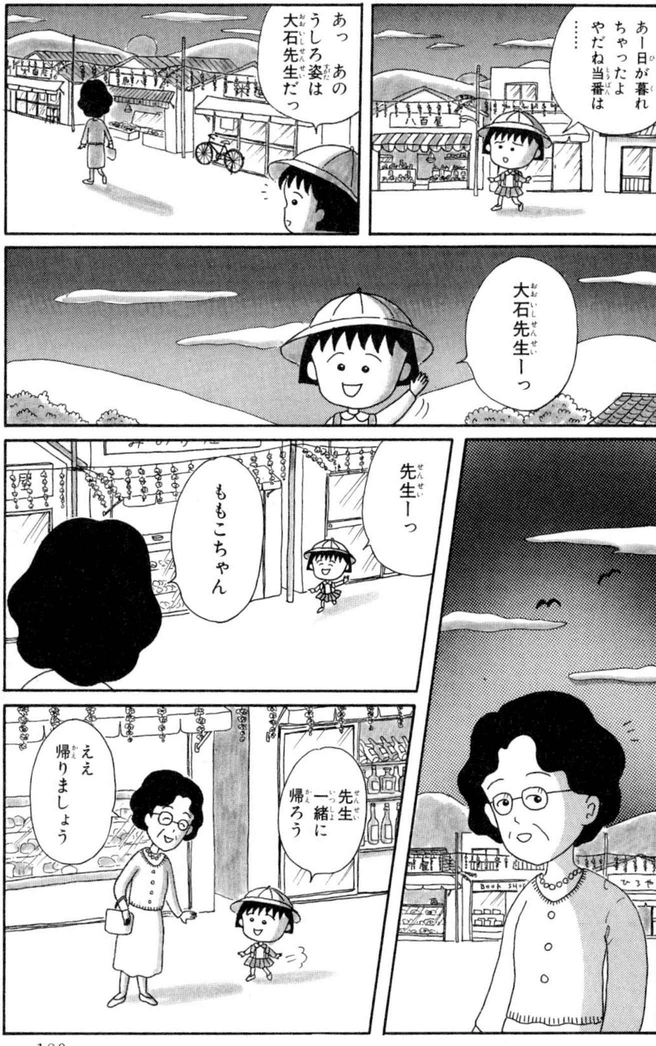
あー日が暮れちゃったよ やだね当番は……
あっ あのうしろ姿は大石先生だっ
大石先生ーっ
先生ーっ
ももこちゃん
先生一緒に帰ろう
ええ帰りましょう
八百屋
BOOK SHOP
ひろや

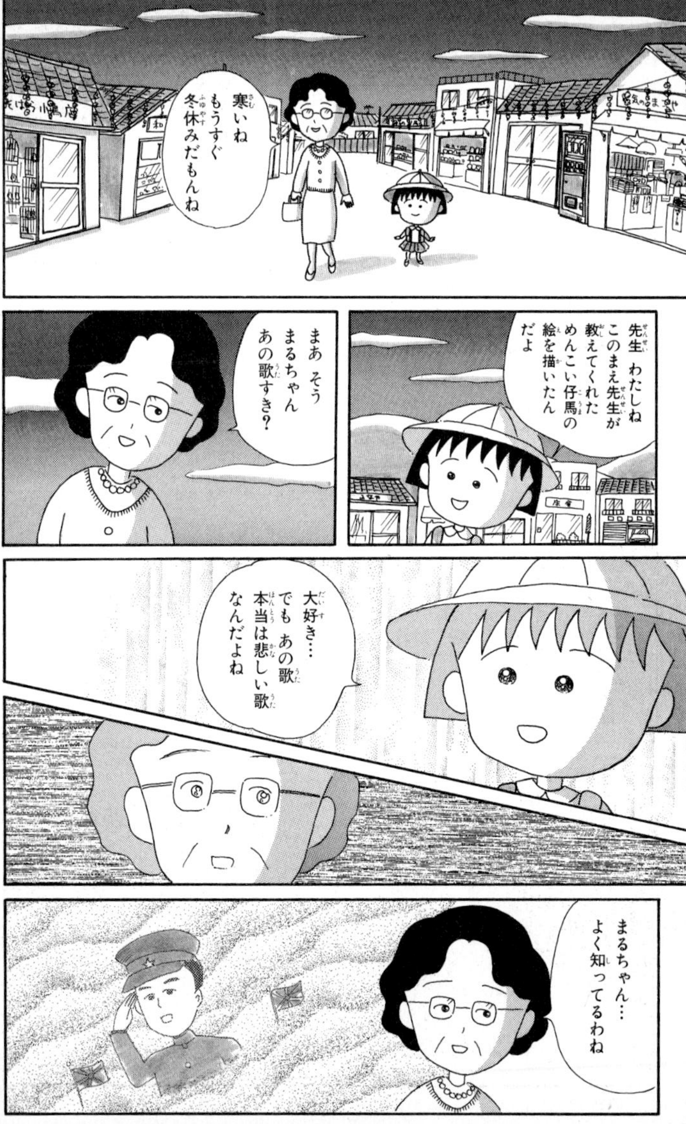
寒いね
もうすぐ
冬休みだもんね
先生 わたしね
このまえ先生が
教えてくれた
めんこい仔馬の
絵を描いたん
だよ
まあ そう
まるちゃん
あの歌すき？
大好き…
でも あの歌
本当は悲しい歌
なんだよね
まるちゃん…
よく知ってるわね

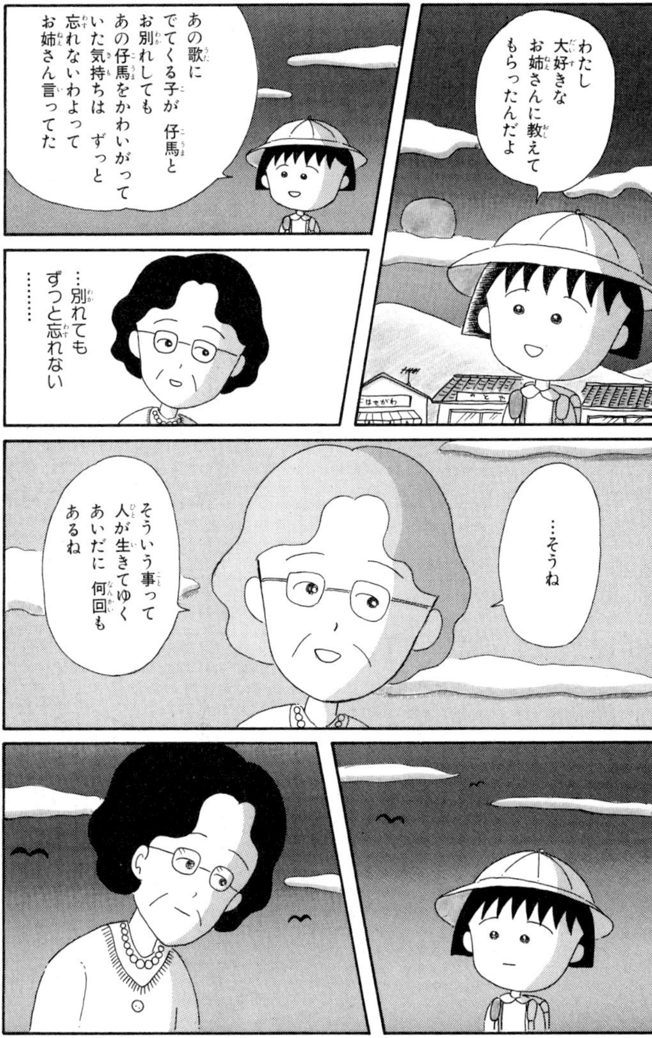
わたし大好きなお姉さんに教えてもらったんだよ
あの歌にでてくる子が　仔馬とお別れしてもあの仔馬をかわいがっていた気持ちは　ずっと忘れないわよってお姉さん言ってた
…別れてもずっと忘れない
………
…そうね
そういう事って人が生きてゆくあいだに　何回もあるね

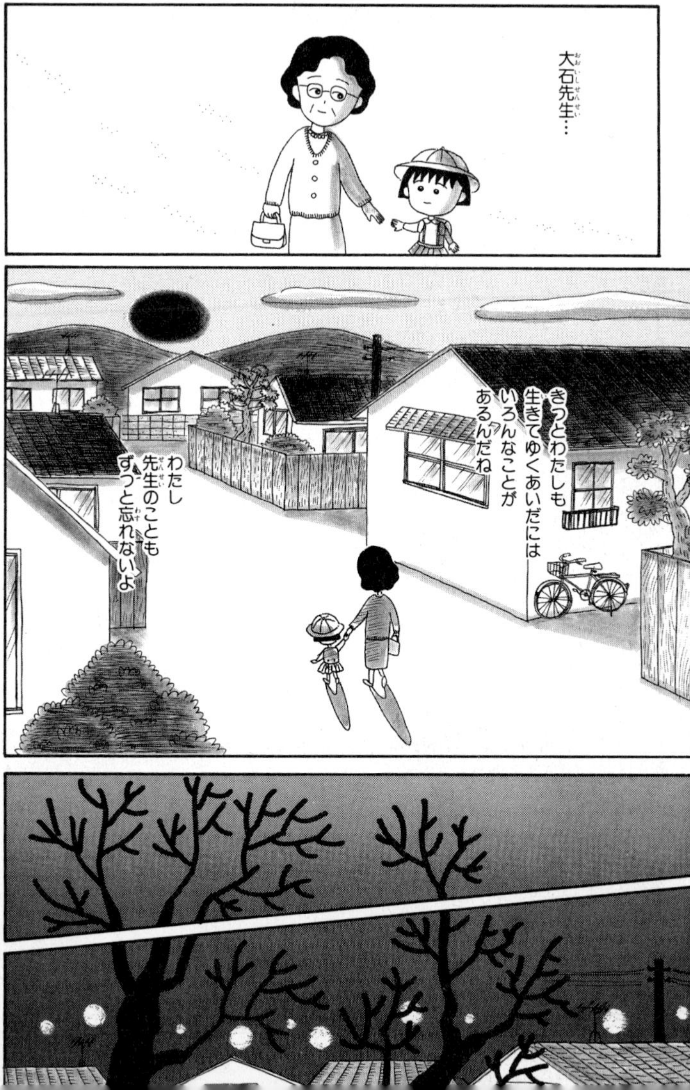
大石先生…
きっとわたしも
生きてゆくあいだには
いろんなことが
あるんだね
わたし
先生のことも
ずっと忘れないよ

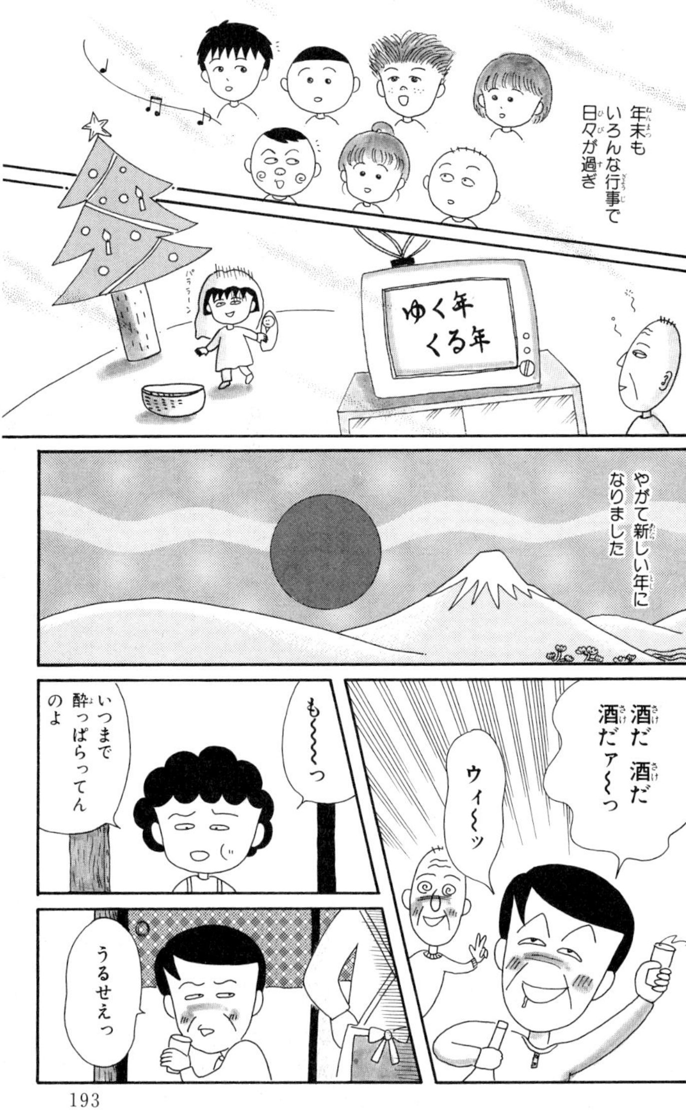
年末も
いろんな行事で
日々が過ぎ
パラ〜ン
ゆく年
くる年
やがて新しい年に
なりました
酒だ 酒だ
酒だア〜っ
ウィ〜ッ
も〜〜っ
いつまで
酔っぱらってん
のよ
うるせえっ

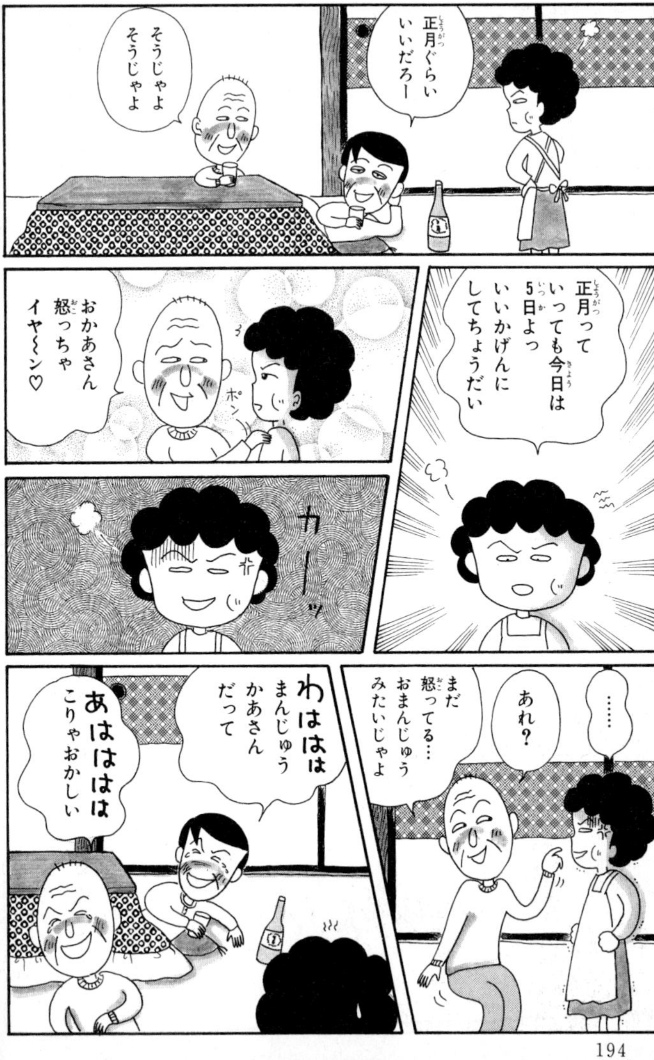
正月ぐらいいいだろー
そうじゃよそうじゃよ
正月っていっても今日は5日よっいいかげんにしてちょうだい
ポン
おかあさん怒っちゃイヤ〜ン♡
カーッ
……
あれ？
まだ怒ってる…おまんじゅうみたいじゃよ
わははは まんじゅうかあさんだって
あははははこりゃおかしい

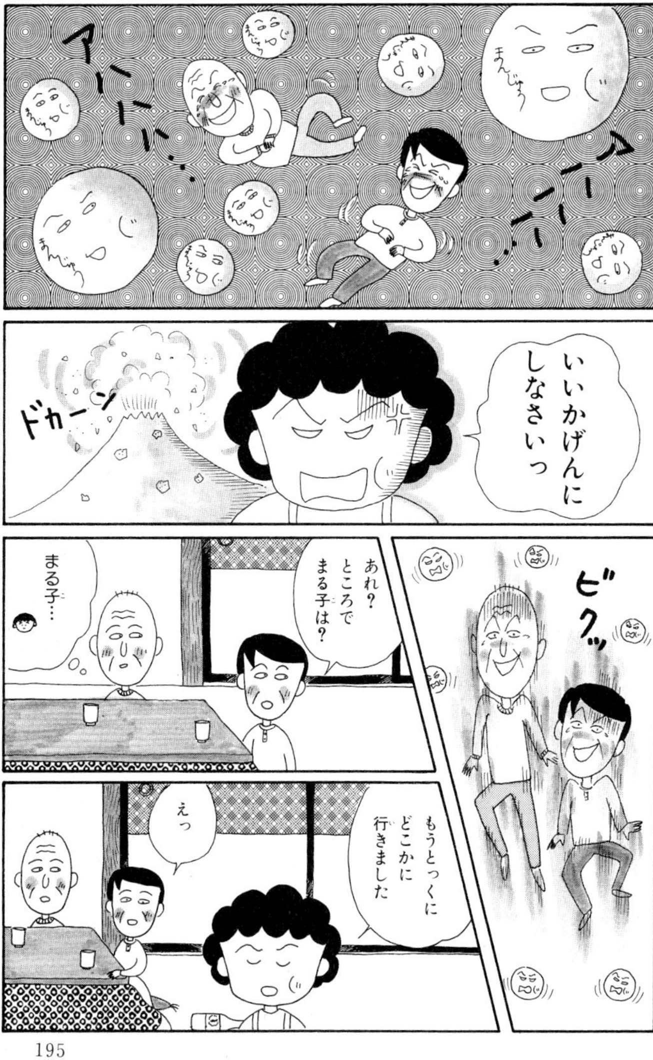
アハハハ…
ワハハハ…
まんじゅう
いいかげんにしなさいっ
ドカーン
ビクッ
あれ？ところでまる子は？
まる子…
もうとっくにどこかに行きました
えっ

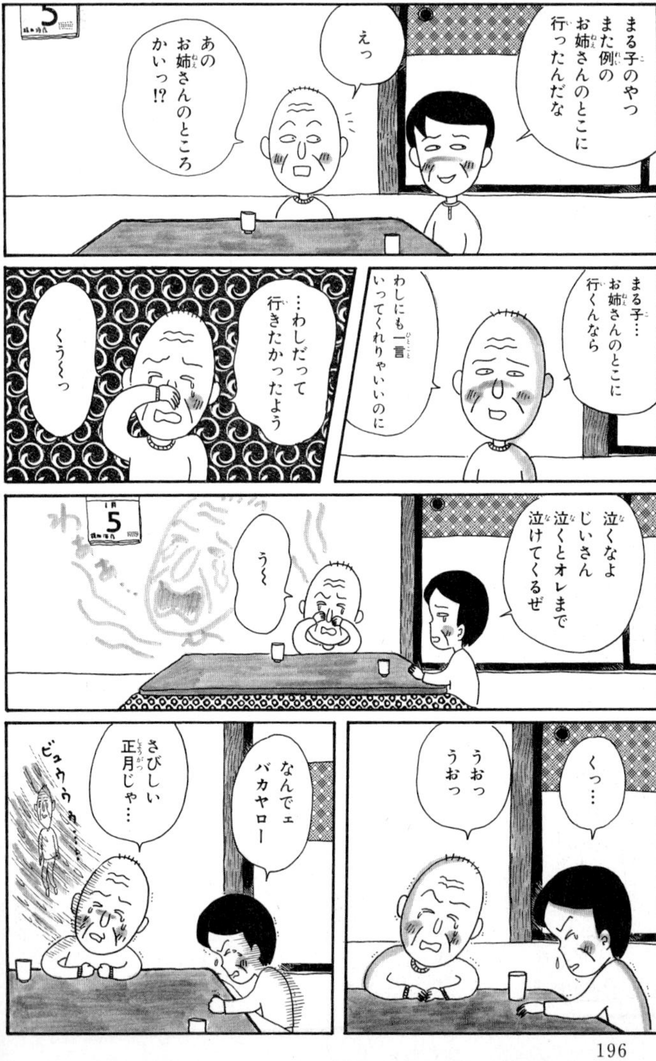
まる子のやつ
また例の
お姉さんのとこに
行ったんだな
えっ
あの
お姉さんのところ
かいっ!?
まる子…
お姉さんのとこに
行くんなら
わしにも一言
いってくれりゃいいのに
…わしだって
行きたかったよう
くう〜っ
泣くなよ
じいさん
泣くとオレまで
泣けてくるぜ
う〜
くっ…
うおっ
うおっ
なんでェ
バカヤロー
さびしい
正月じゃ…
ビュウウウ…

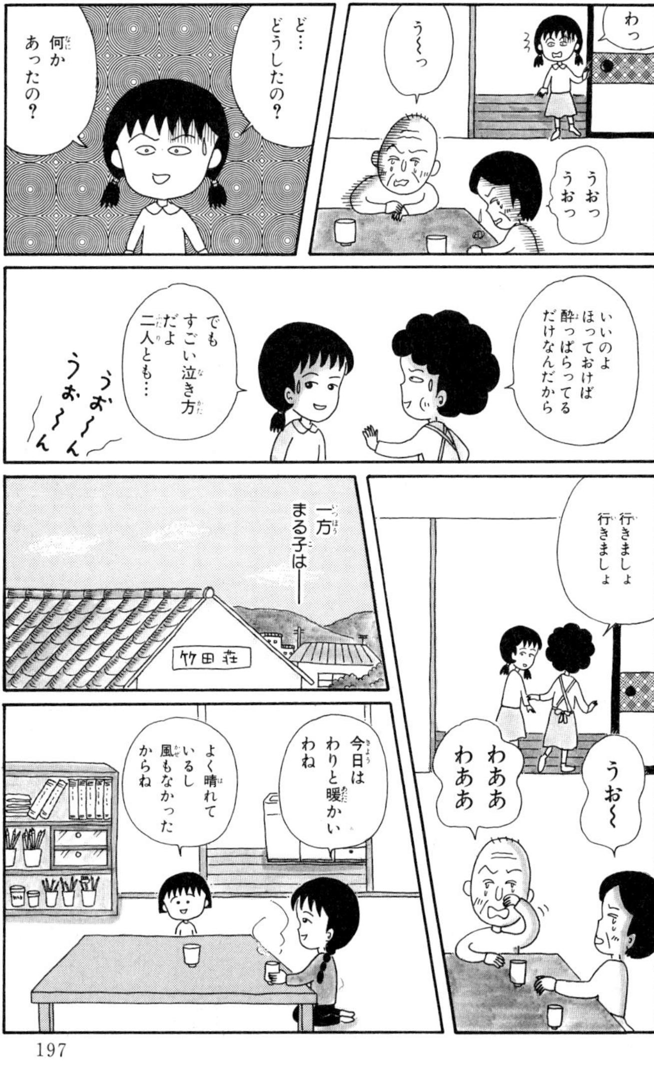
わっ
うおっ うおっ
う〜っ
ど…どうしたの？
何かあったの？
いいのよ ほっておけば 酔っぱらってる だけなんだから
でも すごい泣き方だよ 二人とも…
うお〜ん うお〜ん
行きましょ 行きましょ
うお〜
わあああ
一方まる子は——
竹田荘
今日はわりと暖かいわね
よく晴れているし 風もなかったからね

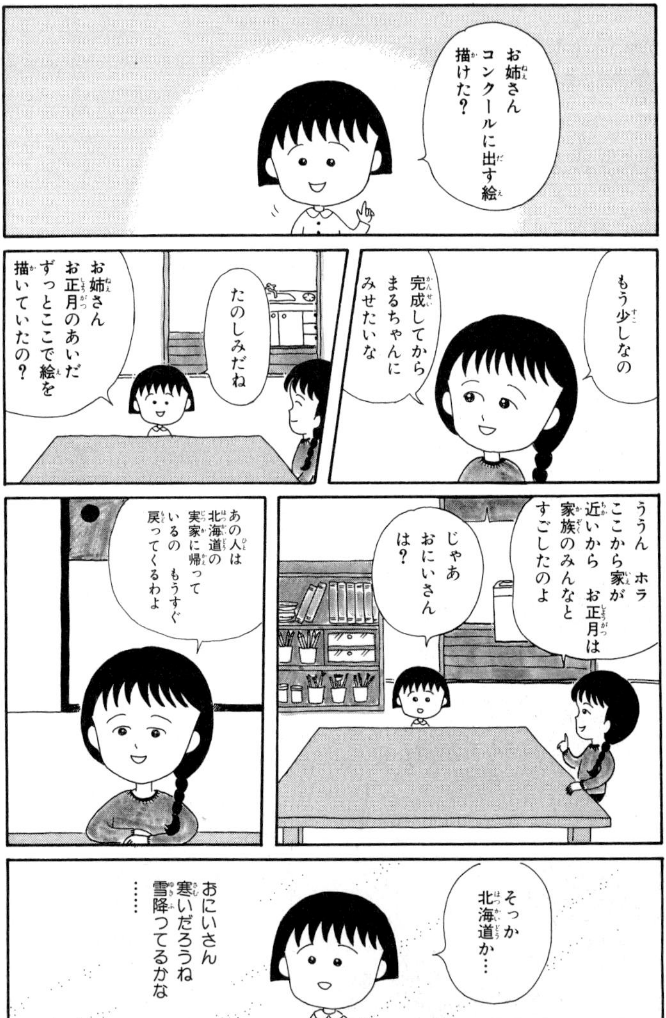
お姉さん コンクールに出す絵描けた？
もう少しなの
完成してからまるちゃんにみせたいな
たのしみだね
お姉さん お正月のあいだずっとここで絵を描いていたの？
ううん ホラ ここから家が近いから お正月は家族のみんなとすごしたのよ
じゃあ おにいさんは？
あの人は北海道の実家に帰っているの もうすぐ戻ってくるわよ
そっか 北海道か…
おにいさん 寒いだろうね 雪降ってるかな ……

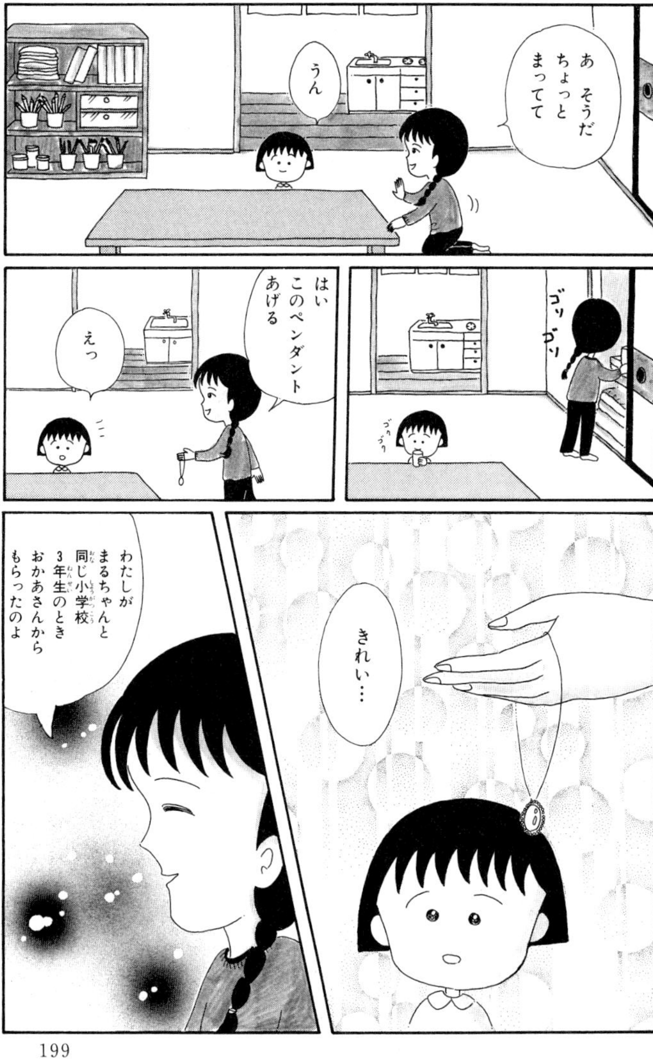
あ そうだ ちょっと まってて
うん
ゴリ ゴリ
ゴク ゴク
はい このペンダント あげる
えっ
わたしが まるちゃんと 同じ小学校 3年生のとき おかあさんから もらったのよ
きれい…

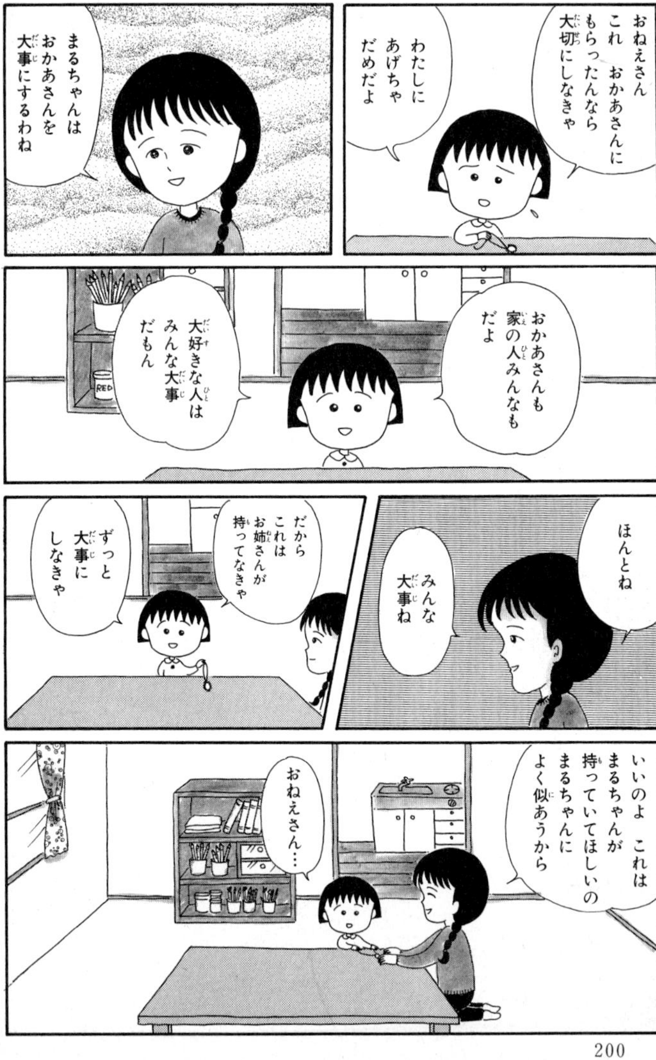
おねえさん
これ　おかあさんに
もらったんなら
大切にしなきゃ
わたしに
あげちゃ
だめだよ
まるちゃんは
おかあさんを
大事にするわね
おかあさんも
家の人みんなも
だよ
大好きな人は
みんな大事
だもん
ほんとね
みんな
大事ね
だから
これは
お姉さんが
持ってなきゃ
ずっと
大事に
しなきゃ
いいのよ　これは
まるちゃんが
持っていてほしいの
まるちゃんに
よく似あうから
おねえさん…

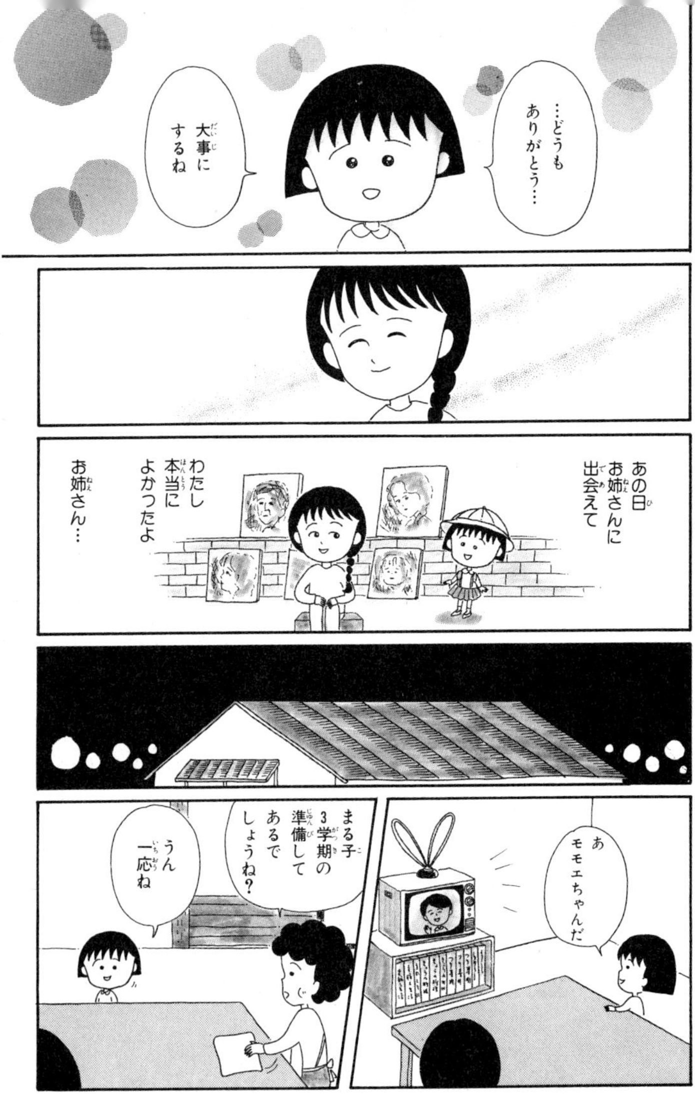
…どうもありがとう…
大事にするね
あの日お姉さんに出会えて
わたし本当によかったよ
お姉さん…
あモモエちゃんだ
まる子3学期の準備してあるでしょうね?
うん一応ね

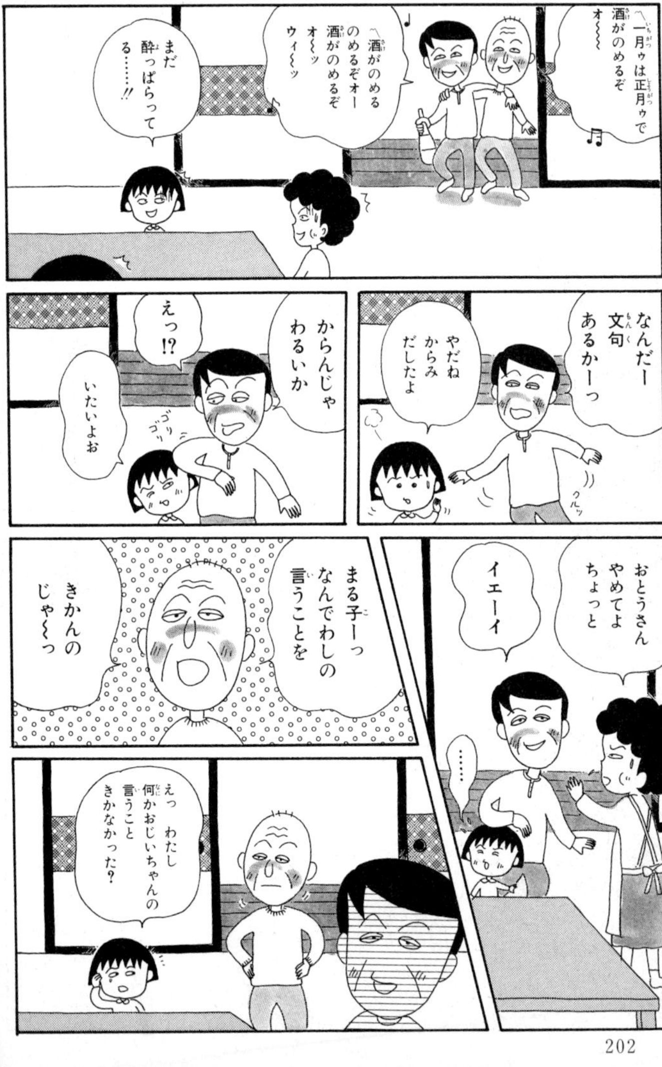
〜一月ゥは正月ゥで酒がのめるぞオ〜〜〜
〜酒がのめるのめるぞオー酒がのめるぞオ〜ッウィ〜ッ
まだ酔っぱらってる……!!
なんだー文句あるかーっ
やだねからみだしたよ
クルッ
からんじゃわるいか
えっ!?
ゴリゴリ
いたいよお
おとうさんやめてよちょっと
イエーイ
……
まる子ーっなんでわしの言うことを
きかんのじゃ〜っ
えっ わたし何かおじいちゃんの言うことききかなかった?

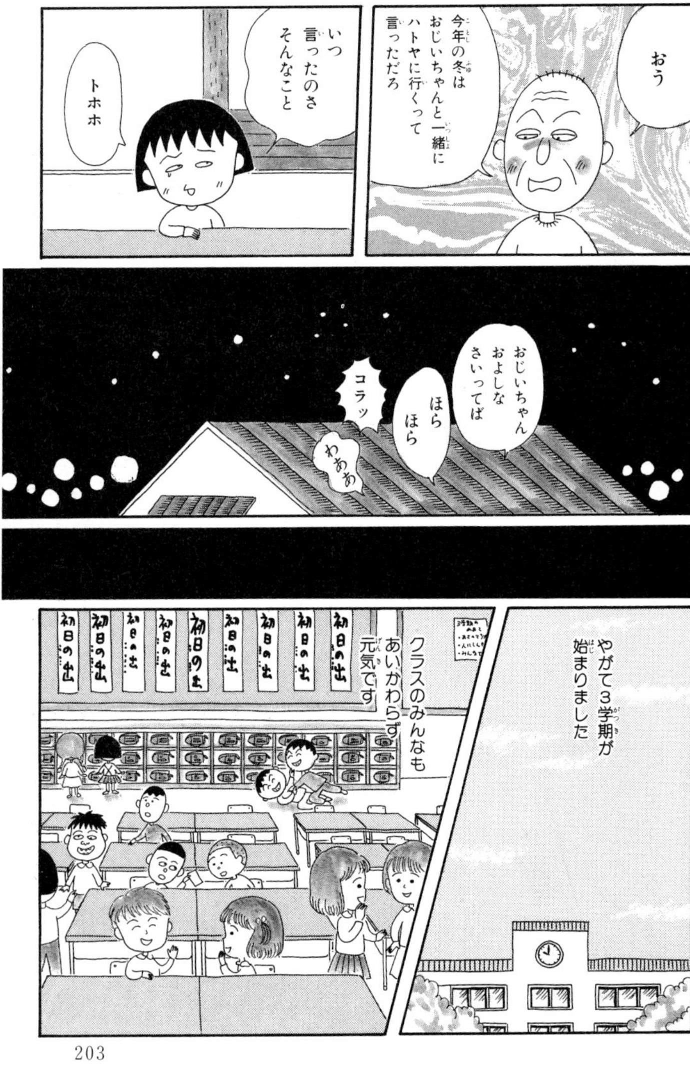
おう
今年の冬は
おじいちゃんと一緒に
ハトヤに行くって
言っただろ
いつ
言ったのさ
そんなこと
トホホ
おじいちゃん
およしな
さいってば
ほら
ほら
コラッ
わあぁ
やがて3学期が
始まりました
クラスのみんなも
あいかわらず
元気です
初日の出

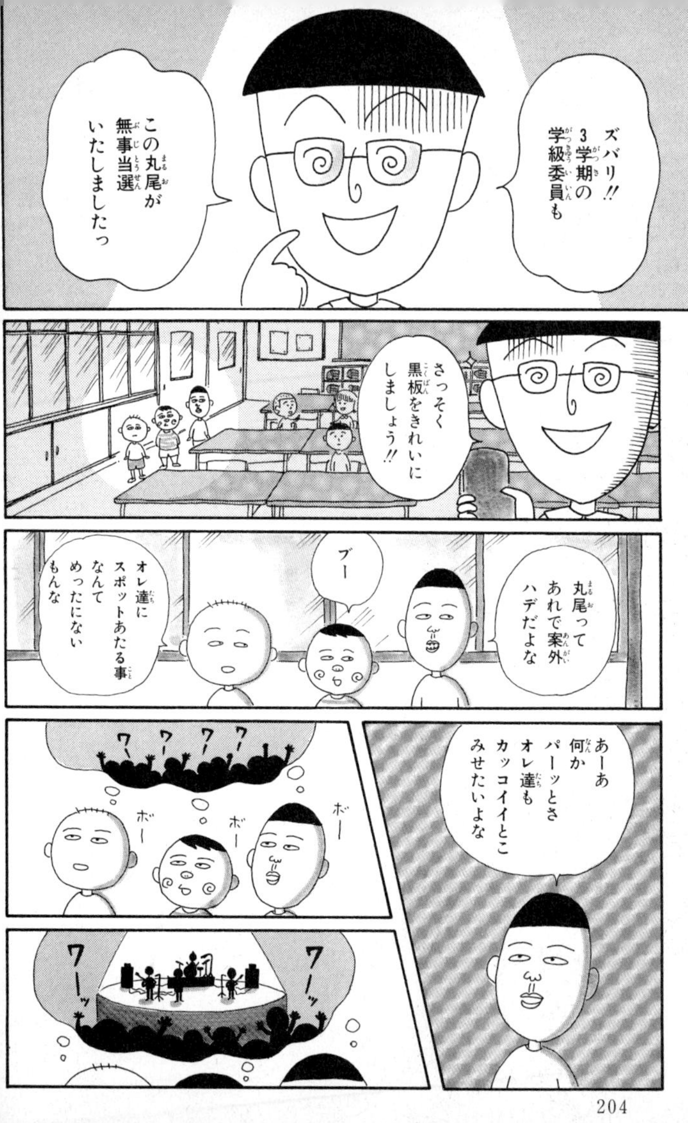
ズバリ!! 3学期の学級委員も
この丸尾が無事当選いたしましたっ
さっそく黒板をきれいにしましょう!!
丸尾ってあれで案外ハデだよな
ブー
オレ達にスポットあたる事なんてめったにないもんな
ボー
ボー
ボー
ワ〜ワ〜ワ〜ワ〜
あーあ 何かパーッとさ オレ達もカッコイイとこみせたいよな
ワーッ
ワーッ

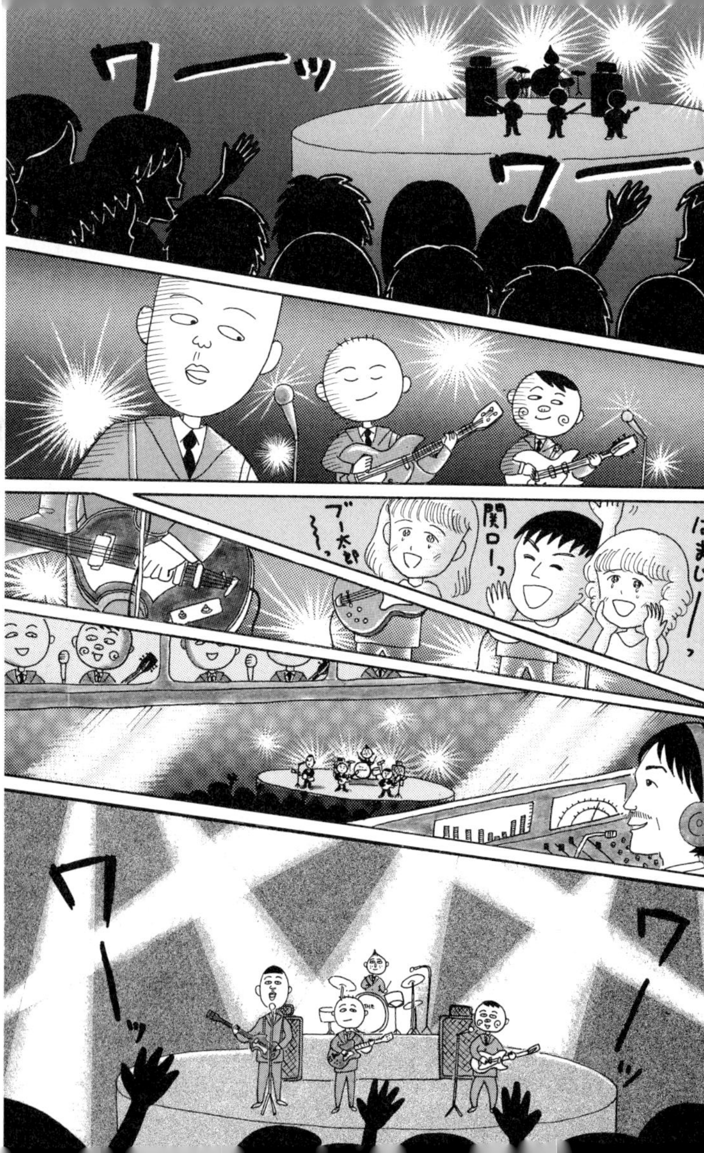
ワーーッ
ワーーッ
はまじーーっ
関ローっ
ブー太郎〜〜っ
ワーーッ
ワーーッ

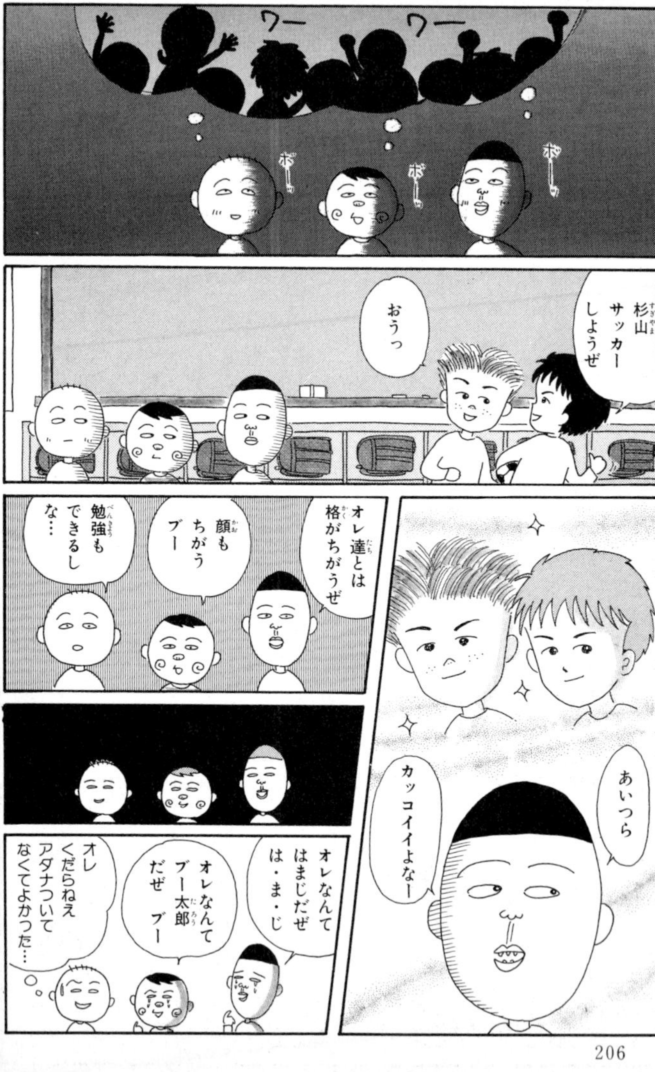
ワー
ワー
ボー
ボー
ボー
杉山サッカーしようぜ
おうっ
オレ達とは格がちがうぜ
顔もちがうブー
勉強もできるしな…
あいつら
カッコイイよなー
オレなんてはまじだぜ は・ま・じ
オレなんてブー太郎だぜ ブー
オレくだらねえアダナついてなくてよかった…

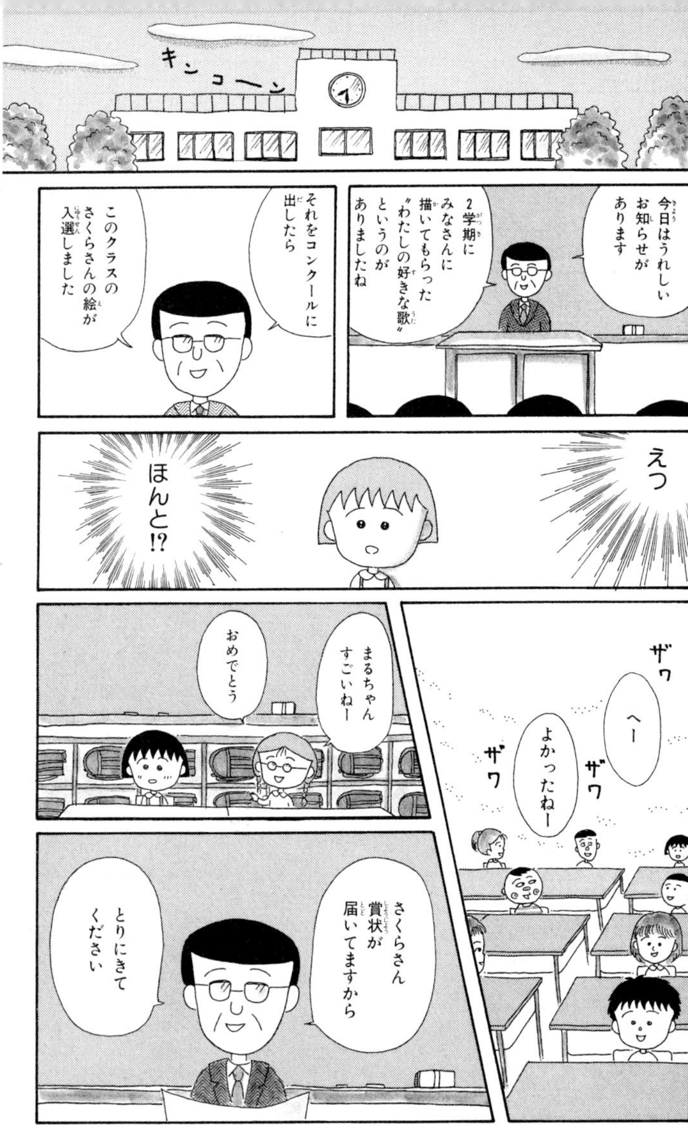
キンコーン
今日はうれしいお知らせがあります
2学期にみなさんに描いてもらった"わたしの好きな歌"というのがありましたね
それをコンクールに出したら
このクラスのさくらさんの絵が入選しました
えっ
ほんと!?
ザワ
へー
ザワ
よかったねー
ザワ
まるちゃんすごいねー
おめでとう
さくらさん賞状が届いてますから
とりにきてください

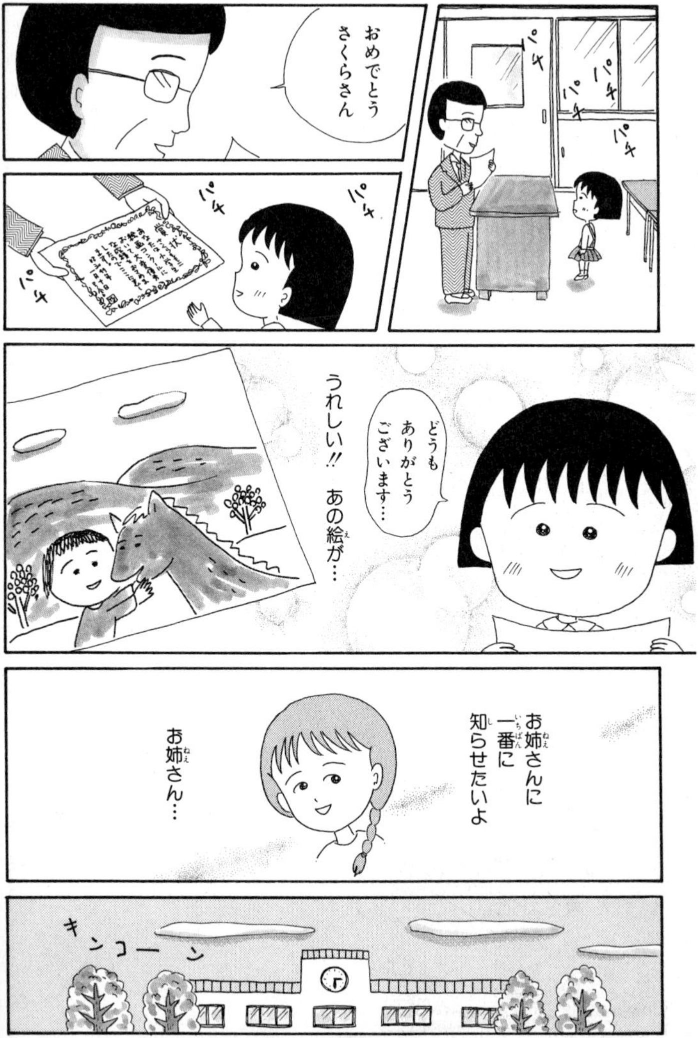
パチ
パチ
パチ
パチ
おめでとう
さくらさん
パチ
パチ
パチ
どうも
ありがとう
ございます…
うれしい!! あの絵が…
お姉さんに
一番に
知らせたいよ
お姉さん…
キンコーン

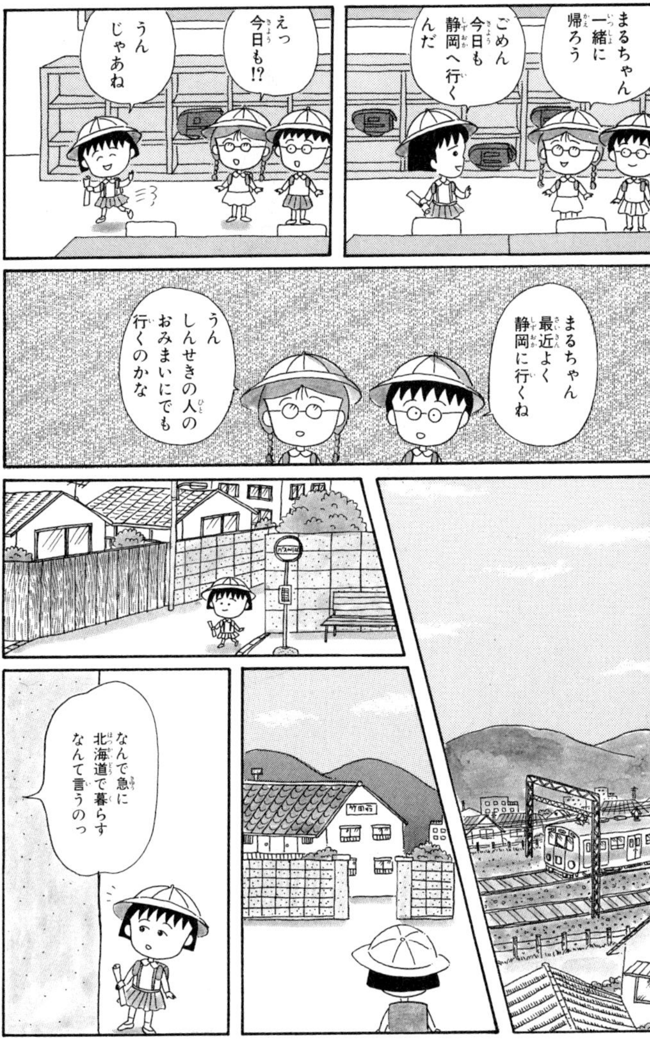
まるちゃん一緒に帰ろう
ごめん今日も静岡へ行くんだ
えっ今日も!?
うんじゃあね
まるちゃん最近よく静岡に行くね
うんしんせきの人のおみまいにでも行くのかな
竹田荘
なんで急に北海道で暮らすなんて言うのっ

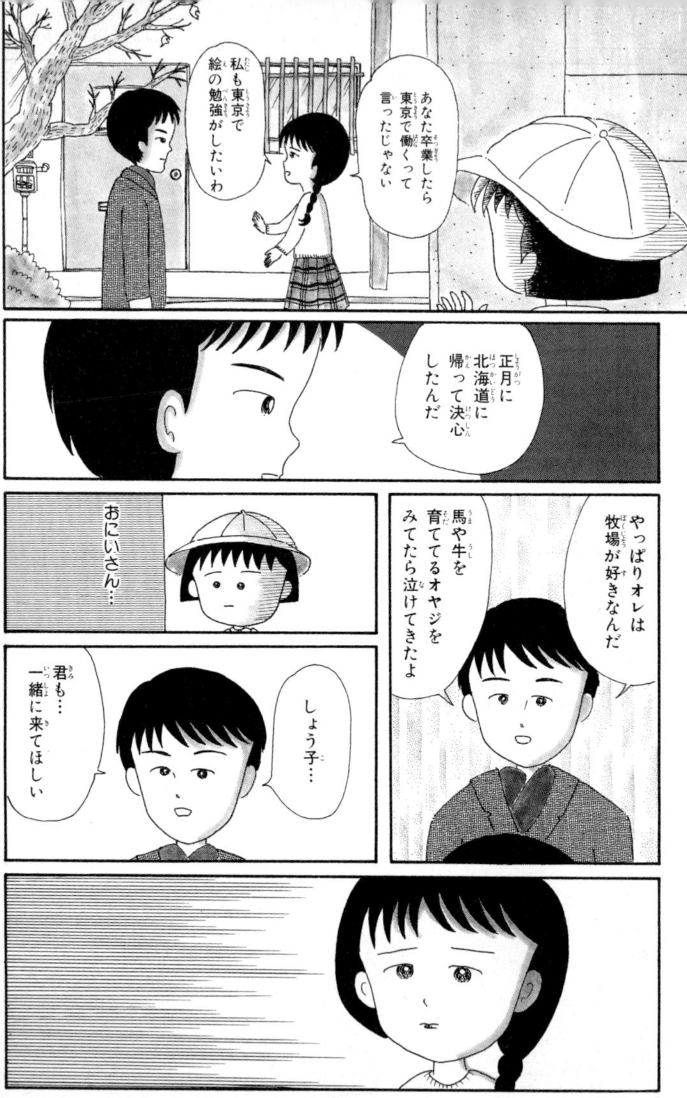
あなた卒業したら東京で働くって言ったじゃない
私も東京で絵の勉強がしたいわ
正月に北海道に帰って決心したんだ
やっぱりオレは牧場が好きなんだ
馬や牛を育ててるオヤジをみてたら泣けてきたよ
おにいさん…
しょう子…
君も…一緒に来てほしい

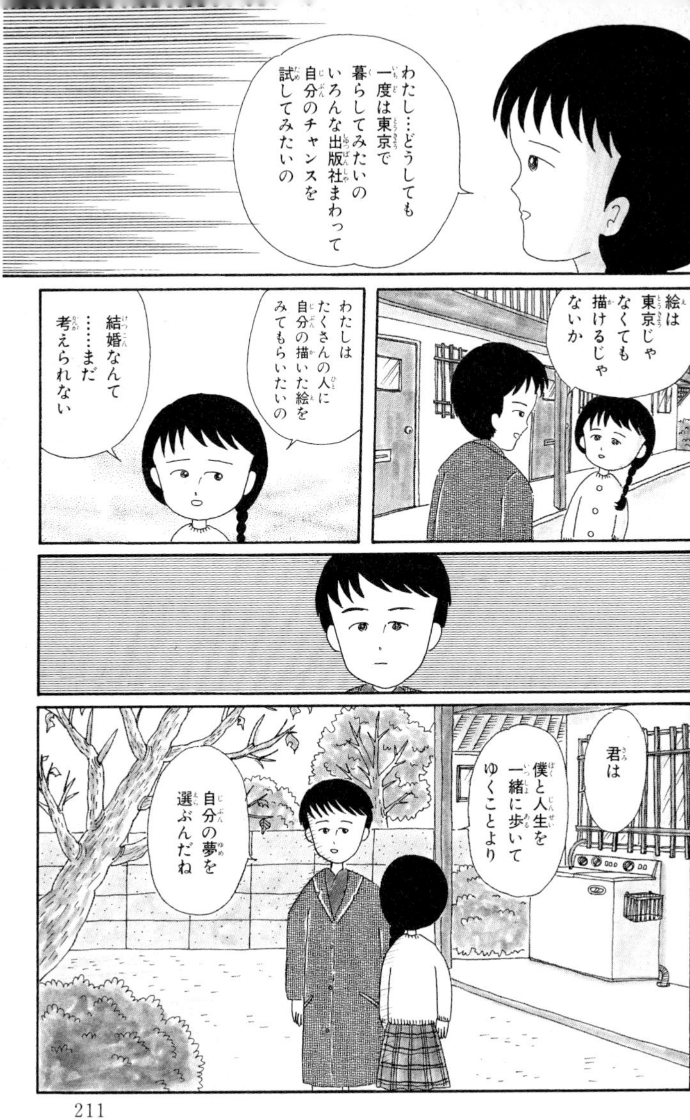
わたし…どうしても一度は東京で暮らしてみたいの
いろんな出版社まわって自分のチャンスを試してみたいの
絵は東京じゃなくても描けるじゃないか
わたしはたくさんの人に自分の描いた絵をみてもらいたいの
結婚なんて……まだ考えられない
君は
僕と人生を一緒に歩いてゆくことより
自分の夢を選ぶんだね

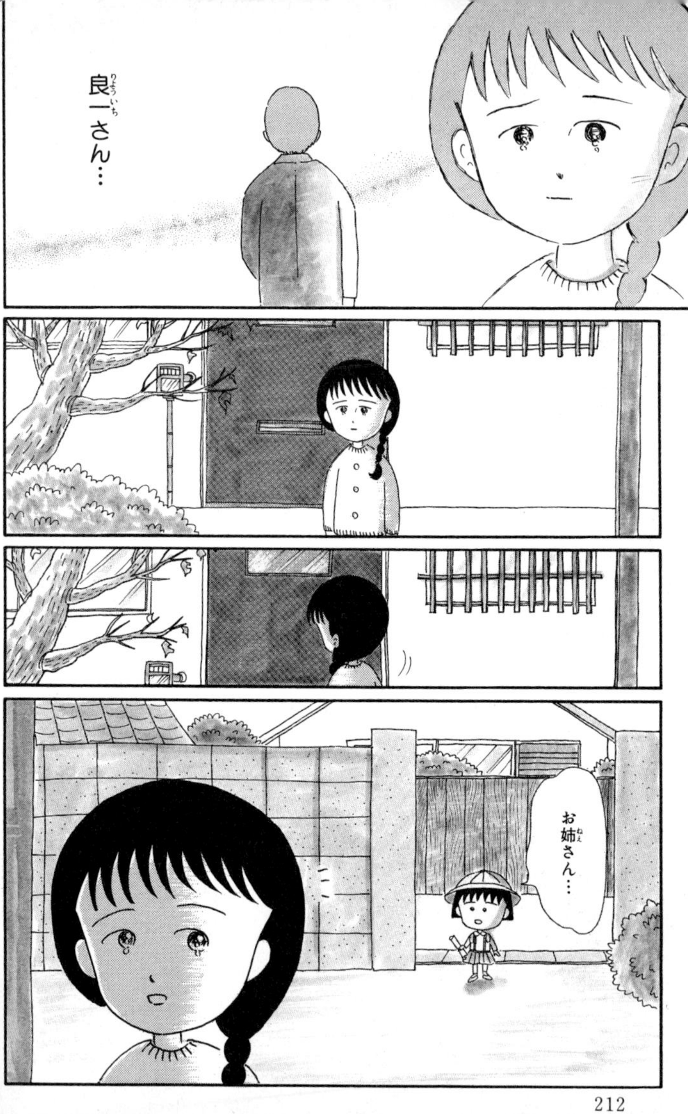
良一さん…
お姉さん…

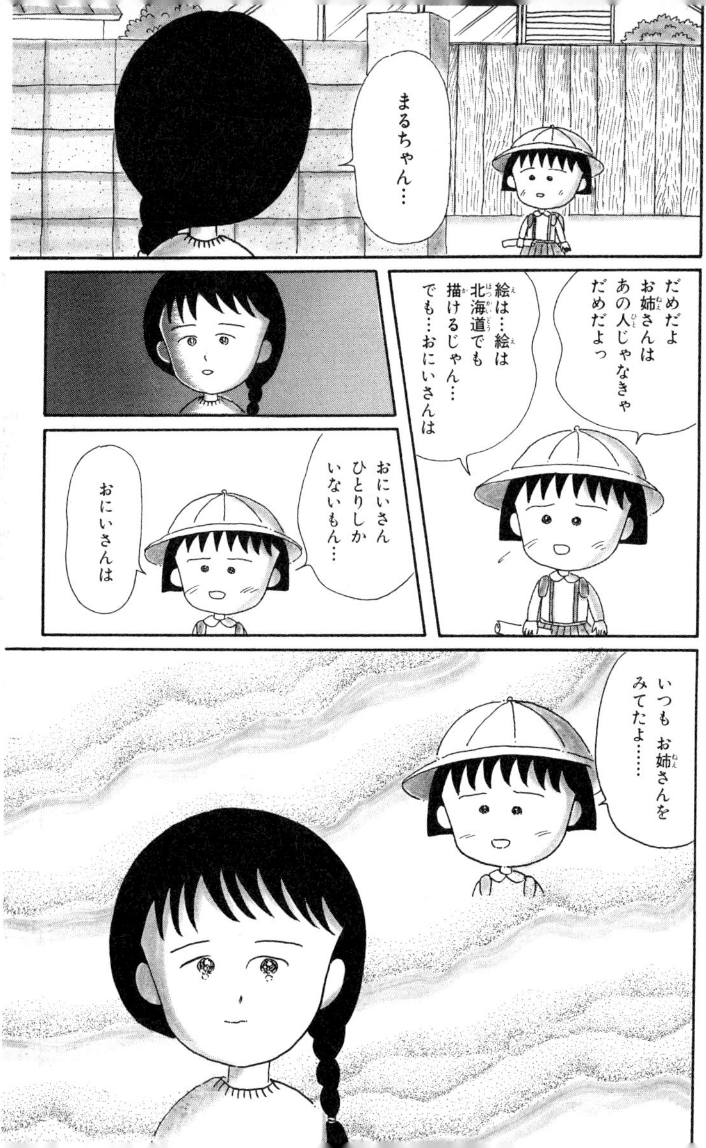
まるちゃん…
だめだよ お姉さんは あの人じゃなきゃ だめだよっ
絵は…絵は 北海道でも 描けるじゃん… でも…おにいさんは
おにいさん ひとりしか いないもん…
おにいさんは
いつも お姉さんを みてたよ……

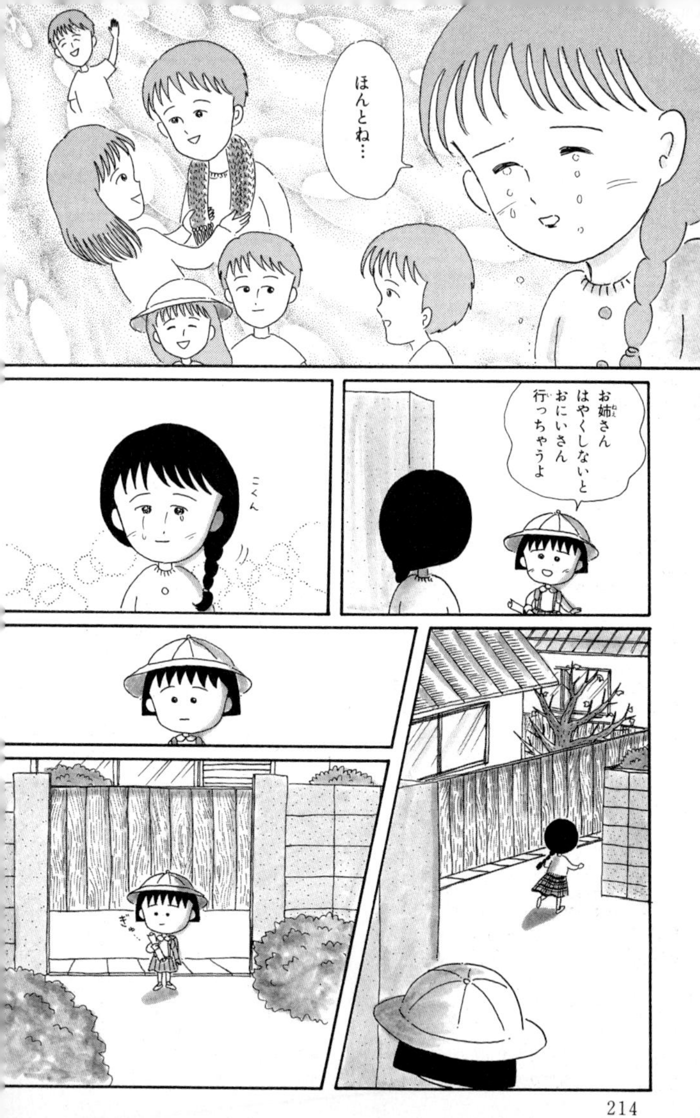
ほんとね…
お姉さん
はやくしないと
おにいさん
行っちゃうよ
こくん
ぎゅ…

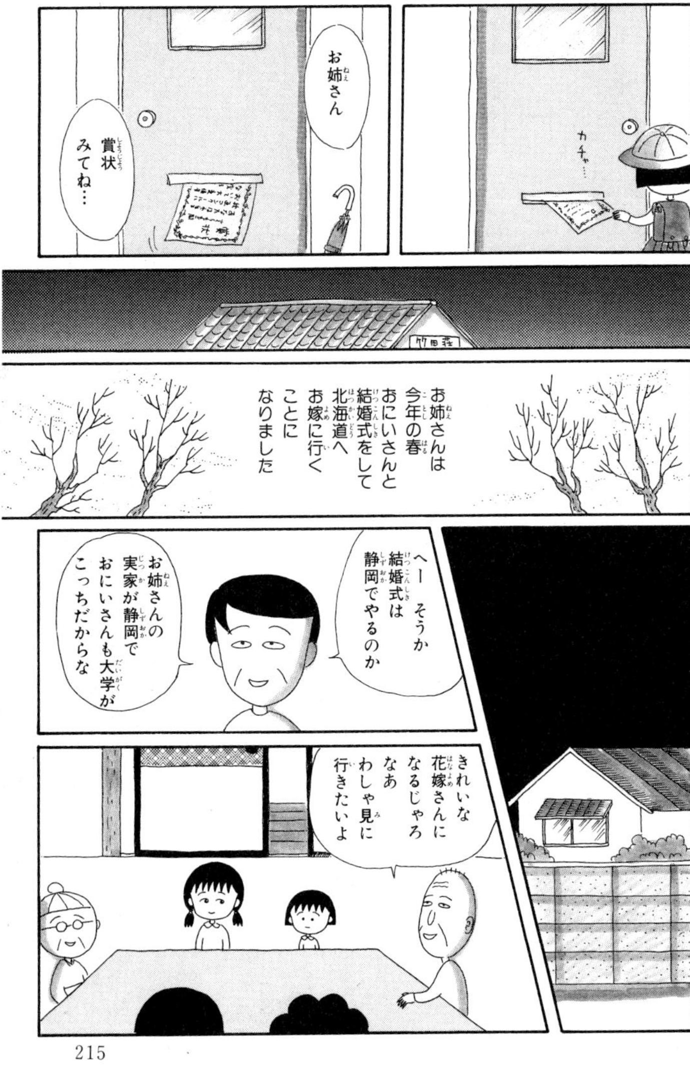
カチャ…
お姉さん
賞状
みてね…
竹田荘
お姉さんは
今年の春
おにいさんと
結婚式をして
北海道へ
お嫁に行く
ことに
なりました
へー　そうか
結婚式は
静岡でやるのか
お姉さんの
実家が静岡で
おにいさんも大学が
こっちだからな
きれいな
花嫁さんに
なるじゃろ
なあ
わしゃ見に
行きたいよ

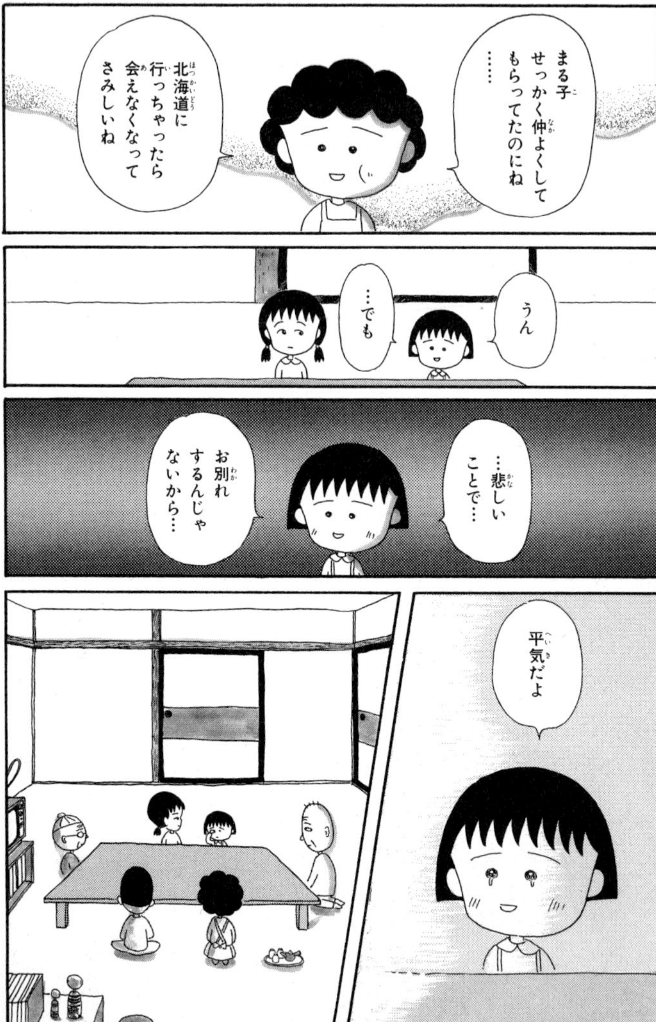

まる子 せっかく仲よくしてもらってたのにね……
北海道に行っちゃったら会えなくなってさみしいね
うん
…でも
…悲しいことで…
お別れするんじゃないから…
平気だよ

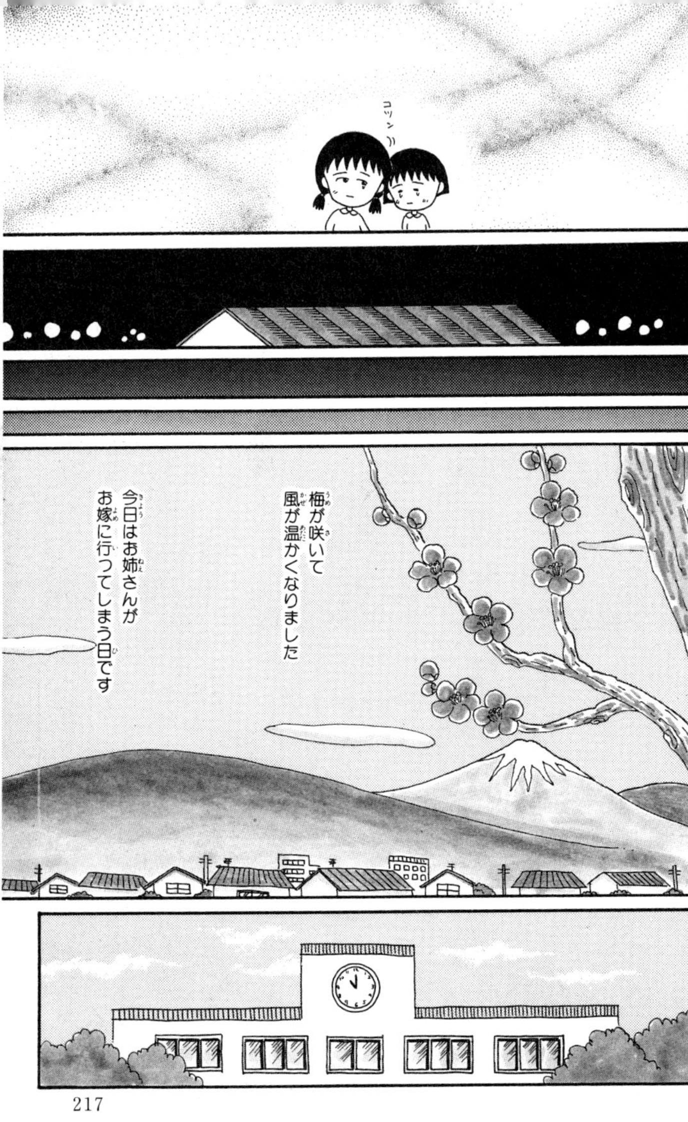
コツン
梅が咲いて
風が温かくなりました
今日はお姉さんが
お嫁に行ってしまう日です

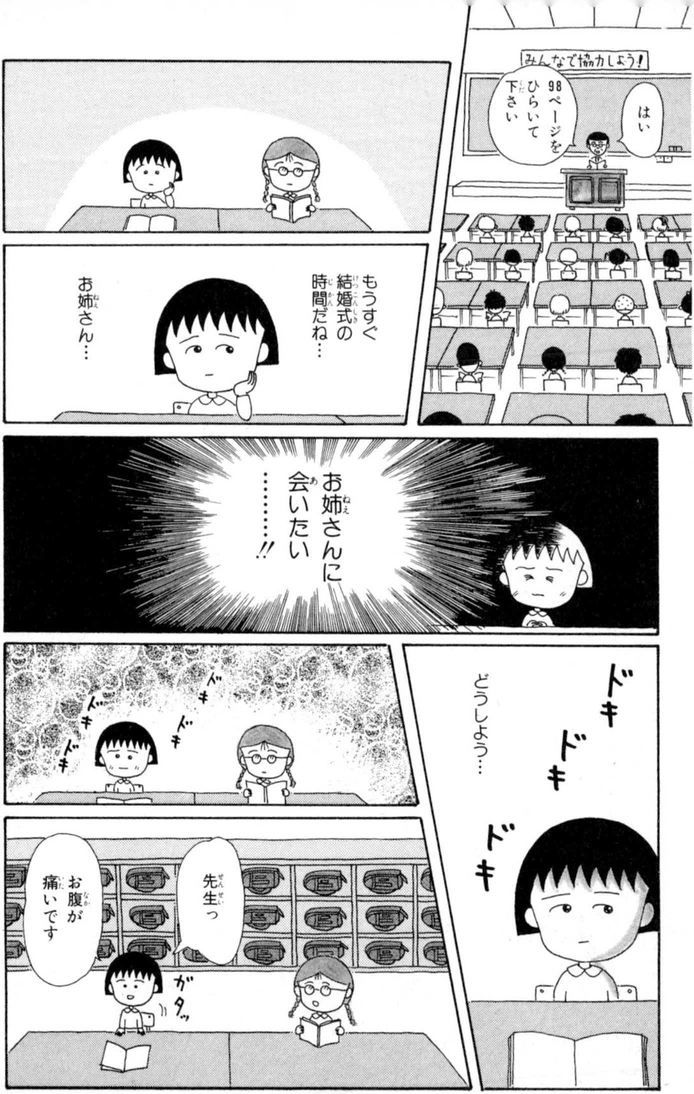
みんなで協力しよう!
98ページをひらいて下さい
はい
もうすぐ結婚式の時間だね…
お姉さん…
お姉さんに会いたい………!!
ドキ ドキ ドキ
どうしよう…
ドキ ドキ ドキ
先生っ
ガタッ
お腹が痛いです

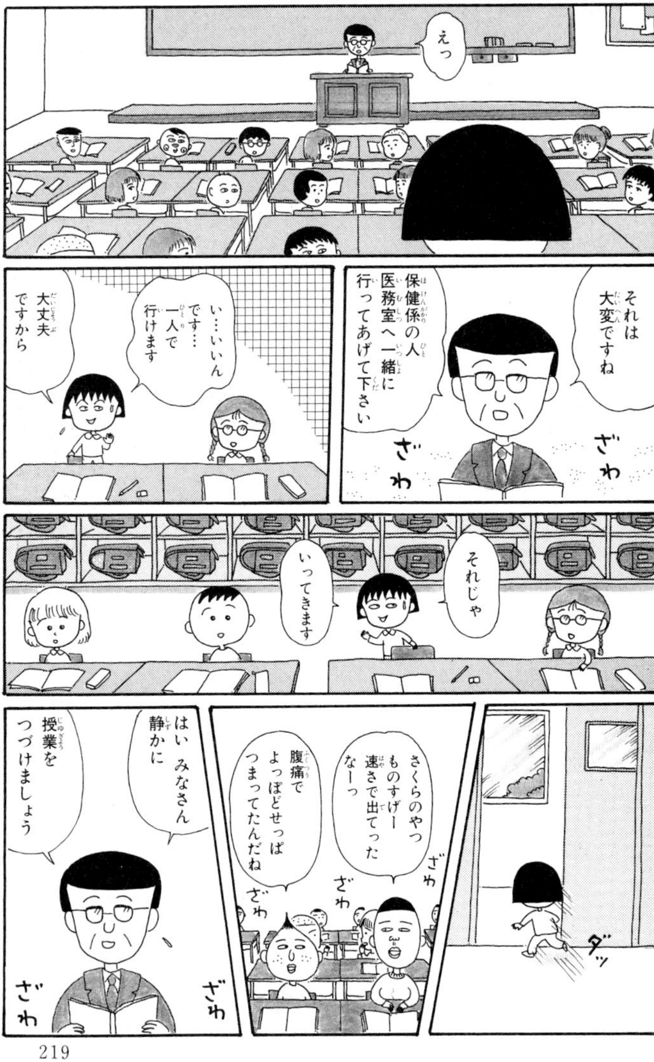
えっ
それは大変ですね
保健係の人医務室へ一緒に行ってあげて下さい
ざわ
ざわ
大丈夫ですから
い…いいんです…一人で行けます
それじゃ
いってきます
ダッ
さくらのやつものすげー速さで出てったなーっ
腹痛でよっぽどせっぱつまってたんだね
ざわ
ざわ
ざわ
はい みなさん静かに
授業をつづけましょう
ざわ
ざわ

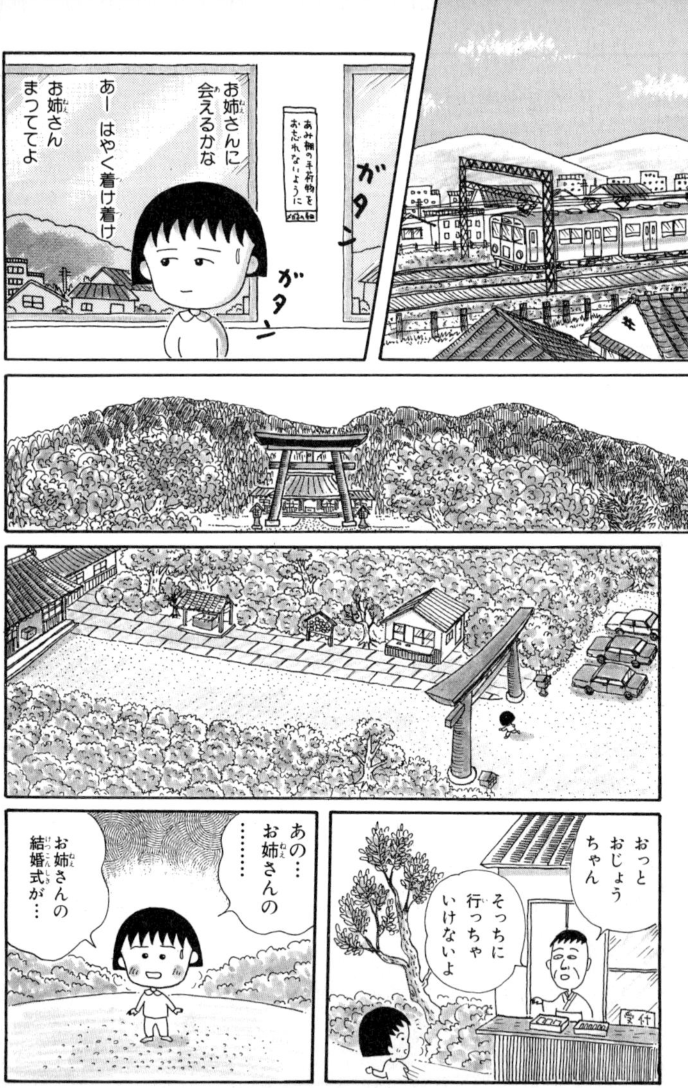
お姉さんに
会えるかな
あー はやく着け着け
お姉さん
まっててよ
あみ棚の手荷物を
お忘れないように
ガタン
ガタン
おっと
おじょう
ちゃん
そっちに
行っちゃ
いけないよ
あの…
お姉さんの
………
お姉さんの
結婚式が…
受付

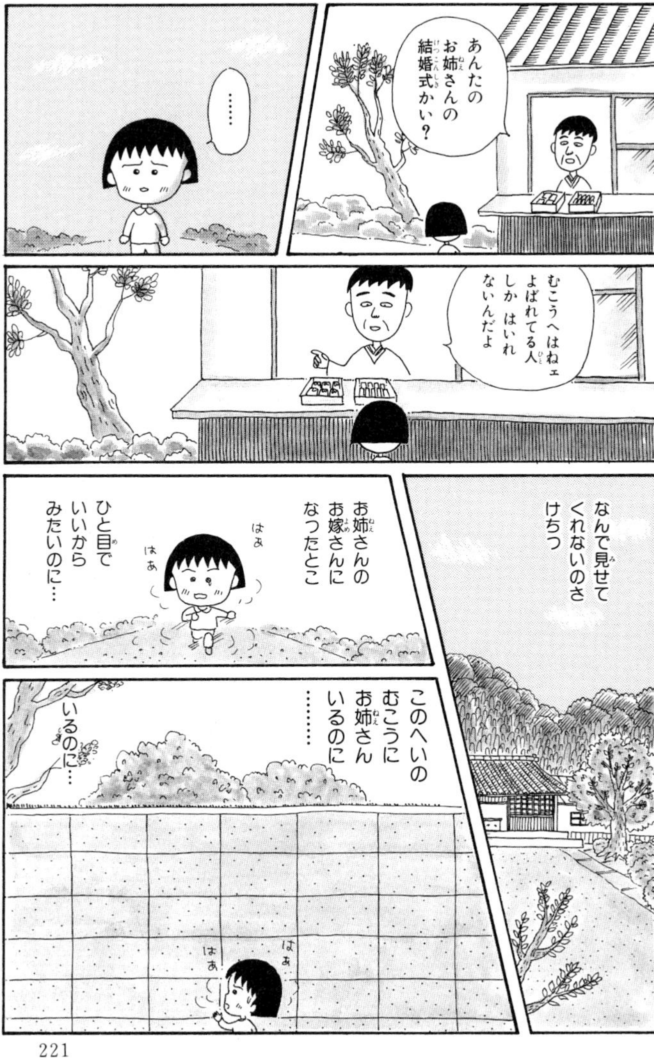
あんたの
お姉さんの
結婚式かい？
……
むこうへはねェ
よばれてる人
しか はいれ
ないんだよ
なんで見せて
くれないのさ
けちっ
お姉さんの
お嫁さんに
なったとこ
ひと目で
いいから
みたいのに…
はあ
はあ
このへいの
むこうに
お姉さん
いるのに
………
いるのに…
はあ
はあ

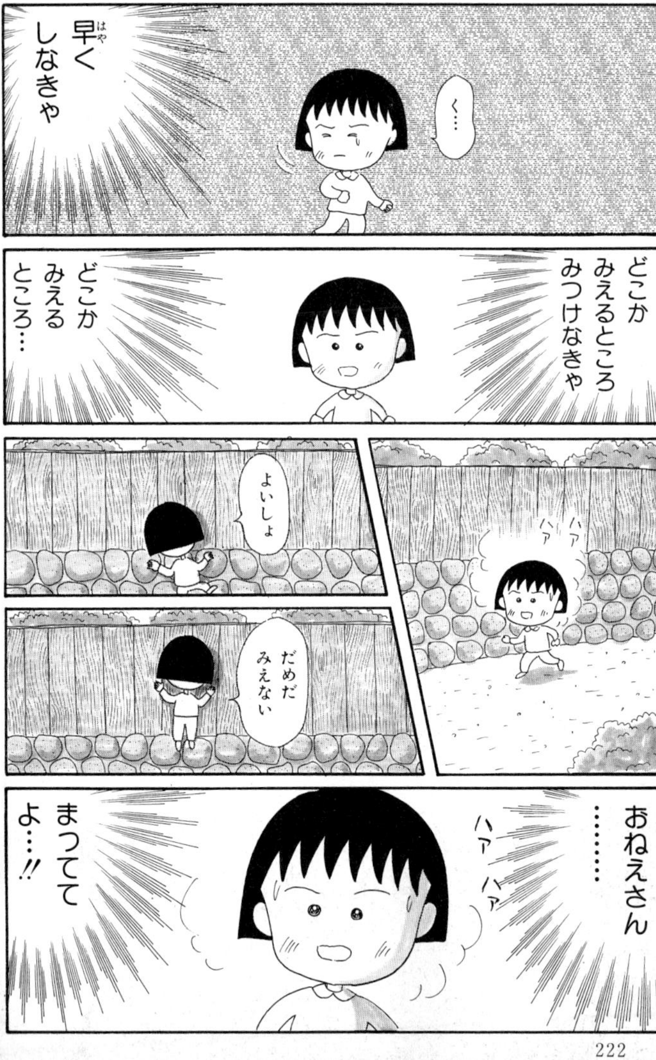
く…
早く しなきゃ
どこか みえるところ みつけなきゃ
どこか みえる ところ…
ハア ハア
よいしょ
だめだ みえない
おねえさん ………
ハア ハア
まってて よ…!!

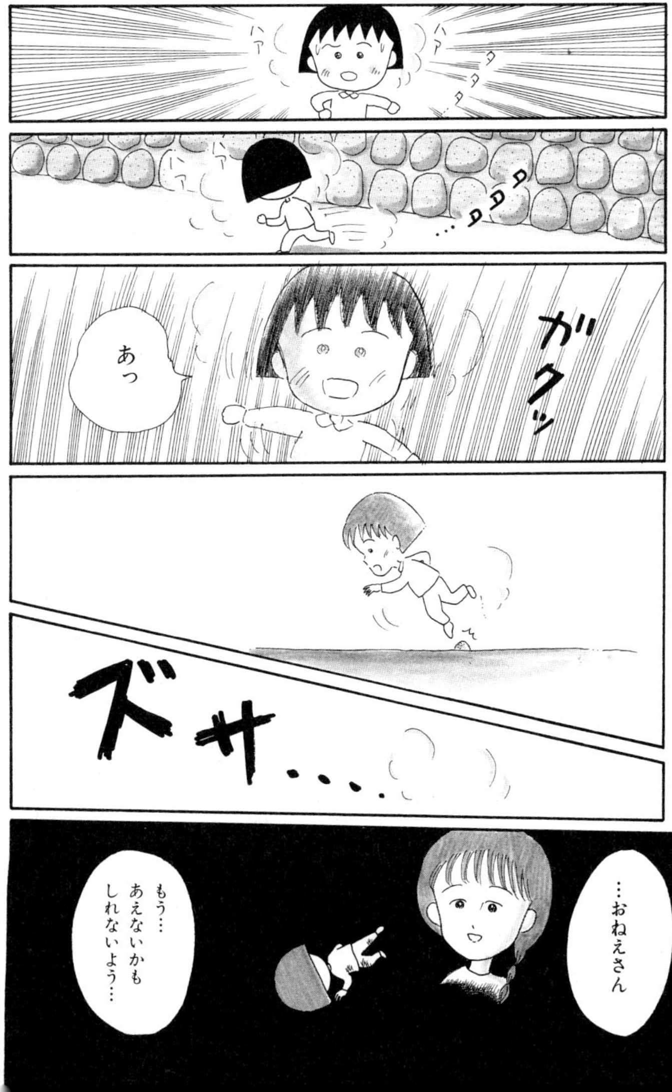
ハァ
ハァ
タ
タ
タ…
ハァ
ハァ
タタタタ…
あっ
ガクッ
ズサ…
…おねえさん
もう…
あえないかも
しれないよう…

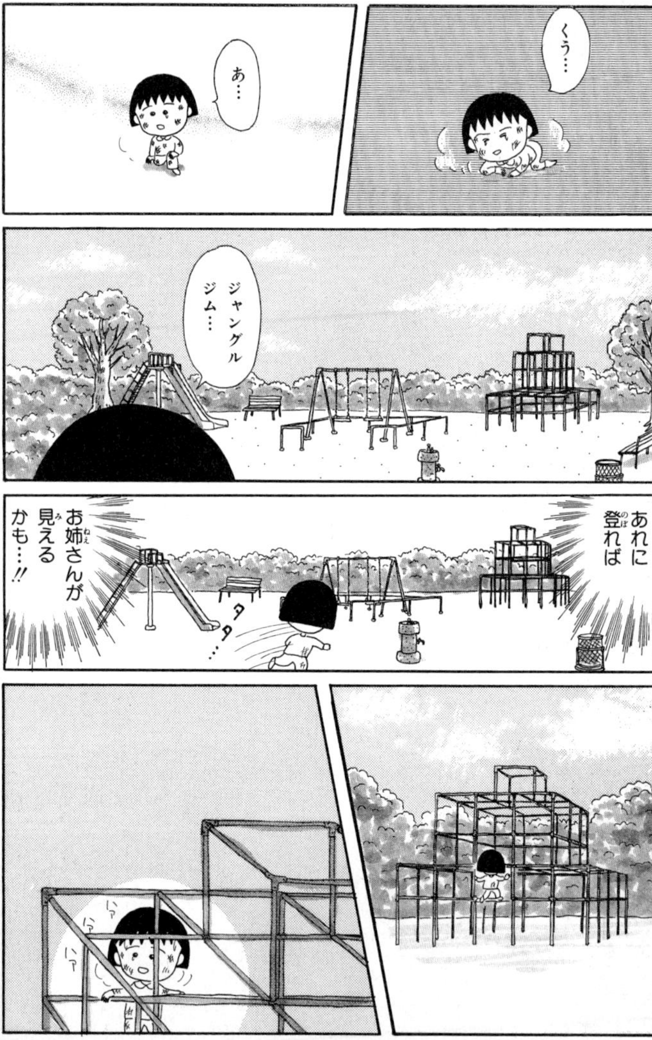
くう…
あ…
ジャングルジム…
あれに登れば
お姉さんが見えるかも…!!
タタ…
ハァ
ハァ
ハァ

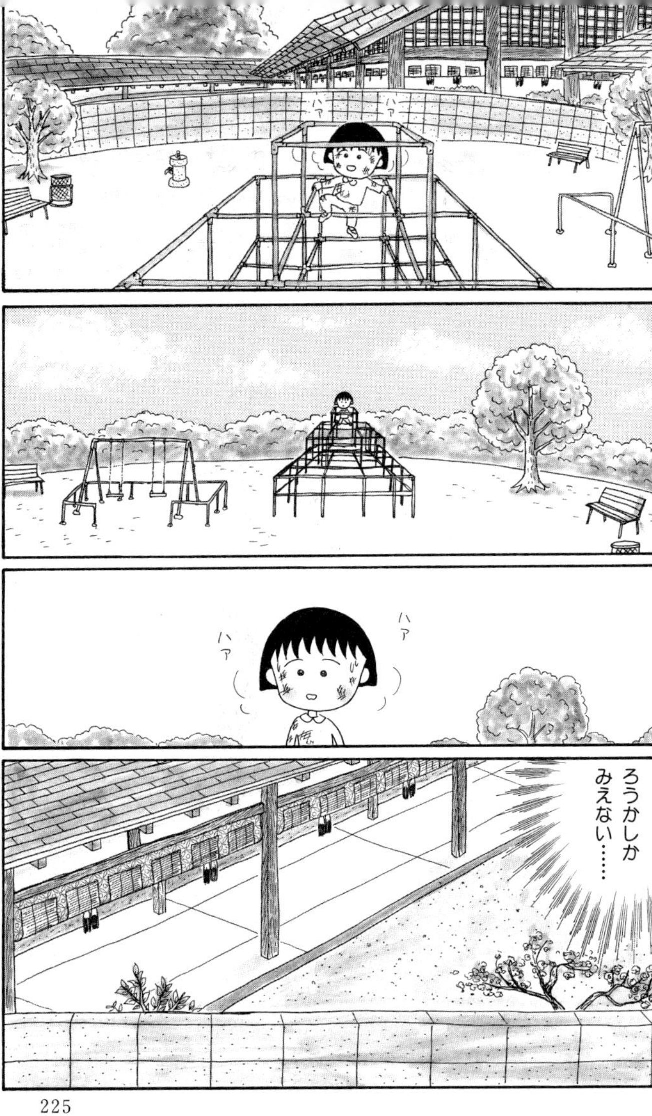
ハア
ハア
ハア
ハア
ろうかしか
みえない……

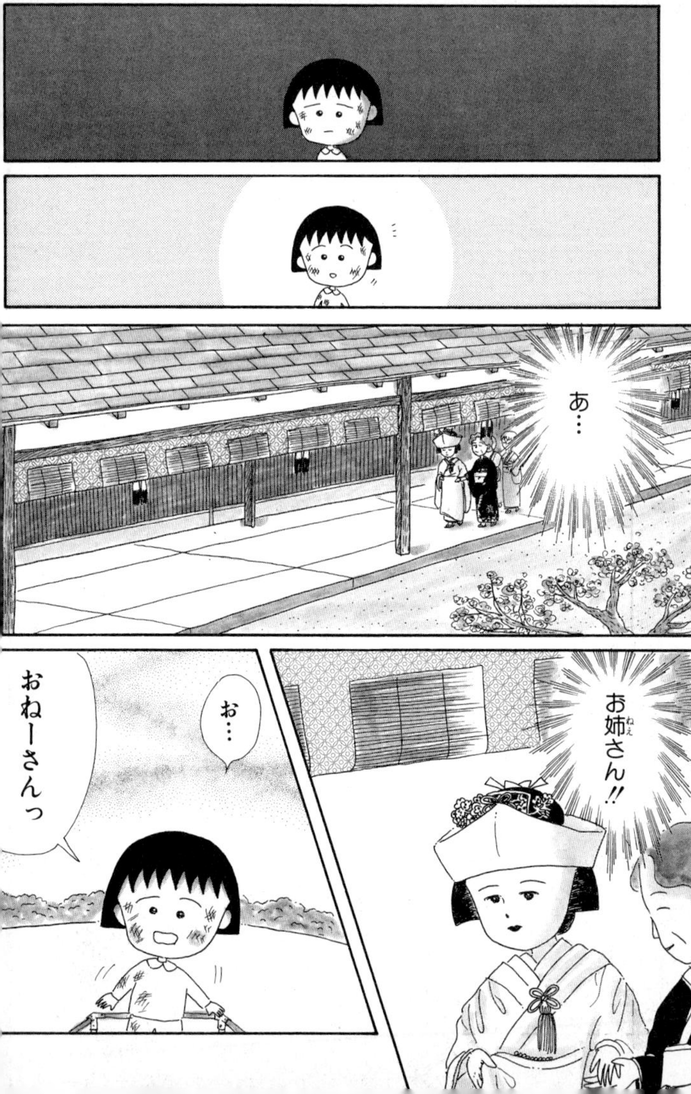
あ…
お姉さん!!
お…
おねーさんっ

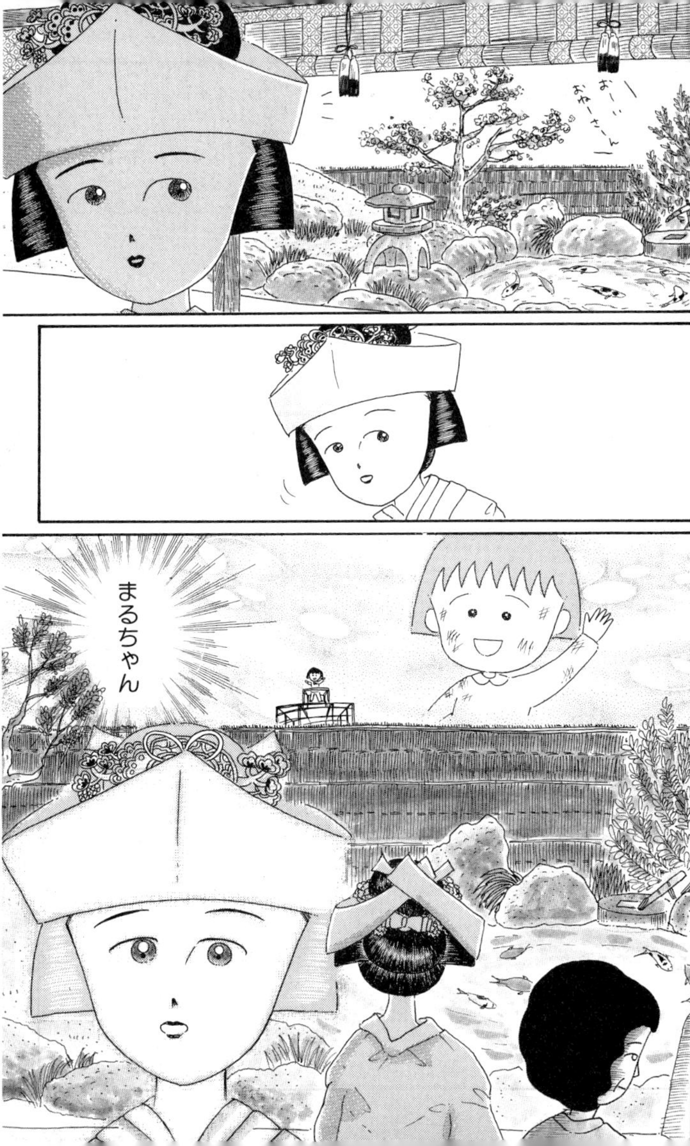
おーい　おねーさーん
まるちゃん

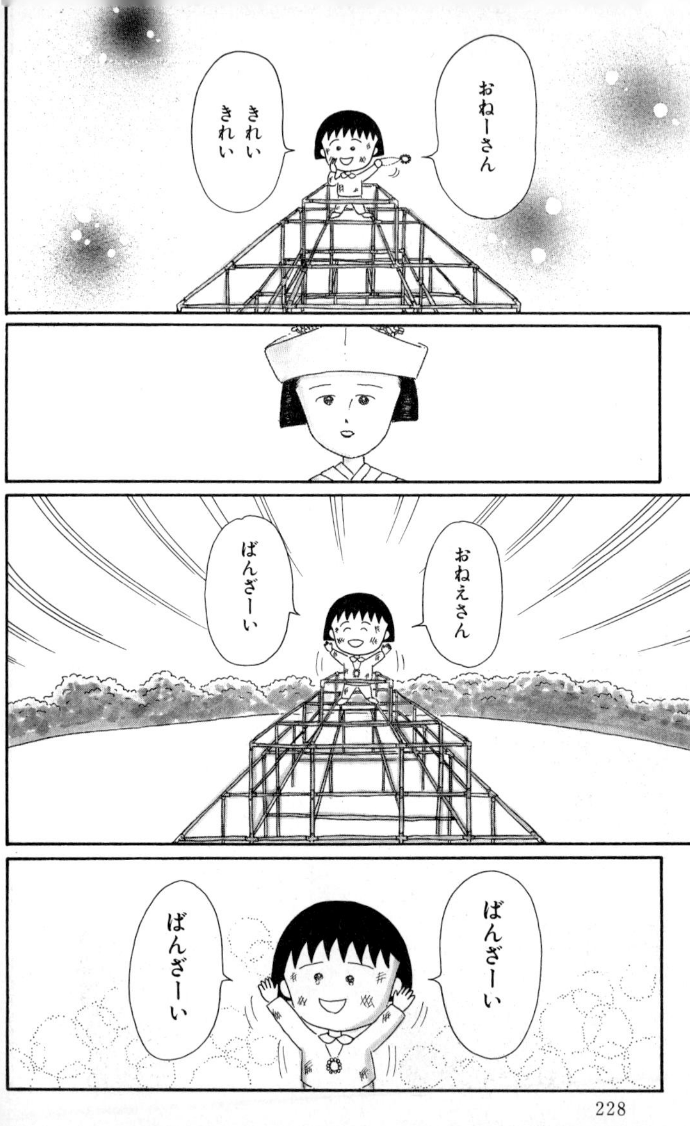
おねーさん
きれい
きれい
おねえさん
ばんざーい
ばんざーい
ばんざーい

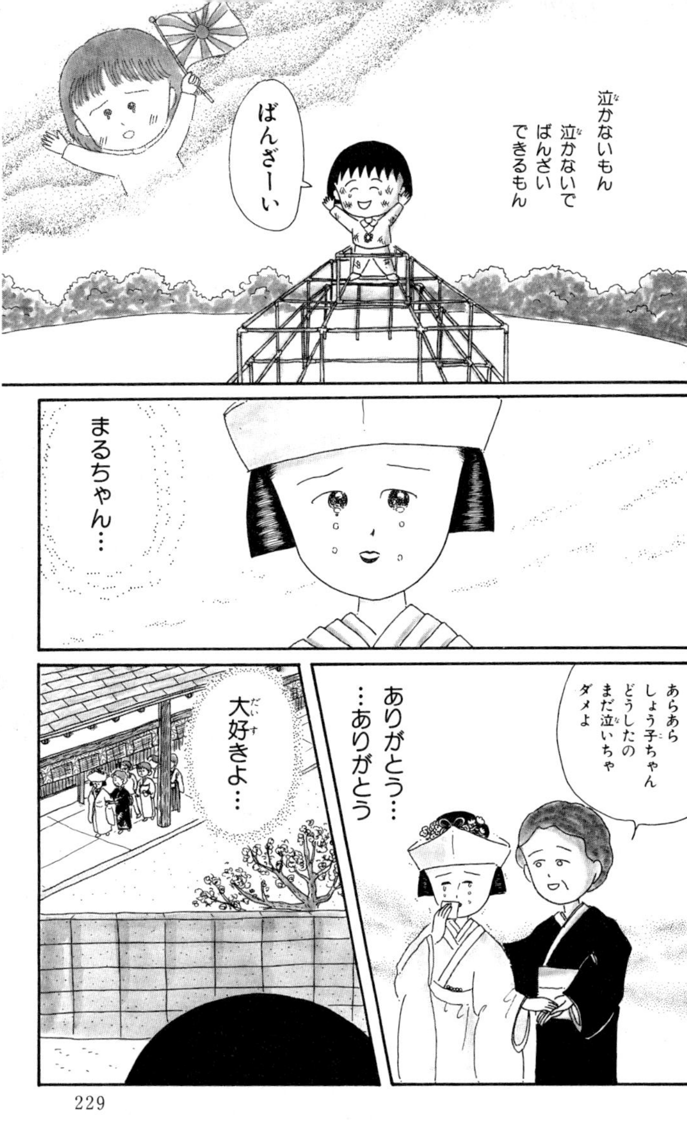
泣かないもん
泣かないで
ばんざい
できるもん
ばんざーい
まるちゃん…
あらあら
しょう子ちゃん
どうしたの
まだ泣いちゃ
ダメよ
ありがとう…
…ありがとう
大好きよ…

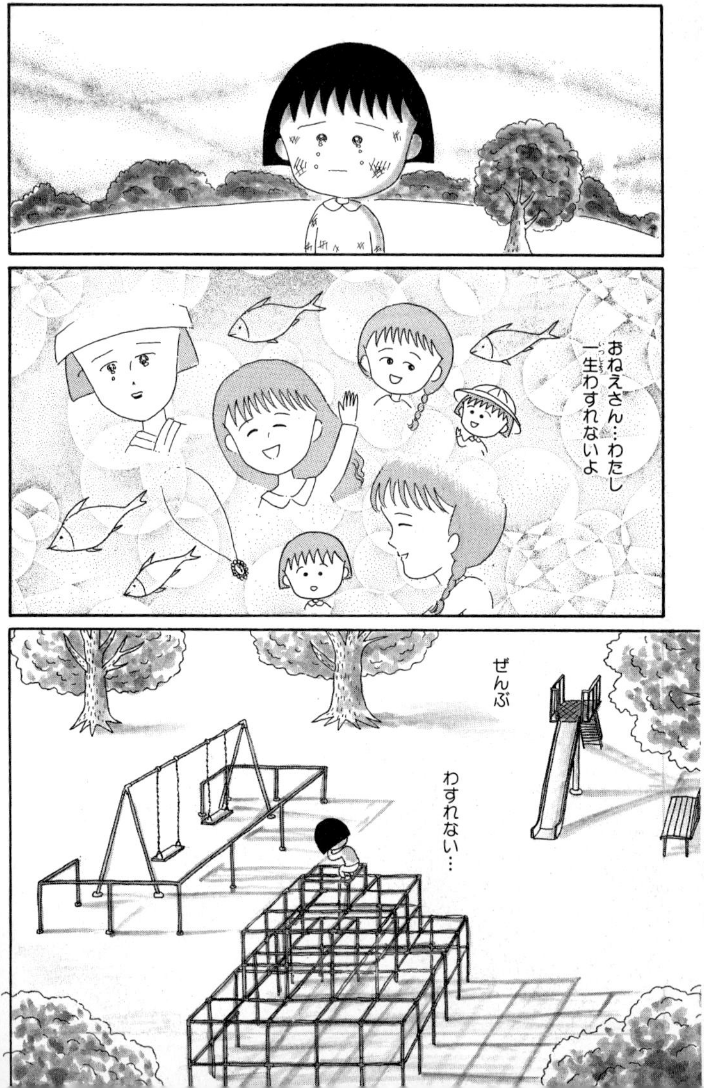
おねえさん…わたし
一生わすれないよ
ぜんぶ
わすれない…

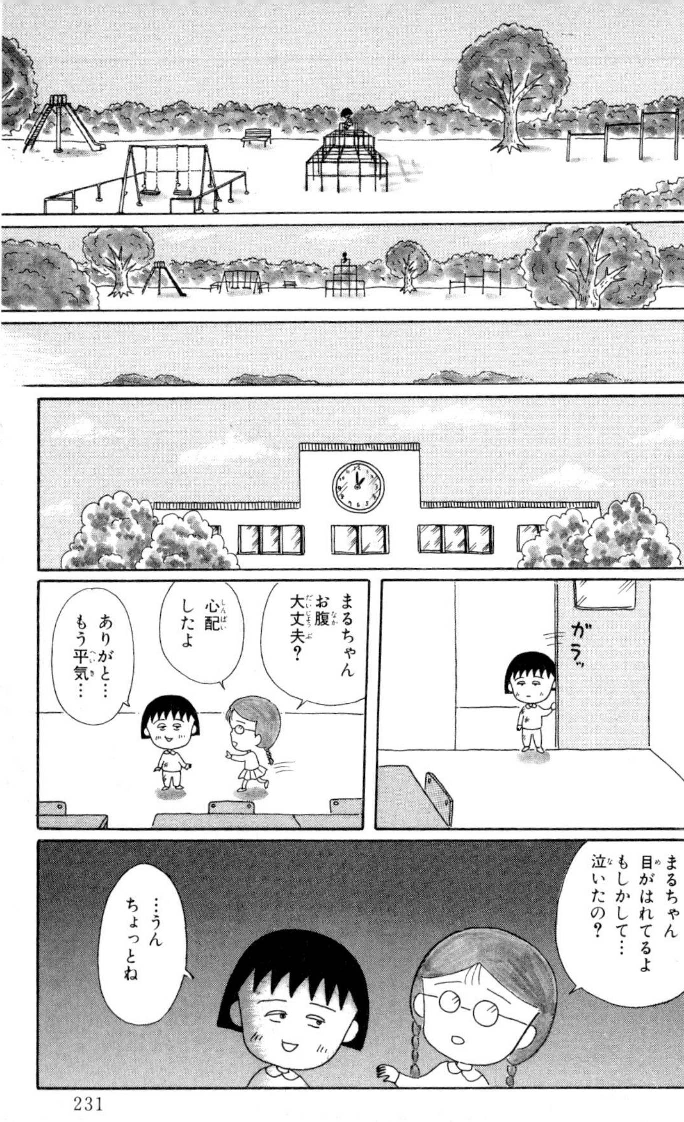
ガラッ
まるちゃん お腹大丈夫？
心配したよ
ありがと… もう平気…
まるちゃん 目がはれてるよ もしかして… 泣いたの？
…うん ちょっとね

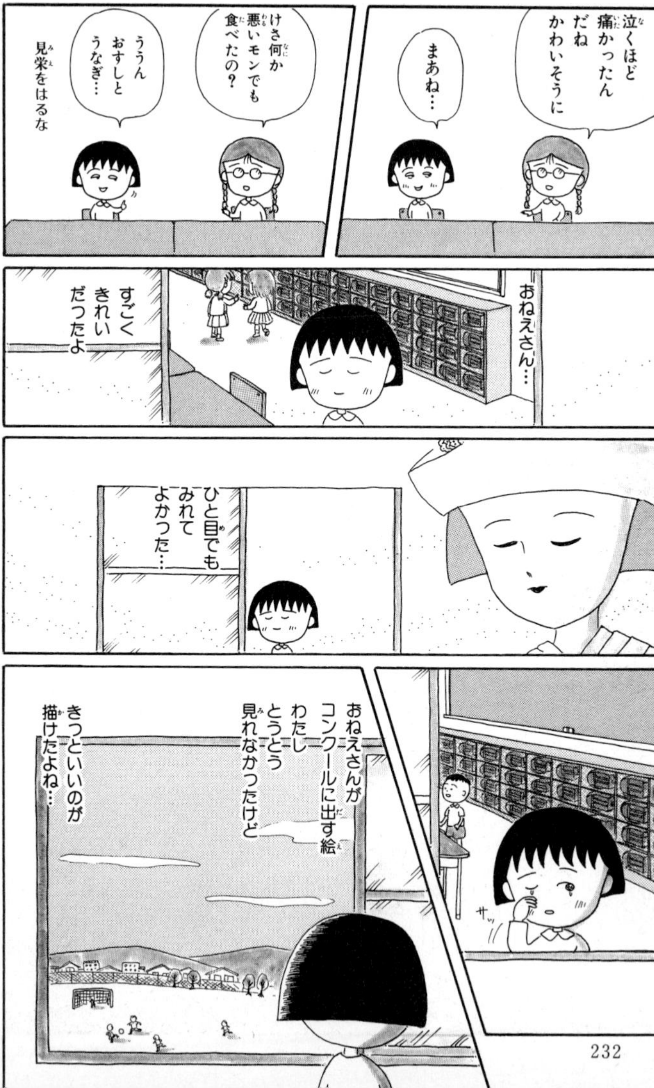
泣くほど痛かったんだねかわいそうに
まあね…
けさ何か悪いモンでも食べたの？
ううんおすしとうなぎ…
見栄をはるな
おねえさん…
すごくきれいだったよ
ひと目でもみれてよかった…
サッ
おねえさんがコンクールに出す絵わたしとうとう見れなかったけど
きっといいのが描けたよね…

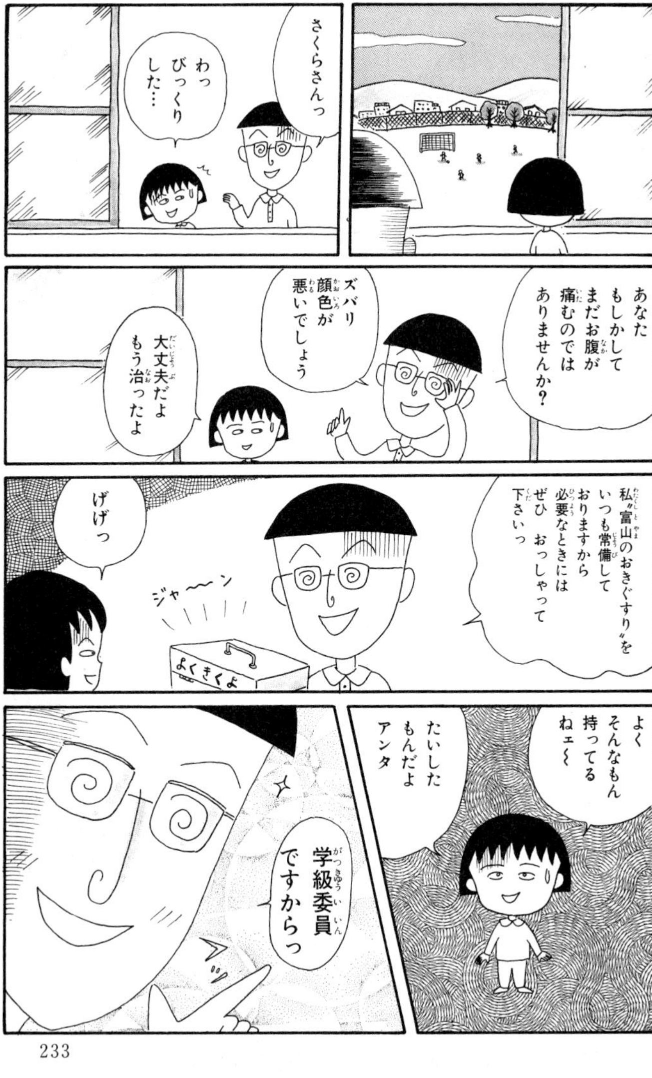
さくらさんっ
わっ
びっくり
した…
あなた
もしかして
まだお腹が
痛むのでは
ありませんか？
ズバリ
顔色が
悪いでしょう
大丈夫だよ
もう治ったよ
私〝富山のおきぐすり〟を
いつも常備して
おりますから
必要なときには
ぜひ おっしゃって
下さいっ
ジャ～～ン
よくきくよ
げげっ
よく
そんなもん
持ってる
ねェ～
たいした
もんだよ
アンタ
学級委員
ですからっ

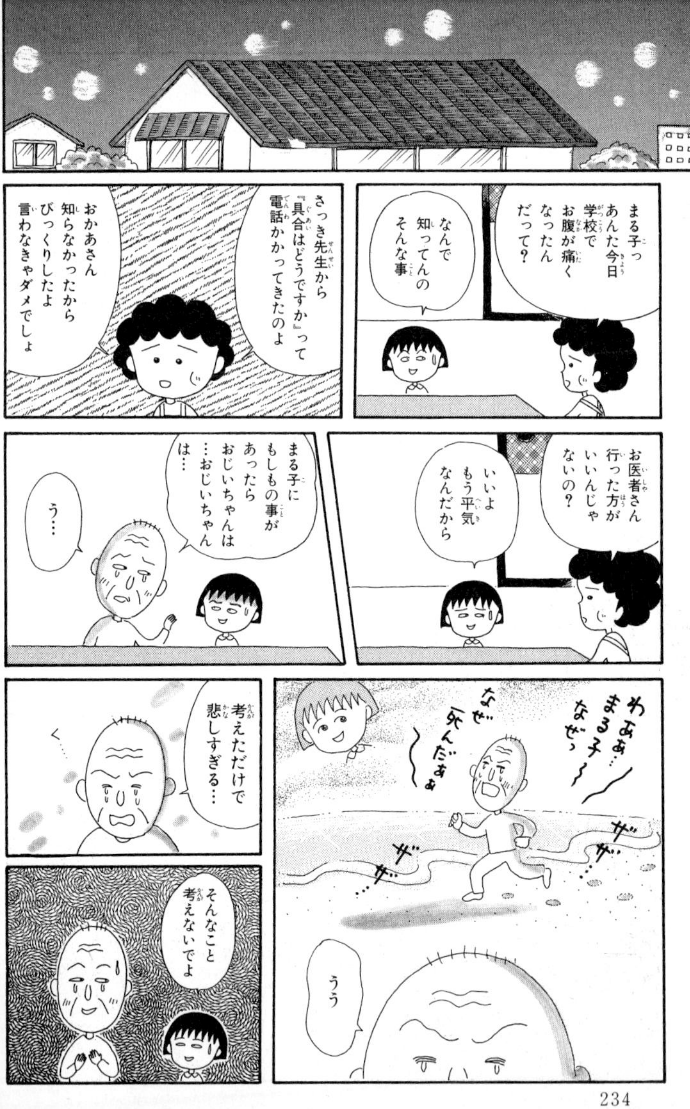
まる子っ あんた今日学校でお腹が痛くなったんだって？
なんで知ってんのそんな事
さっき先生から『具合はどうですか』って電話かかってきたのよ
おかあさん知らなかったからびっくりしたよ 言わなきゃダメでしょ
お医者さん行った方がいいんじゃないの？
いいよ もう平気なんだから
まる子に もしもの事があったら おじいちゃんは…おじいちゃんは…
う…
わあぁ… まる子〜 なぜ なぜ死んだぁ〜
ザッ ザッ… ザッ ザッ…
うう
考えただけで悲しすぎる…
く…
そんなこと考えないでよ

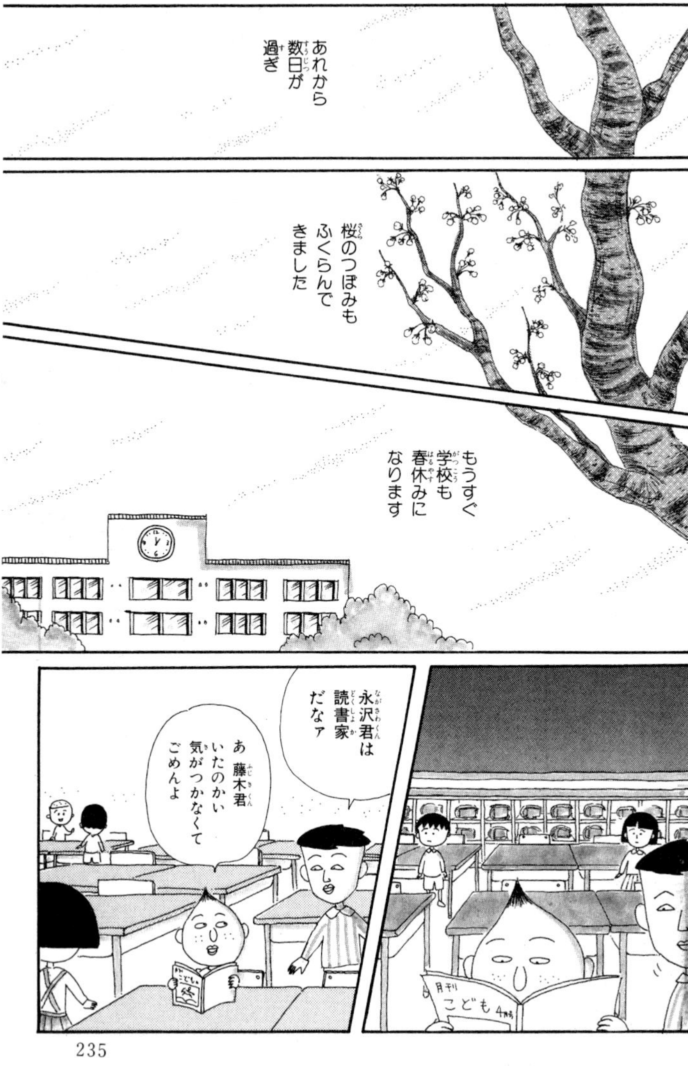
あれから数日が過ぎ
桜のつぼみもふくらんできました
もうすぐ学校も春休みになります
永沢君は読書家だなァ
あ 藤木君いたのかい 気がつかなくてごめんよ
月刊 こども 4月号

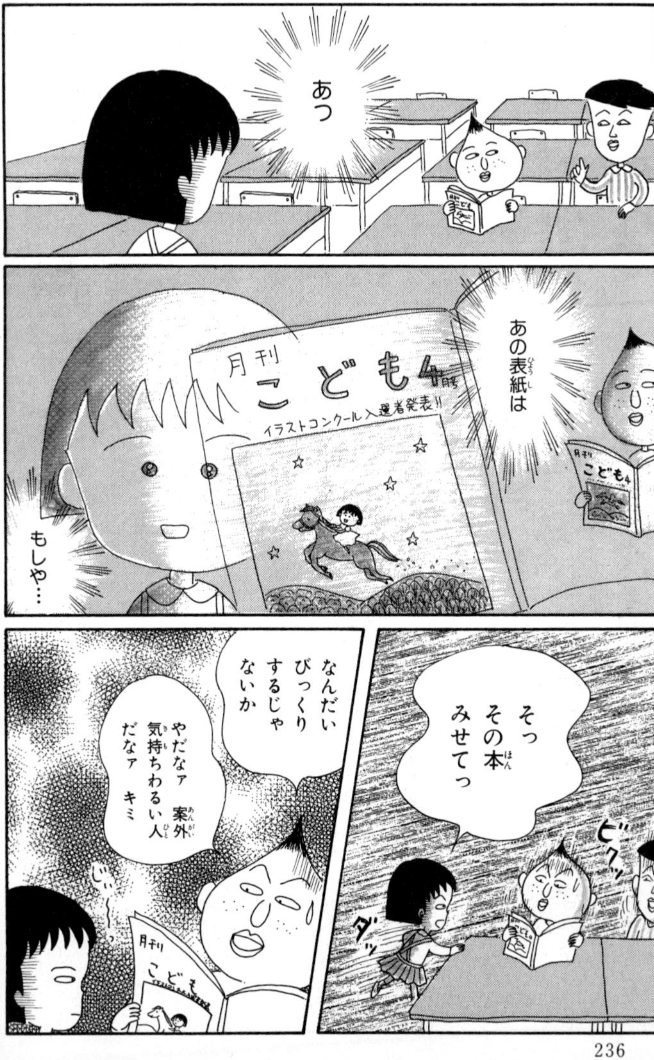
あっ
あの表紙は
月刊
こども4月号
イラストコンクール入選者発表!!
もしや…
そっ
その本
みせてっ
ビクッ
ダッ
なんだい
びっくり
するじゃ
ないか
やだなァ 案外
気持ちわるい人
だなァ キミ
じぃ～っ

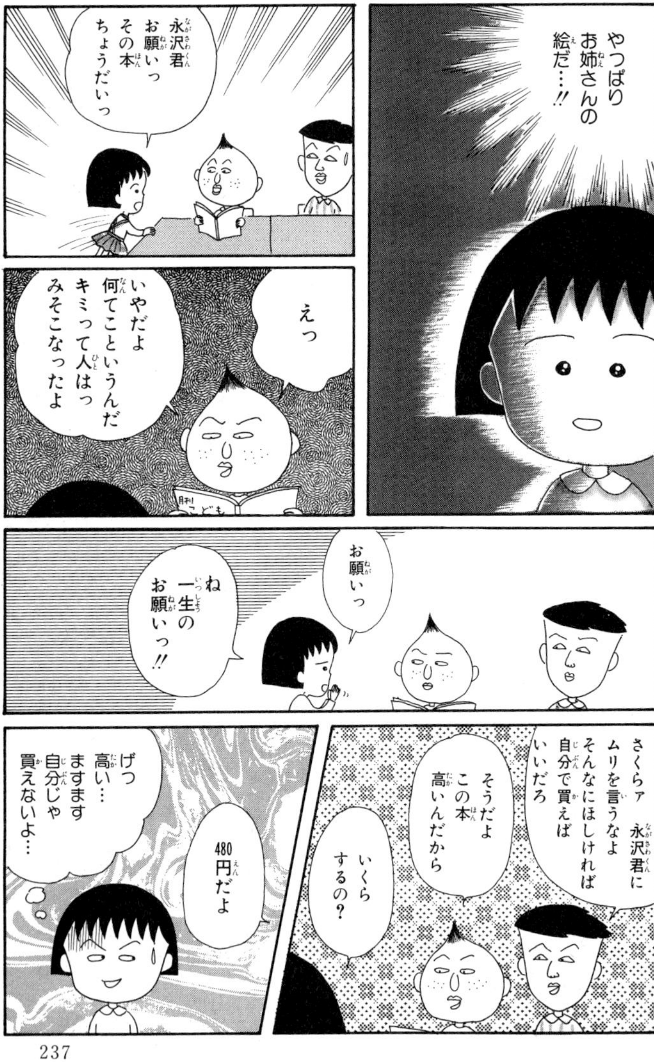
やっぱり
お姉さんの
絵だ…!!
永沢君
お願いっ
その本
ちょうだいっ
えっ
いやだよ
何てこというんだ
キミって人はっ
みそこなったよ
お願いっ
ね
一生の
お願いっ!!
さくらァ 永沢君に
ムリを言うなよ
そんなにほしければ
自分で買えば
いいだろ
そうだよ
この本
高いんだから
いくら
するの?
480円だよ
げっ
高い…
ますます
自分じゃ
買えないよ…

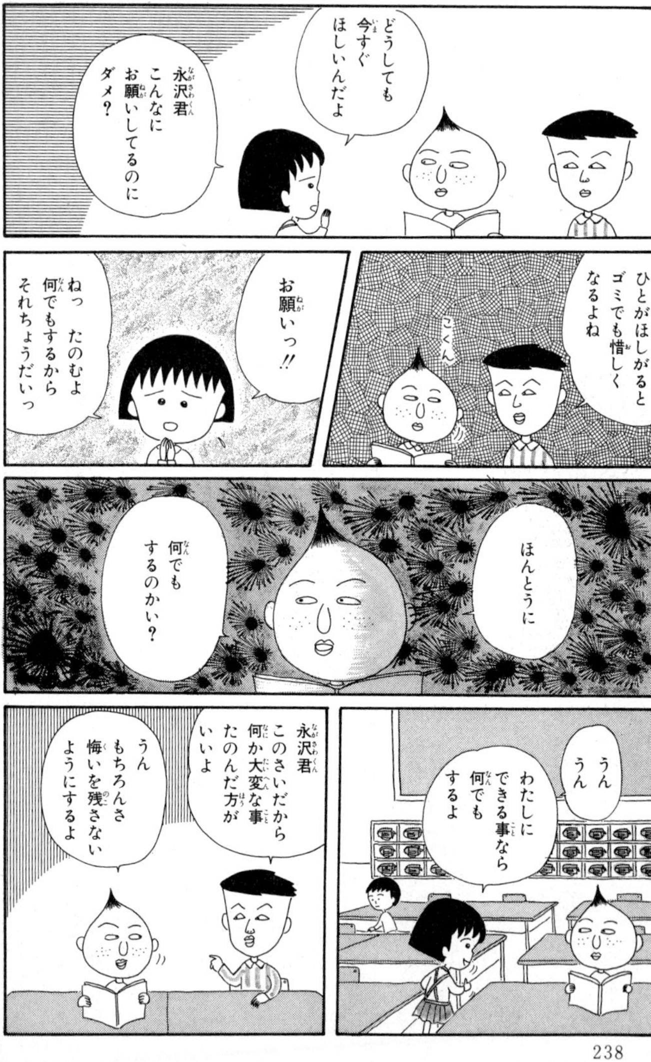
どうしても今すぐほしいんだよ
永沢君こんなにお願いしてるのにダメ？
ひとがほしがるとゴミでも惜しくなるよね
こくん
お願いっ!!
ねっ　たのむよ何でもするからそれちょうだいっ
ほんとうに
何でもするのかい？
うんうん
わたしにできる事なら何でもするよ
永沢君このさいだから何か大変な事たのんだ方がいいよ
うんもちろんさ悔いを残さないようにするよ

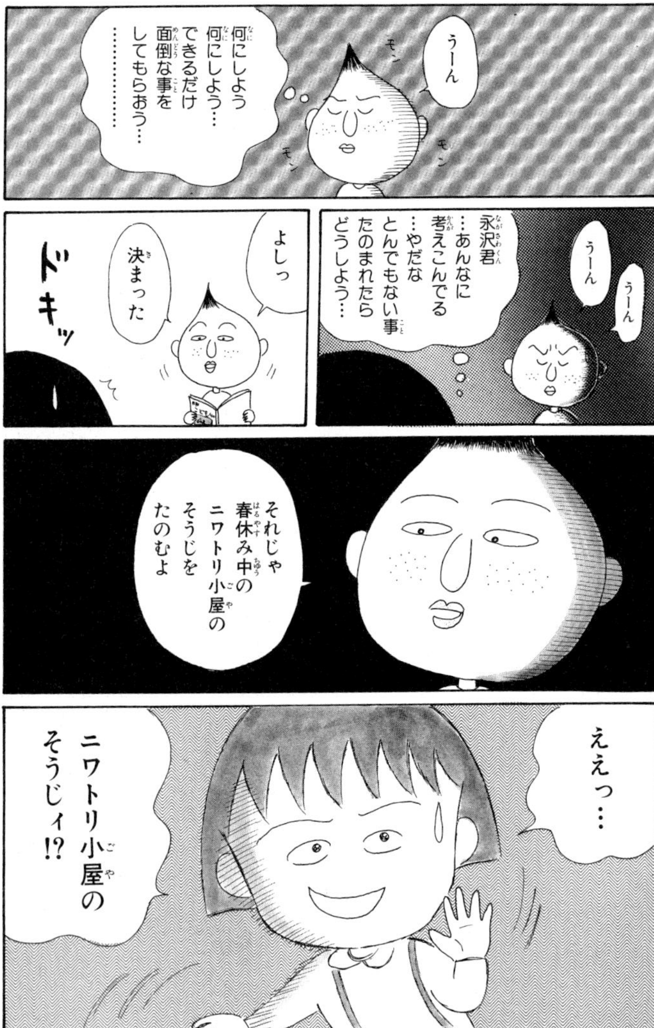
うーん
モン
モン
モン
何にしよう
何にしよう…
できるだけ
面倒な事を
してもらおう…
……………
うーん
うーん
永沢君
…あんなに
考えこんでる
…やだな
とんでもない事
たのまれたら
どうしよう…
よしっ
決まった
ドキッ
それじゃ
春休み中の
ニワトリ小屋の
そうじを
たのむよ
ええっ…
ニワトリ小屋の
そうじィ!?

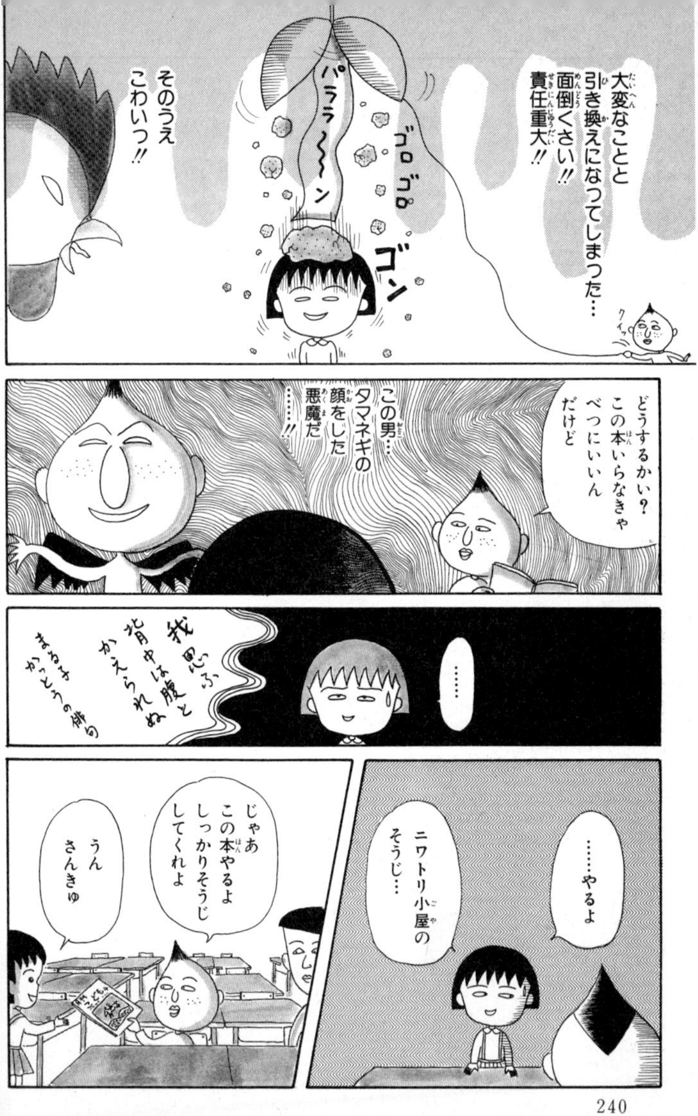
大変なことと
引き換えになってしまった…
面倒くさい!!
責任重大!!
クイッ
ゴロゴロ
ゴン
パララ〜〜ン
そのうえ
こわいっ!!
どうするかい？
この本いらなきゃ
べつにいいん
だけど
この男…
タマネギの
顔をした
悪魔だ
……!!
……
我思ふ
背中は腹と
かえられぬ
まる子
かっとうの俳句
……やるよ
ニワトリ小屋の
そうじ…
じゃあ
この本やるよ
しっかりそうじ
してくれよ
うん
さんきゅ

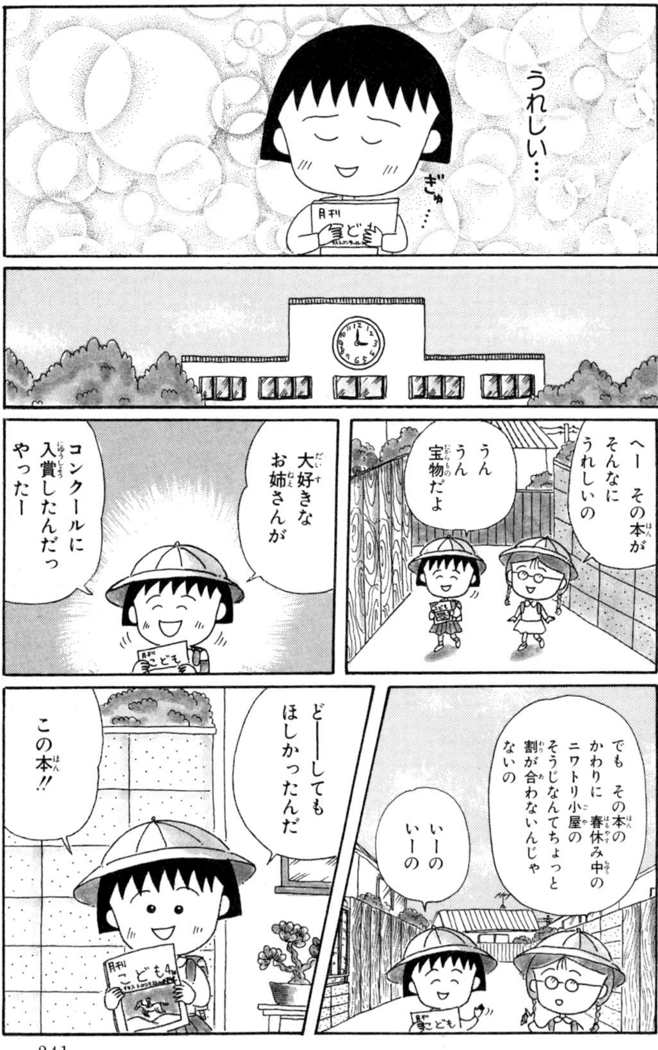
うれしい…
ぎゅ…
へー その本がそんなにうれしいの
うん うん 宝物だよ
大好きなお姉さんが
コンクールに入賞したんだっ やったー
でも その本のかわりに 春休み中のニワトリ小屋のそうじなんてちょっと割が合わないんじゃないの
いーの いーの
どーーーしてもほしかったんだ
この本!!

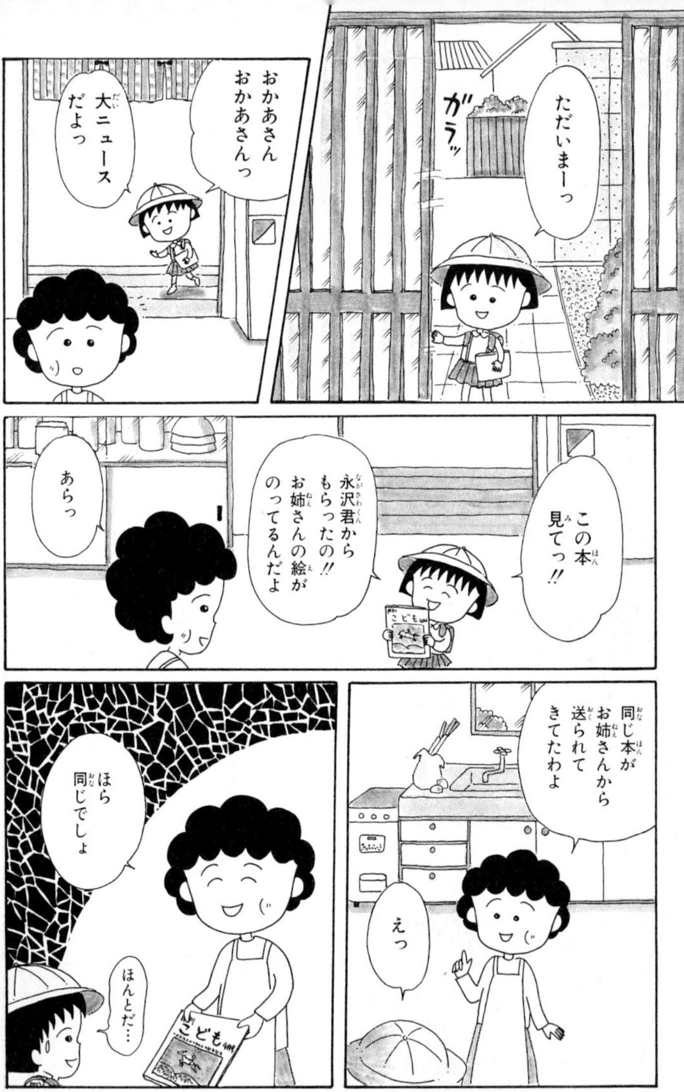
ただいまーっ
ガラッ
おかあさん おかあさんっ
大ニュース だよっ
この本 見てっ!!
永沢君から もらったの!! お姉さんの絵が のってるんだよ
あらっ
同じ本が お姉さんから 送られて きてたわよ
えっ
ほら 同じでしょ
ほんとだ…

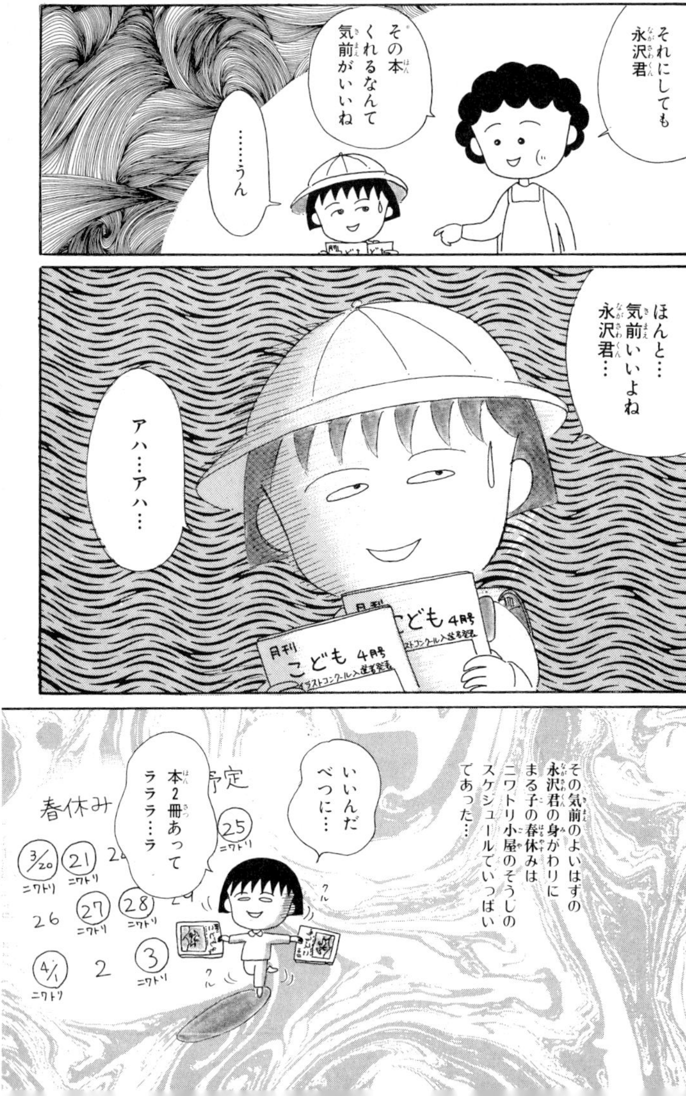
それにしても
永沢君
その本
くれるなんて
気前がいいね
……うん
ほんと…
気前いいよね
永沢君…
アハ…アハ…
月刊 こども 4月号
イラストコンクール入選者発表
その気前のよいはずの
永沢君の身がわりに
まる子の春休みは
ニワトリ小屋のそうじの
スケジュールでいっぱい
であった…
いいんだ
べつに…
本2冊あって
ラララ…ラ
春休み予定
3/20 ニワトリ
21 ニワトリ
25 ニワトリ
26
27 ニワトリ
28 ニワトリ
4/1 ニワトリ
2
3 ニワトリ
クル
クル

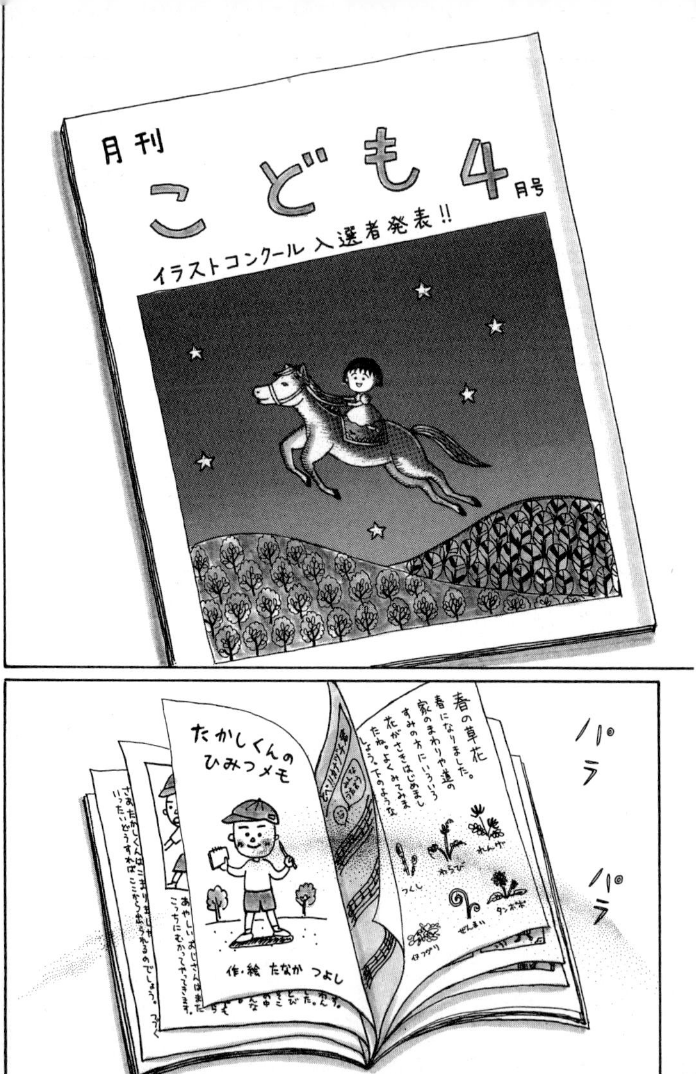
月刊
こども4月号
イラストコンクール入選者発表!!
たかしくんのひみつメモ
作・絵 たなか つよし
春の草花
春になりました。家のまわりや道のすみの方にいろいろ花がさきはじめましたね。よくみてみましょう。下のような
つくし
わらび
れんげ
ぜんまい
タンポポ
パラ
パラ

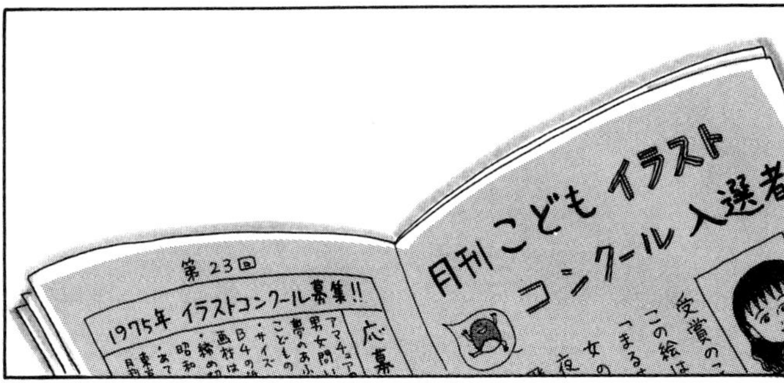

入選
北海道 佐藤しょう子

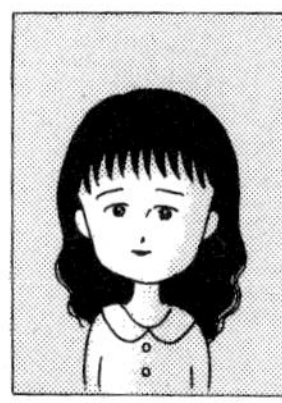

受賞のことば

この絵は大好きな「まるちゃん」という女の子が馬に乗って夜空の星の中へ飛んでゆくところです。まるちゃんのおかげでこの絵が描けました。

まるちゃん
ありがとう
ずっとずっと
忘れません

おわり

OMAKE

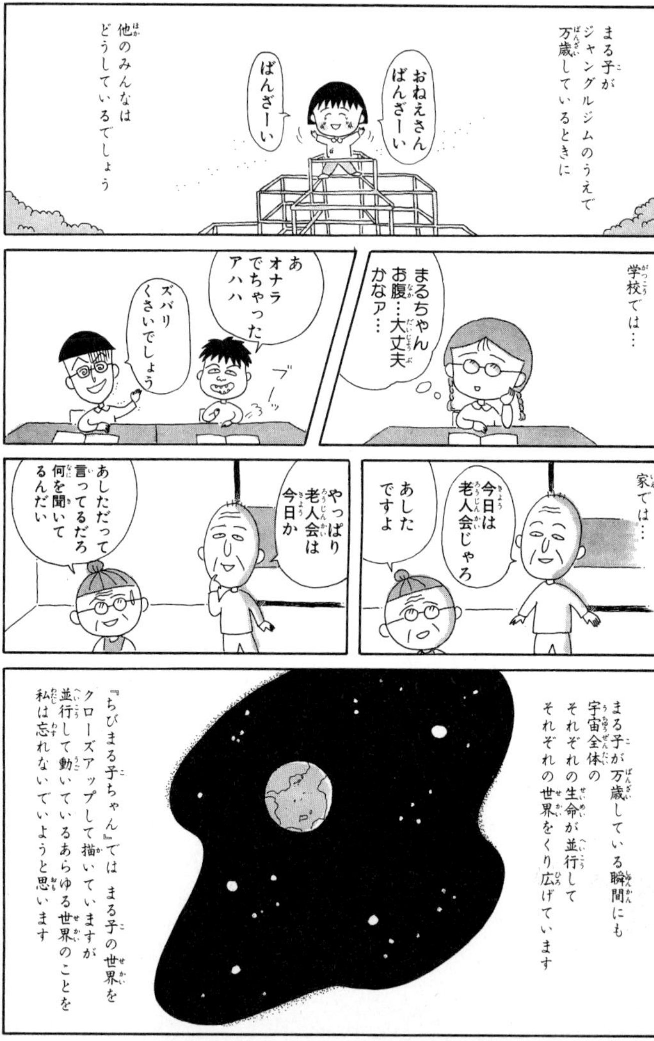
まる子が
ジャングルジムのうえで
万歳しているときに
おねえさん
ばんざーい
ばんざーい
他のみんなは
どうしているでしょう
学校では…
まるちゃん
お腹…大丈夫
かなア…
あ
オナラ
でちゃった
アハハ
ブーッ
ズバリ
くさいでしょう
家では…
今日は
老人会じゃろ
あした
ですよ
やっぱり
老人会は
今日か
あしただって
言ってるだろ
何を聞いて
るんだい
まる子が万歳している瞬間にも
宇宙全体の
それぞれの生命が並行して
それぞれの世界をくり広げています
『ちびまる子ちゃん』では　まる子の世界を
クローズアップして描いていますが
並行して動いているあらゆる世界のことを
私は忘れないでいようと思います

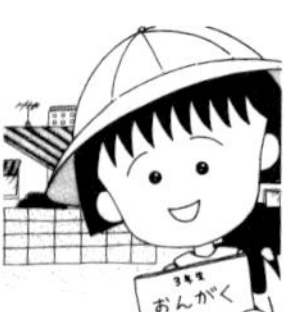
おんがく

おまけ

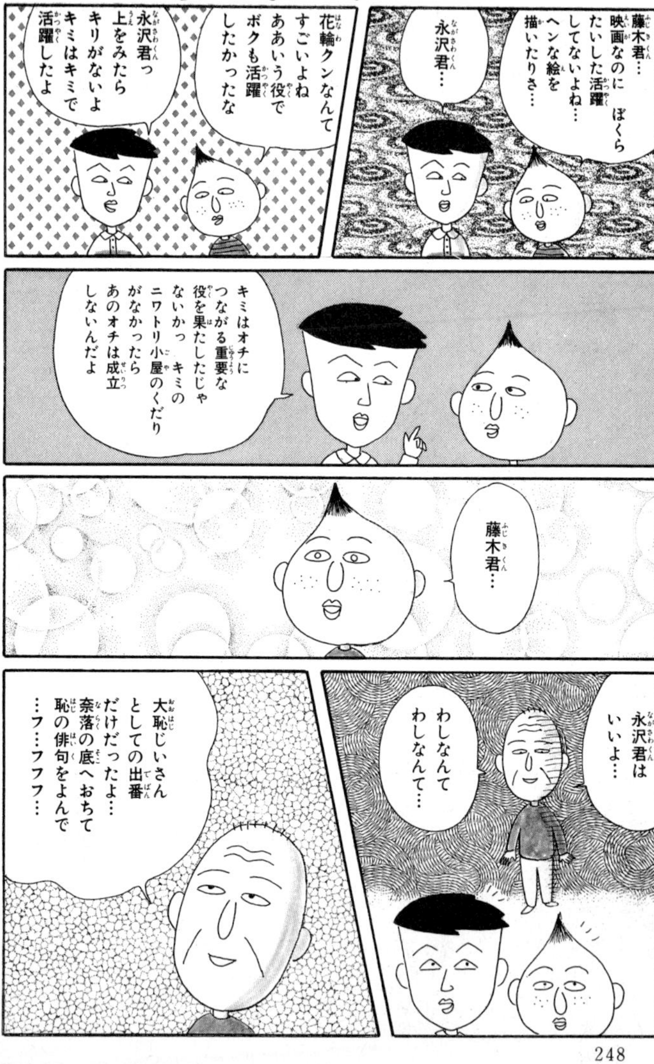
藤木君…映画なのに ぼくらたいした活躍してないよね…ヘンな絵を描いたりさ…
永沢君…
花輪クンなんてすごいよね ああいう役でボクも活躍したかったな
永沢君っ 上をみたらキリがないよ キミはキミで活躍したよ
キミはオチにつながる重要な役を果たしたじゃないかっ キミのニワトリ小屋のくだりがなかったらあのオチは成立しないんだよ
藤木君…
永沢君はいいよ…
わしなんて わしなんて…
大恥じいさんとしての出番だけだったよ…奈落の底へおちて恥の俳句をよんで…フ…フフフ…

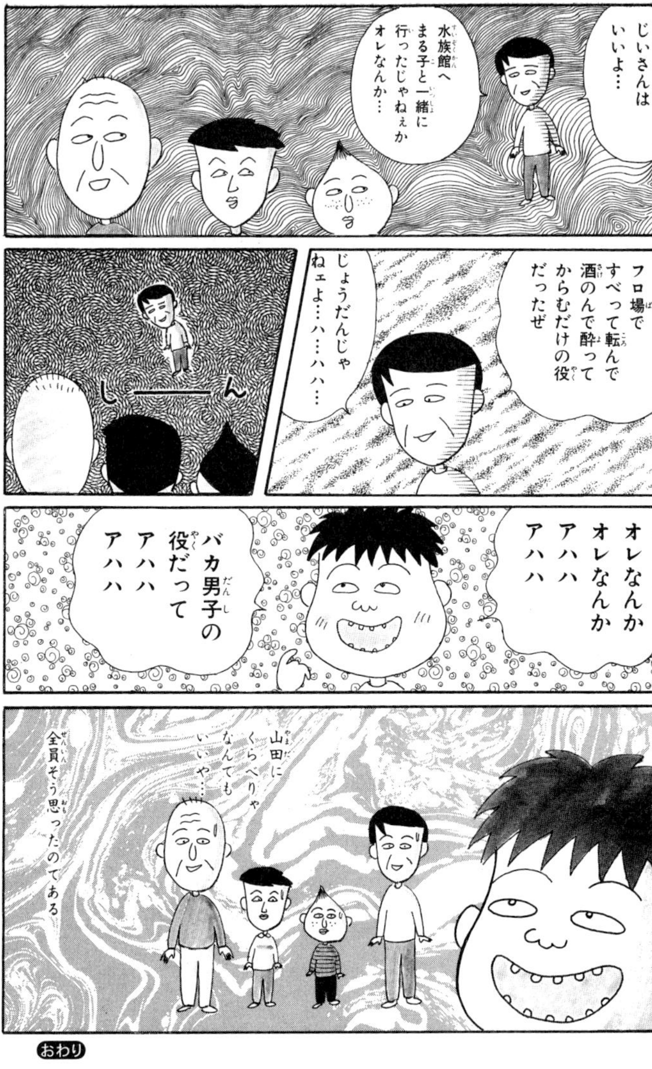
じいさんは
いいよ…
水族館へ
まる子と一緒に
行ったじゃねぇか
オレなんか…
フロ場で
すべって転んで
酒のんで酔って
からむだけの役
だったぜ
じょうだんじゃ
ねエよ…ハ…ハハ…
し―――ん
オレなんか
オレなんか
アハハ
アハハ
バカ男子の
役だって
アハハ
アハハ
山田に
くらべりゃ
なんでも
いいや…
全員そう思ったのである
おわり

収録作品は、りぼん一九九三年3月号〜8月号に掲載されました。
尚、「わたしの好きな歌」は一九九三年に描き下ろされたものです。
（単行本　一九九三年7月、12月に集英社より刊行）
※ポストカード　りぼんオリジナル早春の号表紙（一九九一年）

文庫で読める!!

ペルシャがすき！	全6巻	青沼貴子
光の伝説	全8巻	麻生いずみ
伊賀野カバ丸	全4巻	亜月裕
伊賀野カバ丸 外伝	全2巻	亜月裕
お洒落小僧は花マルッ	全6巻	安積棍子
傑作選① お母さんの声が聞こえる		あまねかずみ
傑作選② 雪も涙もあたたかい		あまねかずみ
コレクション① エンゲージ		いくえみ綾
コレクション② 以心伝心のお月さん		いくえみ綾
コレクション③④ POPS	全2巻	いくえみ綾
コレクション⑤⑥ 彼の手も声も	全2巻	いくえみ綾
ベルサイユのばら	全5巻	池田理代子
オルフェウスの窓	全9巻	池田理代子
ときめきトゥナイト	全16巻	池野恋
砂の城	全4巻	一条ゆかり
こいきな奴ら	全2巻	一条ゆかり
デザイナー		一条ゆかり
ときめきのシルバー・スター		一条ゆかり
風の中のクレオ		一条ゆかり
わらってクイーンベル		一条ゆかり
ティー♥タイム		一条ゆかり
星降る夜にきかせてよ		一条ゆかり
すくらんぶる★えっぐ		一条ゆかり
それすらも日々の果て		一条ゆかり
ロマンチックください		一条ゆかり
日曜日は一緒に		一条ゆかり
女ともだち	全2巻	一条ゆかり
有閑倶楽部	①〜⑩	一条ゆかり
おいしい男の作り方		一条ゆかり
5愛のルール		一条ゆかり
自選集① 遠い星をかぞえて		岩館真理子
自選集② 黄昏		岩館真理子
自選集③ えんじぇる		岩館真理子
自選集④ 五番街を歩こう		岩館真理子
自選集⑤ 森子物語		岩館真理子
自選集⑥ ふくれっつらのプリンセス		岩館真理子
自選集⑦ ガラスの花束にして		岩館真理子
自選集⑧ 4月の庭の子供たち		岩館真理子
自選集⑨ 赤い淡い夜がすき		岩館真理子
自選集⑩⑪ 子供はなんでも知っている	全2巻	岩館真理子
永遠の野原	全9巻	逢坂みえこ
星くず	(上)(下)	大谷博子
由似へ…	(上)(中)(下)	大谷博子
灯色の童話	(上)(下)	大谷博子
作品集① あこがれくじら		おーなり由子
作品集② ともだちパズル		おーなり由子
お父さんは心配症	全4巻	岡田あーみん
Mickey		小椋冬美
リップスティック・グラフィティ		小椋冬美
さよならなんていえない	全2巻	小椋冬美
絶愛 -1989-	全3巻	尾崎南
いらかの波	全5巻	河あきら
土曜日の絵本	全4巻	川崎苑子
まっすぐにいこう。	①〜⑪	きら
いつもポケットにショパン	全3巻	くらもちふさこ
東京のカサノバ	全2巻	くらもちふさこ
おしゃべり階段		くらもちふさこ
Kiss+πr²		くらもちふさこ
わずか5センチのロック		くらもちふさこ
いろはにこんぺいと		くらもちふさこ
A-Girl		くらもちふさこ
海の天辺	全2巻	くらもちふさこ
アンコールが3回	全2巻	くらもちふさこ
チープスリル	全2巻	くらもちふさこ
千花ちゃんちはふつう		くらもちふさこ
百年の恋も覚めてしまう		くらもちふさこ
天然コケッコー	全9巻	くらもちふさこ
すっとんきょーな兄妹	全2巻	斉藤倫
ちびまる子ちゃん	①〜⑧	さくらももこ
作品集① あほんだら		ささやななえ
作品集② 真貴子		ささやななえ
希林館通り	全5巻	塩森恵子

既刊好評発売中！

名作コミックが

まゆ子の季節 全3巻 柴田あや子
ひとりぼっちのパンドラ 島津郷子
ガラスの靴は似合わない 島津郷子
ねこ・ねこ・幻想曲 全8巻 高田エミ
なみだの陸上部 全2巻 高橋由佳利
愛してナイト 全4巻 多田かおる
金太クンにご用心！ 多田かおる
愛し恋しのマノン！ 多田かおる
多田かおる傑作集 全4巻 多田かおる
デボラがライバル 全2巻 多田かおる
イタズラなKiss ①〜④ 多田かおる
作品集①フランス窓便り 田渕由美子
作品集②こさあじゅ 田渕由美子
風と共に去りぬ 全4巻 作 M＝ミッチェル 画 津雲むつみ
ホットロード 全2巻 紡木たく
机をステージに 紡木たく
やさしい手を、もってる 紡木たく
小さな祈り 紡木たく
瞬きもせず 全4巻 紡木たく
銀曜日のおとぎばなし 全3巻 萩岩睦美
小麦畑の三等星 全2巻 萩岩睦美
銀色のハーモニー 全4巻 柊あおい
イキにやろうぜイキによ 全4巻 聖千秋
いつも上天気 全2巻 聖千秋

君は僕の太陽だ 全3巻 聖千秋
あなたに逢うまで… 全2巻 藤村真理
降っても晴れても 全3巻 藤村真理
月の夜星の朝 全4巻 本田恵子
虹と真珠たちへ 全4巻 本田恵子
愛のアランフェス 全4巻 槇村さとる
ダンシング・ゼネレーション 全2巻 槇村さとる
N★Yバード 全2巻 槇村さとる
白のファルーカ 全4巻 槇村さとる
ダイヤモンド・パラダイス 全2巻 槇村さとる
半熟革命 全2巻 槇村さとる
スキャンダル8½ 槇村さとる
フット★ステップ！ 槇村さとる
まみあな四重奏団 槇村さとる
ベルベット・アーミー 槇村さとる
ピーナッツ戦線 槇村さとる
勝手にしやがれ！ 槇村さとる
シンパシー-失われたささやき- 槇村さとる
フェイク 槇村さとる
God Bless You 槇村さとる
華のなまえ 槇村さとる
コクーン荘1×1 槇村さとる
クレヨンの王様 槇村さとる
イマジン 全7巻 槇村さとる

純情クレイジーフルーツ 松苗あけみ
山田くんと佐藤さん 松苗あけみ
続・純情クレイジーフルーツ 全5巻 松苗あけみ
ポニーテール白書 全3巻 水沢めぐみ
姫ちゃんのリボン 全6巻 水沢めぐみ
ONE-愛になりたい- 全4巻 宮川匡代
上級生 全2巻 宮川匡代
ヤヌスの鏡 全3巻 宮脇明子
名作選①人魚伝説 宮脇明子
名作選②バースディプレゼント 宮脇明子
名探偵保健室のオバさん 全4巻 宮脇明子
自選集①薔薇とばらの日々 陸奥A子
自選集②粉雪ポルカ 陸奥A子
りぼん名作選 たそがれ時に見つけたの 陸奥A子
りぼん名作選 こんぺい荘のフランソワ 陸奥A子
太陽と雪のかけら 全2巻 もんでんあきこ
マリンブルーの風に抱かれて 全3巻 矢沢あい
ハイスクール★コネクション 全2巻 山下和美
BOY 全2巻 山下和美
ボクの初体験 全2巻 弓月光
エリート狂走曲 全4巻 弓月光
ハンサムな彼女 全5巻 吉住渉
月下の一群 全2巻 吉野朔実
少年は荒野をめざす 全4巻 吉野朔実

集英社文庫〈コミック版〉

集英社刊

さくらももこ作品リスト

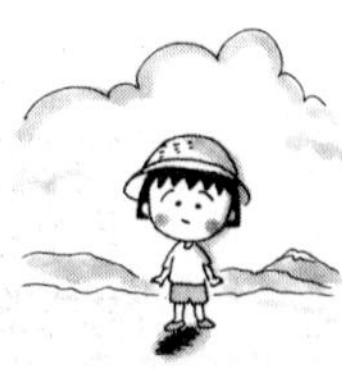

さくら日和

ママはさくらももこなんでしょ…疑惑を深める息子も大活躍。ももこの今がぎっしり、の大爆笑エッセイ。

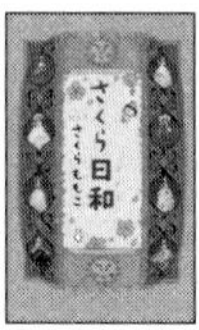

あのころ

歯切れのいい名調子はもはや芸術。テーマは待望の「子供時代」。まる子ファンも大満足保証付き!!

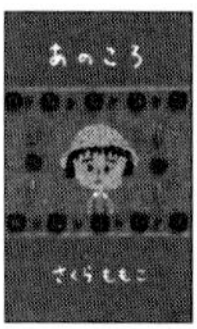

まる子だった

テーマは十八番の「子供時代」。お気楽で濃密な爆笑世界へようこそ!!おまけページ付き。

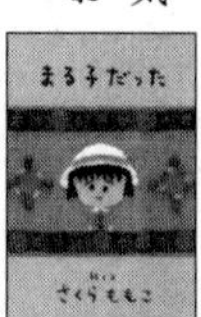

ももこの話

山本リンダの熱狂ライブ、劣悪条件での幼少ガーデニング体験記等、爆笑「子供時代」三部作完結編!!

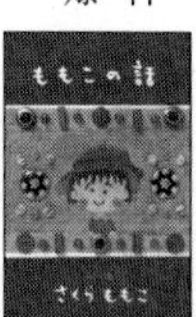

JASRAC 出0403983-401

集英社文庫(コミック版)

ちびまる子ちゃん 7

2004年4月21日　第1刷

定価はカバーに表示してあります。

著者　さくらももこ

発行者　片山道雄

発行所　株式会社 集英社
東京都千代田区一ツ橋2－5－10
〒101-8050
電話　東京　(3230) 6326 (編集)
(3230) 6393 (販売)
(3230) 6080 (制作)

印刷　図書印刷株式会社

ISBN4-08-618121-5 C0179

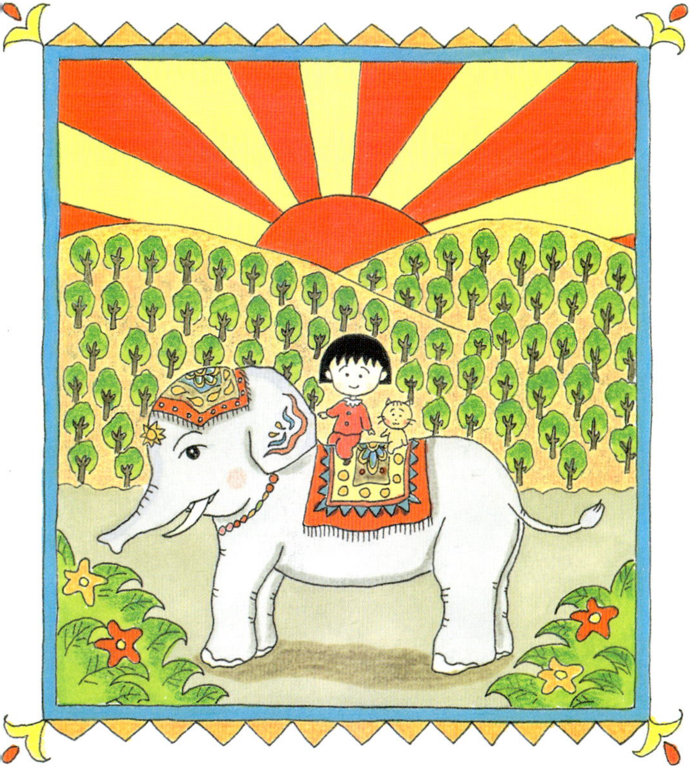

POST CARD

（キリトリ線）

MOMOKO SAKURA

©さくらプロダクション